Thomas Schumacher

Liedauswahl nach Themen *leicht gemacht*

Konkordanz zum Gotteslob
in 500 Stichworten und
Liedvorschläge für jeden Sonntag

PNEUMA VERLAG

Thomas Schumacher

Konkordanz zum Gotteslob in 500 Stichworten
und Liedvorschläge für jeden Sonntag

Bibliographische Information
der Deutschen Nationalbibliothek

Die Deutsche Nationalbibliothek verzeichnet diese Publikation in der Deutschen Nationalbibliographie; detaillierte bibliographische Daten sind im Internet über http://dnb.d-nb.de abrufbar.

Hergestellt in der Europäischen Union – Printed in EU

Pneuma Verlag Hohenwaldeckstr. 43 81541 München
info@pneuma-verlag.de
ISBN 978-3-942013- 20-8 (Print)
ISBN 978-3-942013-22-2 (ebook)

www.pneuma-verlag.de

Inhalt

Einleitung

Eine Praxishilfe für eine treffsichere, abwechslungsreiche, eigenständige Liedauswahl aus dem Gotteslob anzubieten, ist das Ziel dieses vorliegenden Verzeichnisses.

Der Hauptteil des Buches erschließt in Form einer Konkordanz wörterbuchartig, was die im Gotteslob zusammengestellten Gesänge thematisch beinhalten. In etwa 500 Stichworte findet man die Liedtexte aufgeschlüsselt und zugeordnet. Diese stehen so für eine gezielte Stichwortsuche zur Verfügung.

Die Zuschlüsselung erstreckt sich sowohl auf Wörter als auch auf Begriffe und reicht somit über eine bloße lexikalische Suchfunktion hinaus. Wer Anregungen etwa zum Thema »Führung« sucht, findet zahlreiche Einträge zur Sache unabhängig davon, welche Wörter im Liedtext vorkommen. Die Fundstellen beziehen sich sowohl auf Einträge rund um das Wort »führen« (257,1.6) als auch auf weitere sachbezogene Einträge, die mithilfe von Worten wie »leiten« (218,5), »lenken« (258,1-3), »zeigen« (259,2), »voranleuchten« (261,1), »weisen« (268,4) »auf rechter Bahn erhalten« (342,5) getextet sind. Die bloße Wortsuche begegnet bei derartigen Begriffen also um eine semantische Komponente erweitert.

Die Textzeile »altes Zeugnis möge weichen, da der neue Brauch begann« (493,5) wird nicht etwa unter »Brauch«, sondern unter dem Stichwort »Bund Gottes« aufgelistet, weil dies theologisch so zutreffend ist.

Keineswges ist der Begriffsfokus eingeschränkt worden. Unter dem Stichwort »Zeichen« finden sich elf Eintragungen entsprechend der Bandbreite an Wortbedeutungen in den einzelnen Liedern (z.B. 237,5: Krippe als Zeichen; 270,1-3: Kreuz als Zeichen). Die Aufstellung ist also nicht etwa auf den theologisch tiefsinnigen johanneischen oder den sakramentalen Wortsinn (497,1) beschränkt, sondern umfasst all jene Fundstellen, die bei der Liedauswahl möglicherweise in Frage kommen, wenn man nach »Zeichen« sucht.

Unter den Stichworten finden sich theologische Topoi ebenso wie konkrete Realien. Sucht man Gesänge zum Thema »Anschauung Gottes«, »Dreifaltigkeit« oder »Königsherrschaft Gottes«, wird man ebenso fündig werden wie auf auf der Suche nach »blind«, »Wasser« oder »Sonne«, wobei auch die Realien fast immer mit theologischen Konnotationen gefüllt sind. Wer z.B. nach »Zion« sucht, wird unter dem gleichnamigen Stichwort sowohl die lexikalischen Fundstellen ersehen sowie einen Querverweis auf die Stichworte »↗Jerusalem« und »↗Stadt, heilige«.

Die einzelnen Einträge umfassen normalerweise einen zumindest so großen Ausschnitt aus der betreffenden Liedzeile, dass man auf Anhieb ersehen kann, um was für ein Textstück es sich handelt. Meist erstreckt sich ein Eintrag auf genau eine Zeile, welche den Mikrokontext darstellt zur besseren Orientierung auf den ersten Blick. So vermittelt bereits das Überfliegen einen Eindruck vom Angebot zum gesuchten Thema.

Auf eine Unteraufsplittung der Stichworte wurde verzichtet, um die Suche nicht durch Totgliederung einzuengen. Meist folgt man bei der Suche ja nur einer recht vagen Vorstellung, wonach man eigentlich sucht. Zudem sind die meisten Stichworte mit 5 bis 20 Einträgen eher überschaubar. Lediglich vereinzelte Stichworte wie Licht, Liebe oder Leben sind umfangreicher ausgefallen. Der Suchfokus sollte in seiner Weite möglichst wenig beschränkt werden, sondern den Suchenden assoziationsförderlich durch die Verzeichnislisten scrollen lassen. Die Einträge vermitteln eine Orientierung dahingehend, dass man selbst auswählen und ausschließen kann. Die vorliegende Sammlung ist darauf ausgerichtet, die eigenständige kompetente Liedauswahl bestmöglich zu unterstützen, indem sie Anregungen bietet und Lösungsräume auftut.

Einem gleichen Ziel dienen die beiden rahmenden Abschnitte dieses Buches, die den Konkordanzteil umschließen. Der erste kurze Abschnitt gibt einen Überblick über die Gesänge des Ordinarium. Die Auflistung der im Gotteslob verstreut abgedruckten Kyrie-Rufe,

Gloria-Gesänge, Sanctus-Akklamationen usw. zeigt auf einen Blick die relative Fülle, welches das Gotteslob bereit hält, um in der Praxis entsprechend den lokalen Verhältnissen bestmöglich aus dem Vollen schöpfen zu können.

Die genannten Liedvorschläge für die Sonntage und Hochfeste im dritten Abschnitt liefern nicht etwa einen fertigen Liedzettel mit nur einer fertigen Lösung, sondern meist ca. zehn Liedideen in Form bestimmter Strophenangaben zu den jeweiligen Sonntagsthemen, welche maßgeblich durch die Evangeliumperikopen bestimmt sind. Hinzu kommen meist mehrere mögliche Kehrverse für den Antwortpsalm. Die genannten Querverweise laden darüber hinaus zur vertiefenden Recherche im Konkordanzteil ein.

Keineswegs ist es erforderlich, immerdar punktgenau die Themen aus den Tageslesungen zu besingen. Zudem wird es bei manchen Themen angebotsseitig arg eng. Dann tut man zuweilen besser daran, einfach ein Loblied, ein Abendlied oder ein anderes Musikstück zu wählen, das in dieser Situation besser passt.

Ein nützliches Hilfsmittel zur eigenständigen Liedauswahl, um möglichst treffsichere und abwechslungsreiche Entscheidungen fällen zu können, auch solche, woran man möglicherweise nicht unmittelbar denken würde – genau dies soll das vorliegende Buch sein.

Zu beachten ist, dass bei der alphabetischen Sortierung gemäß DIN 5007-1 nach Variante 1 verfahren worden ist, und Tremata ignoriert werden. Diphtonge sind unterschiedslos wie die zugrunde liegenden Grundvokale bahandelt: »ä« = »a«.

Abweichend von der Druckfassung im GOTTESLOB wurden die bekannten hebräischen und griechischen Schreibweisen beibehalten: z.B. Seraphim (nicht: Serafim); Cherubim (nicht: Kerubim).

Teil 1

Gesänge des Ordinarium im Überblick

Eröffnung
582,2 (lat.-dt.)

Besprengung zum Taufgedächtnis
124 asperges me (lat.)
125 vidi aquam (lat.)
491,1-3 ich bin getauft und Gott geweiht

Kyrie

einfache Kyrie-Rufe
104 (Vat. XVI missa mundi)
154 (Berthier/Taizé)
155
156 (Berthier/Taizé)
556,2 (aus Litanei)
619,5/6

deutsche Kyrie-Rufe: Herr erbarme dich
126; 128; 130; 134; 137; 151; 152; 153 (=566,1); 157; 556,1; 565,1

Kyrie-Rufe aus Choralmessen
104 (Vat. XVI missa mundi)
108 (Vat. VIII missa de angelis)
113 (Vat. I lux et origo)
117 (Vat. XVII adventus et quadragesima)
121 (Vat. XI)
513 Kyrie (pro defunctis Vat. XVIII)

Kyrie-Litanei (Form C)
582,6 du bist vom Vater gesandt zu heilen, was verwundet ist
(= Missale)
158 Tau aus Himmelhöhn (Advent)
159 Licht, das uns erschien (Weihnachten/Epiphanie)
160 Gott des Vaters ewger Sohn
163 (8 Textvarianten zum Kirchenjahr/themenbezogen)
164 der in seinem Wort uns hält
165 send uns deines Geistes Kraft
279 hosanna dem Sohne Davids (Königtum, Palmsonntag)

längere Kyrie-Litanei
161 du rufst uns, Herr, trotz unsrer Schuld
162 mit lauter Stimme ruf ich zum Herrn
561 [Jesus-Litanei] Kyrie eleison

Liedstrophen mit Kyrieleis
215 Gott sei gelobet und gebenedeiet
224 Maria durch ein Dornwald ging
252 gelobet seist du, Jesu Christ, dass du mensch geboren bist
254 du Kind, zu dieser heilgen Zeit
291 Holz auf Jesu Schulter
318 Christ ist erstanden
319 Christ fuhr gen Himmel
348 nun bitten wir den Heiligen Geist
481 Sonne der Gerechtigkeit (dt.: erbarm dich, Herr)
503 mitten wir im Leben sind mit dem Tod umfangen

Gloria
583,1 Text lat.-dt.

lateinisch (Volltext)
105 (missa mundi)
109 (missa de angelis)
114 (lux et origo)

deutsch (Volltext):
131; 166; 173,2
168,2 (Volltext [V] mit Kehrvers-Responsum)
169 (Volltext [V] mit Kehrvers-Responsum)
KV 173,1 (Lecót/Lourdes) [V-Strophen vorhanden außerhalb GL lat.-dt.]
KV 636,5 Ehre sei Gott in der Höhe und Friede auf Erden

Gloria-Lieder:
167 dir Gott im Himmel Preis und Ehr
170 allein Gott in der Höh sei Ehr
171 Preis und Ehre Gott, dem Herren
172 Gott in der Höh sei Preis und Ehr
413,1.2 Ehre, Ehre sei Gott in der Höhe

nur sehr bedingt zum Gloria einzusetzen:
250 Engel auf den Feldern [...] Glo-o-o-ria (Weihnachten)
262 Seht ihr unsern Stern [...] Glo-o-o-ria (Epiphanie)
554,3 Gloria sei dir gesungen mit Menschen- und mit Engelzungen

Kanon
168,1 gloria, gloria in excelsis Deo

Akklamationen zu den Lesungen
584,2 (1. Lesung)
584,6 (2. Lesung)
585,1+3 (Evangelium)

Ruf vor dem Evangelium

Halleluja-Ruf
174,1 Berthier/Taizé
174,2 ostkirchlich
174,3 Heinrich Rohr
174,4 (= 244; 544) weihnachtlich »vom Himmel hoch, o Engel kommt«
174,5 (= 630,1) Joseph Seuffert
174,6 Alexandre Lesbordes
174,7 Heinrich Rohr
174,8 Hans Ziehlmann
175,1 aus Bozen-Brixen
175,2 (= 66,2; 643,5; lat: Alleluia 65,3) gregorianisch »österliches«
175,3 Gerhard Kronberg
175,4 Heinrich Rohr
175,5 gregorianisch
175,6 O'Carroll/Walker
176,1 aus Rottenburg
176,2 gregorianisch
312,9 gregorianisch – Osternacht
322 aus Paris – Osterzeit
483 Lafferty
584,8 (=643,1) gregorianisch

übertragen als Halleluja-Ruf anwendbar:
318 aus Osterlied »Christ ist erstanden«:
3-faches Halleluja zu Beginn des 3. Abschnitts

326 Halleluja-Refrain aus Osterlied »wir wollen alle fröhlich sein«:
österlich/weihnachtlich/marianisch (ggf. letzte Zeile auf »halleluja«)

533 letzte Zeile aus »lasst uns erfreuen herzlich sehr«:
3-faches Halleluja – marianisch

567 letzte Zeile aus Hymnos akáthistos:
3 faches halleluja - marianisch

Ruf in der österlichen Bußzeit
176,3 Herr Jesus, dir sei Ruhm und Ehre
176,4 Ruhm und Preis und Ehre sei dir, Erlöser und König
176,5 Lob dir, Christus, König und Erlöser
305,2 Christus Erlöser, Christus Befreier, Leben in Ewigkeit
560 (=629,5) Christus Sieger, Christus König, Christus Herr in Ewigkeit
569,1 Christus ist Sieger, Christus ist König, Christus ist Weltenherr
584,9 Lob dir, Christus, König und Erlöser
644,6 Christus gestern, Christus heute, Christus in Ewigkeit

Credo
586,2 Text lat.-dt.

lateinisch:
122 (Vat. III)

deutsch (Volltext):
179 (V/A)

Volltext (V) mit Kehrvers-Responsum
177 KV: Credo in unum Deum
178 KV: Amen, wir glauben
180 KV: Credo in unum Deum

Credo-Lieder
354 Gott ist dreifaltig einer
355,1-5 wir glauben Gott im höchsten Thron

Fürbittrufe

92 Herr, bleibe bei uns, halleluja
97 wie Weihrauch steige mein Gebet vor dir auf
98 Herr, mein Beten steige zu dir auf wie Weihrauch
181,1 lasset zum Herrn uns beten: Herr erbarme dich – Christus
181,2 Christus, erhöre uns
181,3 (= 563,4; 569,4) erhöre uns, Christus
556,6 wir bitten dich, erhöre uns
556,8 Christus, höre uns – Christus, erhöre uns
565,2 Christus, höre uns – Christus, erhöre uns
566,2 Christus, höre uns – Christus, erhöre uns
586,5 Christus, höre uns – Christus, erhöre uns
586,6 te rogamus, audi nos
617,4 Herr, sende uns deinen Geist
619,5 Kyrie, eleison
632,1 erhöre uns, Herr, erhöre uns
634,6 komm, Herr Jesus, maranatha
644,6 Christus gestern, Christus heute, Christus in Ewigkeit
658,4 Christus von den Toten erstanden – wir bitten dich, erhöre uns
661,2 wie Weihrauch steige mein Gebet vor dir auf

zur Gabenbereitung

oder ein vom Tagesthema geprägter Begleitgesang
143,1 in deinem Heiligtum, Herr, dir zum Lob mein Opfer bringen
183 dir Vater Lobpreis werde und Dank für Wein und Brot
184 Herr, wir bringen in Brot und Wein unsere Welt zu dir
185 du hast uns, Herr, dein Leben…heilges Fleisch und Blut
186 was uns die Erde Gutes spendet
187 wir weihn der Erde Gaben
188 nimm, o Gott, die Gaben, die wir bringen
240,3 mit den Hohen und Geringen wolln auch wir ihm Gaben bringen
248,5 so nimm unsre Herzen zum Opfer denn hin
268,6 nimm an, was ich zum Opfer bring
325,1 [Emmaus] sei unser Gast und teile Brot und Wein
387,2 vernimm unsre Stimm, da auch wir Geringen unsre Opfer bringen
437,1-4 meine Grenzen/Ohnmacht/Sehnsucht bringe ich vor dich

KV 189 siehe, wir kommen, kommen mit jauchzen

Präfation
588,2 dt.-lat.

Sanctus
106 (lat. missa mundi)
110 (lat. missa de angelis)
115 (lat. lux et origo)
118 (lat. adventus et quadragesima)
<u>deutsch:</u>
127; 129; 132; 135; 138; 190; 193; 194; 195; 196; 197; 200
sanctusbezogene Lieder: 198; 199; 388
Kanon: 191; 192

Hochgebet
588,6 Geheimnis des Glaubens dt.-lat.
201,1 deinen Tod, o Herr verkünden wir
201,2; 201,3 (Kanon): Amen zum Ende der Doxologie

Vater Unser
589,2 (dt.); 589,3 (lat.) – 589,5 (Doxologie)
632,2 (Vesperton)
661,8 (Nikolaj Rimskij-Korsakov)

Agnus Dei
589,9 Text lat.-dt.
107 (lat. missa mundi)
111 (lat. missa de angelis)
116 (lat. lux et origo)
119 (lat. adventus et quadragesima)
<u>deutsch:</u>
133; 136; 139; 202; 203; 204; 205; 206; 207; 208

Entlassung
591 einfacher Entlassungsruf: 4 Varianten (lat.-dt.)
112 (lat. de angelis)
120 (lat. adventus et quadragesimae)
123 (lat. Vat. II)

lateinische Gesänge (außer Ordinarium)

242 adeste fideles
320 victimae paschali laudes (Sequenz)
341 veni, creator Spiritus (Hymnus)
343 veni, sancte Spiritus (Sequenz)

65,4 benedixisti, Domine, terram tuam + Ps 117
124 asperges me (lat.)
125 vidi aquam (lat.)
234,1 rorate caeli desuper
264,1 lumen ad revelationem gentium
285 (= 445) ubi caritas et amor, Deus ibi est
308,2 ecce lignum crucis […] venite adoremus
320 victimae paschali laudes (Ostersequenz)
321 surrexit Dominus vere (Kanon)
341 veni, creator Spiritus
345 veni, sancte Spiritus
386 laudate, omnes gentes, laudate Dominum
391 laudate Dominum de caelis
394 laudate Dominum, laudate Dominum, omnes gentes
398 jubilate Deo (Kanon)
410 benedictus Dominus, Deus meus
473 da pacem, Domine, in diebus nostris
486 tu es Petrus et super hanc petram aedificabo ecclesiam meam
512 requiem aeternam dona eis, Domine
514 lux aeterna luceat eis, Domine + Vers »requiem aeternam"
516 in paradisum deducant te angeli
520 Ave maris stella (lat. Hymnus)
529 Ave Maria, gratia plena
582-591 ordinarium missae
618,2 confitemini Domino, quoniam bonus
631,5 benedic, anima mea, Domino
631,6 natus est hodie Salvator mundi
631,7 venite et videte locum, ubi positus erat Dominus
634,2 ostende nobis, Domine, misericordiam tuam (Kanon)
657,6 misericordias Domini in aeternum cantabo
658,1 in manus tuas, pater, commendo spiritum meum

Teil 2

Konkordanz

nach Wörtern und Begriffen

Abend
90,1-6 Christus, du bist der helle Tag
91,1-3 in dieser Nacht sei du mir Schirm und Wacht
93,1-7 der Mond ist aufgegangen
94,1-3 bleib bei uns Herr, die Sonne gehet nieder
96,1-7 du lässt, o Gott, den Tag nun enden
99,1-11 ich liege, Herr, in deiner Hut und schlafe ganz mit Frieden
100,1-2 der Lärm verebbt [...] gib Nacht und Ruhe
101,1-7 nun ruhen alle Wälder
230,3 die Welt zum Abend wandt, der Bräutgam Christus ward gesandt
361,4 der Tag nimmt ab [...] bleib du bei mir, es will nun Abend werden
382,2 drum sei am Tage wie zur Nacht sein Name von dir groß gemacht
628,4 wenn uns die Sonne untergeht, und Finsternis den Tag beschließt
663,1-3 bevor des Tages Licht vergeht

KV/Kanon 89 Herr, bleibe bei uns, denn es will Abend werden
KV 98 mein Beten steige zu dir auf wie Weihrauch, wie das Opfer am Abend
102 (Kanon) eine ruhige Nacht und ein seliges Ende
415 (Kanon) vom Aufgang der Sonne bis zu ihrem Niedergang

Abendmahl, letztes ↗Mahl ↗eucharistisches Mahl ↗himmlisches Hochzeitsmahl
281,1-4 also sprach beim Abendmahle Jesus als sein Testament
282 beim letzten Abendmahle
442,1-3 wo die Güte und die Liebe wohnt, dort nur wohnt der Herr
493,3 in der Nacht beim letzten Mahle [...] gibt...sich den Zwölf zur Speise

Abfallen ↗Sünde
271,2 es fielen Herz und Hände von deiner Liebe ab
294,7 du bist der Stab der Pilger [...] nicht wanken und nicht fallen
324,4 nun jauchzt und jubelt überall, die Welt steht auf von ihrem Fall
351,5 dass wir, geführt von deinem Licht, in Sünd und Elend fallen nicht
527,3 denn nach dem Sündenfall wir warn verstoßen all

abgeschieden
387,7 mache mich einfältig, innig abgeschieden [...] in deinem Frieden

Abglanz ↗Ikone ↗Bild
241,3 der Abglanz des Vaters [...] ist heute erschienen in unserm Fleisch
370,4 Abglanz des Vaters, Spiegel seiner Hoheit
466,1 die edle Schwester Sonne [...] Abbild deines Lichtes

Abgrund
256,4 o dass mein Sinn ein Abgrund wär [...] dass ich dich möchte fassen
291,5 denn die Erde jagt uns auf den Abgrund zu
427,1 dein Sinn ist tief wie Meeresgrund
428,2 wenn ich zum Abgrund zöge, ich fände dich darin

Adam ↗Sündenfall ↗Erbsünde
359,2 du gibst das Leben uns zurück, das Adams Sünde uns geraubt

Adler
387,7 lass mein Herz überwärts wie ein' Adler schweben und in dir nur leben
392,2 der dich auf Adelers Fittichen sicher geführet

Advent ↗Wiederkunft des Herrn
158 (Kyrie) Tau aus Himmelshöhn – Licht – komm vom Himmelsthron
163,2 (Kyrie) du wirst wiederkommen
216,3 bis nach der Zeit den Platz bereit an deinem Tisch wir finden
218 macht hoch die Tür
220 die Nacht ist vorgedrungen
221 kündet allen in der Not
222 Herr, send herab uns deinen Sohn (O-Antiphonen)
223 wir sagen euch an den lieben Advent
224 Maria durch ein Dornwald ging
225 wir ziehen vor die Tore der Stadt
227 komm, du Heiland aller Welt
228 Tochter Zion, freue dich
230 Gott, heilger Schöpfer aller Stern
231 o Heiland, reiß die Himmel auf
233 o Herr, wenn du kommst, wird die Welt wieder neu
277,2-4 das ist mein Trost und treuer Hort; des will ich allzeit harren
280,1.2 singt dem König Freudenpsalmen, Völker ebnet seine Bahn [...] sieh, dein König naht heran, der aus Davids Stamm geboren [2] David sah im Geist entzücket den Messias schon von fern
357,1-7 [7] säum nicht lange, deiner wart ich mit Verlangen
360,1-5 macht weit die Pforten in der Welt
372,1.2 Morgenstern der finstern Nacht [2] säume nicht, o mein Licht, komm, komm, eh der Tag anbricht
384,1 aus Davids Stamm hat er erweckt den Retter, den er uns verheißen
385,3.4 hoch tut euch auf, ihr heilgen Tore [4] er, der da kommt in Gottes Namen

389,1 du kennst meinen Weg und du ebnest die Bahn...durch die Wüste
416,2 er wird mein Unglück wenden, es steht in seinen Händen
417,1-4 Stimme, die Stein zerbricht [3] Botschaft des Neubeginns
429,3 den keine Meere fassen [...] ist dir als Mensch genaht
464,4.7 ihre Dunkelheiten hat er selbst erhellt [...] kam sein Sohn zur Welt [7] er wird wiederkommen, wann es ihm gefällt, nicht nur für die Frommen
474,3 wenn wir uns öffnen für den Herrn in dieser Zeit, Wege ihm bahnen, dass er kommt und uns befreit
547,1 es brannte hell in ihrer Hand die Lampe ihrer Wachsamkeit
551,3 es kommt der Herr, der Herr wird kommen [...] Frieden aufzurichten
552,1.5 lass uns dich schaun im ewigen Advent, halleluja, halleluja
621,1-5 hört, eine helle Stimme ruft und dringt durch Nacht und Finsternis [2] dies ist der Hoffnung lichte Zeit, der Morgen kommt, der Tag bricht an
KV 226 bereitet den Weg des Herrn, machet eben seine Pfade
KV 229 Herr, erhebe dich, hilf uns und mach uns frei
KV 232 dein Reich komme, maranatha
KV 234 [1] rorate caeli desuper [2] ihr Himmel, tauet den Gerechten
KV 307,5 meine Hilfe und mein Retter bist du; säume doch nicht
KV 622,1 habt Mut [...] Gott selbst wird kommen und euch erretten
KV 622,4 sieht, der Herr kommt in Herrlichkeit
KV 633,3 hebt euch, ihr Tore, unser König kommt
KV 633,5 Frieden verkündet der Herr seinem Volk. Sein Heil ist nahe
KV 633,8 dankt dem Vater mit Freude, er schenkt uns seinen Sohn
KV 634,3 richtet euch auf und erhebt euer Haupt, denn es nahet
KV 634,6 komm, Herr Jesus, maranatha
KV 636,1 das Licht leuchtet in der Finsternis
219 (Kanon) mache dich auf und werde licht [...] denn dein Licht kommt
450 (Kanon) Gottes Wort ist wie Licht in der Nacht
marianische Antiphon 666,1 alma redemptoris mater

Ägypten ↗Exodus ↗Rettung ↗Gefangenschaft
402,6 er hat Israel befreit aus Ägyptens Dienstbarkeit

Allmacht ↗Macht ↗Schöpfung
230,1.4 Schöpfer aller Stern [4] gezeigt hat er sein groß Gewalt
247,3 entäußert sich all seiner Gewalt, wird niedrig und gering
272,1 zeige uns, Herr, deine Allmacht und Güte
342,3 dich sendet Gottes Allmacht aus
355,1 wir glauben Gott im höchsten Thron [...] allmächtig
381,2 schallt ihr Klang, des Schöpfers Macht zu zeigen
392,4 denke daran, was der Allmächtige kann
395 heilig ist sein Name, gewaltig seine Macht
402,4 der durch seiner Allmacht Ruf Erd und Himmel weise schuf
418,4 Weg hast du allerwegen, an Mitteln fehlt dir's nicht
429,2 nah, ob er gleich Mond und Sterne und Sonnen werden sah
615,4 Gott, der mit seiner Allmacht Kraft die tote Welt zum Leben bringt

493,5 lasst uns dieses große Zeichen tiefgebeugt nun beten an
497,1-7 Gottheit tief verborgen, betend nah ich dir
498,3 das wahre Manna, das ist hier, davor der Himmel beugt die Knie
539,4 mit Weisheit sind sie angetan; sie brennen, leuchten, beten an
552,6 mit allen Heilgen beten wir dich an [...] der unsern Sieg gewann

KV 562,1 betet an den Leib des Herrn
562,2 Litanei von der Anbetung Jesu Christi

Andacht
147,2 tu auf den Mund zum Lobe dein, bereit das Herz zur Andacht fein
218,4
die Zweiglein der Gottseligkeit steckt auf mit Andacht, Lust und Freud
245,4 singt mit Andacht Dankeslieder

Anfechtung ↗Versuchung
416,4 es mag mich auf die raue Bahn Not, Tod und Elend treiben

Angesicht ↗Antlitz
94,2 lass leuchten über uns dein Angesicht
96,6 vertrauen deinem Neuen Bunde, der uns verheißt dein Angesicht
143,3 in Angst und Widerwärtigkeit wir mir allzeit dein Antlitz leuchten
144,1 kommt vor sein heilig Angesicht
142,1 lass leuchten, Herr, dein Angesicht, erfüll uns mit der Gnade Licht
147,3 und schauen dich von Angesicht in ewger Freud und selgem Licht
213,4 was wir hier schauen in Glauben und Vertrauen, das zeige uns im Licht [...] ewig wir dich sehen von Angesicht zu Angesicht
220,4 von Gottes Angesichte kam euch die Rettung her
254,4 wenn wir mit dir einst auferstehn und dich von Angesichte sehn
268,3 schau auf meine Sünde nicht, wend ab von ihr dein Angesicht
271,1 o Herr, aus tiefer Klage erheb ich mein Gesicht
289,1.2.3.5 o Haupt voll Blut und Wunden [2] du edles Angesichte
290,2 ins Angesicht geschlagen und verhöhnet
322,8 sie sahn den Herrn von Angesicht. Doch voller Zweifel Thomas
344,5 komm o du glückselig Licht, fülle Herz und Angesicht
347,1 überströmt von Glanz und Licht erhebt die Schöpfung ihr Gesicht
403,6 und zeig uns drauf sein Angesicht dort in der ewgen Ruh
429,1 von seinem Angesichte trennt uns der Sünde Bann
442,3 bis wir einst [...] mit den Selgen Christi Antlitz werden schauen
452,1-7 (Refr) der Herr wird dich [...] segnen, er zeige [...] dir sein Angesicht [4] sein Angesicht soll brüderlich dir leuchten
470,1-3 (Refr) dann schauen wir heut schon sein Angesicht
477,3 neu schafft des Geistes Wehen das Angesicht der Welt
510,3 sein Antlitz will ich schauen wahrhaft durch Jesum Christ
539,3.7 stets schauen sie dein Angesicht und freuen sich in deinem Licht
540,1.4 er [...] will auch uns geleiten vor Gottes Angesicht

KV 46,1 lass dein Angesicht über uns leuchten
KV 63,1 tanze, du Erde, vor dem Antlitz des Gottes Jakobs
KV 95 du Licht vom Lichte, du zeigst uns das Antlitz des Vaters

KV 141 auf, lasst uns jubelt dem Herrn, vor sein Angesicht kommen
KV 330 tanze, du Erde, vor dem Antlitz des Gottes Jakobs

Angst ↗Sorge ↗Furcht
99,2.7 wenn mich die Schatten finstrer Nacht mit jäher Angst erfüllen [7] ich achte nicht der künftigen Angst
143,3 in Angst und Widerwärtigkeit wir mir allzeit dein Antlitz leuchten
145,4 zu mir, ihr Kummervollen, zu mir, ich will euch laben, euch nehmen Angst und Not
162 (Kyrie-Litanei) meine Angst vor sein Angesicht
220,1 der Morgenstern bescheinet auch deine Angst und Pein
270,2 statt der Angst und Mühe ist nun Hoffnungszeit
272,1 hör unser Bitten, die Angst in uns wende
273,2 wir glauben deinem Wort und fürchten doch das Morgen
277,3 mein Herz an Gottes Macht verzweifeln nicht noch sorgen
289,7 wenn mir am allerbängsten [...] reiß mich aus den Ängsten
322,3 die Jünger früh am dritten Tag sehn ängstlich an der Stätte nach
361,2 drum soll nicht Tod, nicht Angst [...] von deiner Lieb mich trennen
365 Jesus, meine Zuversicht, auf dich vertrau ich und fürcht mich nicht
383,3 ich lobe meinen Gott, der meine Angst vertreibt, damit ich atme
384,2 dass wir, von aller Furcht befreit, gerecht und heilig vor ihm leben
403,3 und werf all Angst, Furcht, Sorg und Schmerz in Meerestiefen hin
417,1.3 jemand, der leise spricht: Hab keine Angst, ich bin da [3] Botschaft des Neubeginns, nimmt mir die Furcht, macht frei
421,2 so fürcht ich dennoch nicht; ich weiß mit Zuversicht, du Herr
429,4 aus seinem Glanz und Lichte tritt er in deine Nacht, und alles wird zunichte, was dir so bange macht
437,3 mein verlornes Zutraun, meine Ängstlichkeit bringe ich vor dich
439,2 ich weiche keinem Sturme, bei dir ist mir nicht bang
456,1 mit dir hab ich keine Angst, gibst du mir die Hand
465,2 begegne unsren Ängsten mit deiner Liebe Macht
507,3 ich hab nun überwunden Kreuz, Leiden, Angst und Not
KV 622,1 habt Mut, ihr Verzagten, und fürchtet euch nicht
KV 651 ich suchte den Herrn [...] all meinen Ängsten hat er

Ankunft ↗Advent ↗Wiederkunft des Herrn

Anschauung Gottes ↗Vollendung ↗Himmel
81,7 Herr, du wirst kommen und alle deine Frommen [...] gnädig dahin bringen, da alle Engel ewig, ewig singen: Lobet den Herren
96,6 vertrauen deinem Neuen Bunde, der uns verheißt dein Angesicht
213,4 was wir hier schauen in Glauben und Vertrauen, das zeige uns im Licht [...] ewig wir dich sehen von Angesicht zu Angesicht
216,1.3 hast mein Gesicht das selge Licht, den Heiland, schauen lassen [3] bis nach der Zeit den Platz bereit an deinem Tisch wir finden
231,5 o klare Sonn, du schöner Stern, dich wollten wir anschauen gern
254,4 wenn wir mit dir einst auferstehn und dich von Angesichte sehn
256,4 kann mich nicht satt sehen [...] o dass mein Sinn ein Abgrund wär

258,3 er will als Bruder bei uns stehn, bis wir im Glanz ihn schauen
331,6 bedenk...dein Augenlicht, vor dieser Sonn besteht es nicht. Kein Mensch auf dieser Erde kann den Glanz der Gottheit schauen an
337,7 so wirst zum Leben du erstehn [...] deinen Heiland ewig sehn
344,9 lass es [Volk] in der Zeit bestehn, deines Heils Vollendung sehn
352,6 o Großer Gott, o ewges Licht, wir können dich anschauen nicht; was wir auf Erden nicht verstehn, lass uns dereinst im Himmel sehn
354 dass ich in meinem Leibe soll meinen Gott anschaun
355,5 bis wir, von Sünd und Fehl befreit, ihn selber schaun in Ewigkeit
357,4 wenn du mich mit den Augen dein gar freundlich tust anblicken
360,1 wer von der Sünde sich gewandt [...] der siehet seine Klarheit
387,4.5.7 wie die Engel immer vor dir stehen und dich gegenwärtig sehen [5] ich senk mich in dich hinunter; ich in dir, du in mir, lass mich ganz verschwinden, dich nur sehn und finden [7] mach mich reinen Herzens, dass ich deine Klarheit schauen mag in Geist und Wahrheit
403,6 und zeig uns drauf sein Angesicht dort in der ewgen Ruh
422,2 werd ich dich noch mit neuen Augen sehen
423,3 des Lebens Fülle ist sein Teil, und schauen wird er einst mein Heil
427,2 Glanz erweckt das Angesicht, in deinem Licht schaun wir das Licht
429,1.5 von seinem Angesichte trennt uns der Sünde Bann [5] den keiner je gesehen noch künftig sehen kann, will dir zur Seite gehen
439,4 vor Gottes Angesichte steh er in Ewigkeit
442,3 bis wir einst [...] mit den Selgen Christi Antlitz werden schauen
452,1-7 (Refr) der Herr wird dich...segnen, er zeige...dir sein Angesicht
455,4 Gott allein will ich vertrauen, um ihn einst im Licht zu schauen
470,1-3 (Refr) dann schauen wir heut schon sein Angesicht
497,7 lass die Schleier fallen einst in deinem Licht, dass ich selig schaue, Herr, dein Angesicht
510,3 sein Antlitz will ich schauen wahrhaft durch Jesum Christ
524,7 dass wir Jesum sehen [...] fröhlich vor ihm stehen
539,3.7 stets schauen sie dein Angesicht und freuen sich in deinem Licht; dein Anblick macht sie stark und rein [7] bis wir mit ihnen dort im Licht einst stehn vor deinem Angesicht
540,1.4 er schaut in ewgen Freuden das abendlose Licht und will auch uns geleiten vor Gottes Angesicht [4] heimgeleiten vor Gottes Angesicht
544,2 (3) selig die ein reines Herz haben, denn sie werden Gott schauen
551,2 dass alle Welt im Jubelschalle Gott, unsern Herrn und König, schaut
552,1.3.5 lass uns dich schaun im ewigen Advent, halleluja [3] wenn wir von Angesicht dich werden sehn [5] dich schaun im ewigen Advent
554,3 kein Aug hat je gespürt, kein Ohr hat mehr gehört solche Freude

Anteil

162 (Kyrie) mein Anteil in der Lebendigen Land
275,2 schenkt ihm durch Leiden Anteil an der Freude
378,3 Brot, das sich selbst verteilt
403,5 wenn wir scheiden von der Erd, verbleib er unser Teil
423,3 des Lebens Fülle ist sein Teil und schauen wird er einst mein Heil
482,2 eine Hoffnung teilt sie [Kirche] kraft seiner Gnadenwahl

532,4.5 gib mir teil an deinem Schmerz [5] dass ich teilhaft werde deiner selgen Herrlichkeit
633,9 (1) er hat euch fähig gemacht, Anteil zu haben am Los der Heiligen
KV 305,3 der Kelch, den wir segnen, gibt uns Anteil

Antlitz ↗Angesicht
143,3 in Angst und Widerwärtigkeit wir mir allzeit dein Antlitz leuchten
442,3 bis wir einst […] mit den Selgen Christi Antlitz werden schauen
510,3 sein Antlitz will ich schauen wahrhaft durch Jesum Christ
KV 330 tanze, du Erde, vor dem Antlitz des Gottes Jakobs

Apokalypse ↗Gericht ↗Wiederkunft des Herrn ↗Vollendung
280,4 mögen Welten einst vergehen, ewig fest besteht sein Thron
291,5 denn die Erde jagt uns auf den Abgrund zu
324,2 die ganze Erde staunt und bebt, weil Gottes Herrlichkeit anhebt
380,7 du wirst kommen zum Gericht, wenn der letzte Tag anbricht
468,2 Gott will nicht diese Erde zerstören; er schuf sie gut…schön

Apostel ↗Verkündigung ↗Sendung ↗Kirche ↗Jünger ↗Zeuge
380,4 der Apostel heilger Chor […] schickt zu deinem Thron empor
542,4 Apostel Christi, hoch gestellt, zu leuchten durch die ganze Welt
546,1-4 du hast durch der Apostel Wort [2] als deine Zeugen riefst du sie […] Saat des Evangeliums [3] ihre Predigt [4] seine Zeugen

Arbeit ↗Mühe ↗tätige Liebe ↗Berufung ↗Sendung ↗Pilgerschaft, irdische
94,2 ein Tag voll Müh und Plag hat sich geneigt
270,2 statt der Angst und Mühe ist nun Hoffnungszeit
349,2 komm gib in der Mühsal Rast
360,5 an seinem Reiche mutig baun […] Jesus ist es, der euch dinget
363,2 mach uns für Gottes Reich bereit, wo alle Mühen münden
418,4 dein Werk kann niemand hindern, dein Arbeit darf nicht ruhn
455,1 alles meinem Gott zu Ehren in der Arbeit, in der Ruh
504,2 unser Bemühen ist am Grab zu Ende; komm und vollende
521,3 kennst Arbeit und Sorge […] die Mühsal des Lebens in Armut…Not

Armut
241,4 wie er in Armut liegt auf Stroh gebettet
248,4 hier in der Krippe schon Armut und Not
250,5 lasst nach Bethlehem uns ziehen, das ihn birgt im armen Stall
252,6 er ist auf Erden kommen arm
254,2 du aber liegst im armen Stall
261,3 wir sind am Ziel, denn dieser arme Stall birgt doch so viel
262,2 Menschen ohne Haus und Habe atmen plötzlich wieder auf
268,2 arm ward ich in die Welt geschickt
289,4 schau her, hier steh ich Armer, der Zorn verdienet hat
289,4 schau her, hier steh ich Armer, der Zorn verdienet hat
292,3 er steht auf zur Seite der Armen, der Kleinen
344,2 komm, der alle Armen liebt, komm der gute Gaben gibt

349,2 komm sei bei uns Armen Gast
384,2 der seinen Bund von alters her auf ewig stiftet mit uns Armen
395,2 es werden satt aufstehen, die arm und hungrig sind
424,4 den Reichen klein und arm zu machen,
den Armen aber groß und reich
429,4 er [...] trägt nach dir Verlangen, lässt auch den Ärmsten nicht
457,2 auf unsre Armut lässt Gott sich ein
470,2 wenn das Leid jedes Armen uns Christus zeigt
477,2 die Reichen und die Armen beruft er in sein Reich
497,1 schenk ich dir mich hin, weil vor solchem Wunder ich nur Armut bin
521,3 kennst Arbeit und Sorge [...] die Mühsal des Lebens in Armut...Not
544,2 (1) selig, die arm sind vor Gott, denn ihnen gehört das Himmelreich

KV 41,1 Ich bin arm und gebeugt

Asperges ↗Taufe
124 asperges me (lat.)
125 vidi aquam (lat.)

Atem ↗Heiliger Geist
342,1 Schöpferwort rief uns zum Sein: Nun hauch uns Gottes Odem ein
346,1-3 atme in uns, Heiliger Geist
347,4 wohin sein Feueratem fällt, wird Gottes Reich lebendig
348,4 du mächtger Hauch, unerschaffne Glut
349,5 Hauch, der Leben uns verleiht
383,3 ich lobe meinen Gott, der meine Angst vertreibt, damit ich atme
422,3 du bist mein Atem, wenn ich zu dir bete
429,5 in ihm leben [...] darfst in ihm atmen, weben immer bei ihm sein
434,2 der du allem Leben den Atem schenkst
452,1.5 er erschuf das Universum, er hauchte Leben ein in Meer und Land
[5] erheben sollst du dich und wieder atmen
456,4 Geist der Liebe, atme du in uns
468,1 Gott gab uns Atem, damit wir leben
507,4 mein Atem geht schwer aus[...] Herr, nimm mein Seufzen auf
539,3 dein Anblick macht sie stark und rein, dein heilger Odem hüllt sie ein
552,2 dein Lebenshauch bewegt das Totenfeld

KV 616,5 alles, was Odem hat, lobe den Herrn
KV 619,1 (Kanon) alles, was Odem hat, lobe den Herrn

aufbrechen ↗Umkehr
259,2 so machten sich die Weisen auf und folgten deinem Himmelslauf

KV 219 mache dich auf und werde licht

Auferstehung Christi ↗erhöhter Herr ↗Himmelfahrt Christi
103,1.2.3 Morgenlicht will von seinem Leben zeugen, das die Todesnacht durchbricht [2] [eucharistisches] Auferstehn [3] Tag der Tage [...] Sonntag
163,5 (Kyrie) auferstanden von den Toten – erhöht zur Rechten des Vaters
163,8 (Kyrie) auferstanden von den Toten – wiederkommen in Herrlichkeit
184 [Gabenber] du schenkst uns dein Gegenwart im österlichen Mahl

216,3 bis nach der Zeit den Platz bereit an deinem Tisch wir finden
254,4 wenn wir mit dir einst auferstehn und dich von Angesichte sehn
318 Christ ist erstanden
320 victimae paschali laudes (Sequenz)
322 halleluja (Refr) ihr Christen, singet hoch erfreut
324 vom Todes heut erstanden ist
325 bleibe bei uns, du Wandrer [Emmaus]
326 wir wollen alle fröhlich sein in dieser österlichen Zeit
328 gelobt sei Gott im höchsten Thron
329 das ist der Tag, den Gott gemacht
331 ist das der Leib, Herr Jesu Christ, der tot im Grab gelegen ist
332 die ganze Welt, Herr Jesu Christ [...] in deiner Urständ fröhlich ist
334 o Licht der wunderbaren Nacht
336 Jesus lebt, mit ihm auch ich
337 freu dich, erlöste Christenheit
338 Jerusalem, du neue Stadt
355,4 niederfuhr und auferstand, erhöht zu Gottes rechter Hand
363,3 sei uns Weg und Wanderstab durchs Kreuz zum Ostermorgen
366,1 Jesus Christus, guter Hirte, Hoherpriester, Osterlamm
422,3 sei du mein täglich Brot, so wahr du lebst
438,5 durch seine Auferstehung ziehn wir aus der Sklaverei
456,2 dein Weg führte durch den Tod in ein neues Leben
464,6 in den Todesbanden keine Macht ihn hält, Christus ist erstanden
472,1-4 manchmal feiern wir mitten im Tag/Wort/Streit/Tun ein Fest der Auferstehung
474,4.5 wenn wir die Liebe leben, die den Tod bezwingt [...] neues Leben [5] loben Jesus Christ, der für uns Menschen starb und auferstanden ist
483,4 er liebte euch bis zum Tod; er hat den Tod ein für allemal besiegt
498,2 hier ist das wahre Osterlamm, das für uns starb am Kreuzesstamm
522,1 Sohn, der Tod und Grab besiegt [...] er lässt im Grab die Mutter nicht
525,1-4 freu dich, du Himmelkönigin [3] er ist erstanden von dem Tod
533,3 dein Sohn erstanden ist [...] dass du fröhlich bist
551,1 singt, den Sieg des Herrn zu ehren, den uns errungen seine Macht
552,6 mit allen Heilgen beten wir dich an [...] der unsern Sieg gewann
642,1.3.4.5.6 Christus, dem Sieger, singen wir, der uns durchs Rote Meer geführt [4] Christus ist unser Osterlamm [5] den Kerker hast du aufgesprengt [6] erstanden ist der Herr vom Grab [...] siegreich

KV 631,1 singt, ihr Christen, singt dem Herrn, halleluja
KV 631,7 venite et videte locum, ubi positus erat Dominus
KV 643,3 jubelt dem Herrn, alle Lande [...] preist unsern Herrn
KV 644,3 auferstanden ist der Herr, halleluja, halleluja
321 (Kanon) surrexit Dominus vere, alleluia
marianische Antiphon 666,3 regina caeli

aufrichten
384,2 aufrecht ihm dienen allezeit
551,1 Gerechtigkeit ist aufgericht'
KV 431 Herr, du bist ein Schild [...] du richtest mich auf

KV 634,3 richtet euch auf und erhebt euer Haupt, denn es nahet eure Erlösung

Auge
99,11 du hast die Lider mir berührt, ich schlafe ohne Sorgen
246,5 Kind zu mir die Äuglein wandt, mein Herz gab ich in seine Hand
266,6 das ist ein Fasten in den Augen Gottes
331,6 bedenk…dein Augenlicht, vor dieser Sonn besteht es nicht. Kein Mensch auf dieser Erde kann den Glanz der Gottheit schauen an
357,4 wenn du mich mit den Augen dein gar freundlich tust anblicken
414,3 du bist nicht sichtbar für unsre Augen,
und niemand hat dich je gesehn
422,2 werd ich dich noch mit neuen Augen sehen
468,1 Gott gab uns Atem […] er gab uns Augen, dass wir uns sehn
500,2 meine Augen sahn, was deine Huld getan, das Heil uns zu bereiten
554,3 kein Aug hat je gespürt, kein Ohr hat mehr gehört solche Freude

KV 87 aller Augen warten auf dich
KV 441 wie deines Auges Stern behüte mich
KV 447 öffne meine Augen, dass sie sehen die Wunder

ausgestoßen
225,1-3 [2] Verstoßene [3] steht für die draußen ein

Babylon ↗Gefangenschaft
438,1 wir, an Babels fremden Ufern, weit entfernt vom Heimatland

Barmherzigkeit
218,2 sein Königskron ist Heiligkeit, sein Szepter ist Barmherzigkeit
272,3 ruf uns zur Umkehr […] bist barmherzig, vergibst uns die Schuld
277,4 der gute Hirt, der Israel erlösen wird aus seinen Sünden allen
291,4 streng ist seine Güte, gnädig sein Gericht
367,2 sei uns gnädig, sei uns barmherzig
382,1 ganz ohne Maß ist seine Huld und allbarmherzige Geduld
385,1 Gottes Volk, sollst es verkünden: groß ist des Herrn Barmherzigkeit
395,2 barmherzig ist er allen, die ihm in Ehrfurcht nahn
439,4 es wird ja nie zunichte des Herrn Barmherzigkeit
456,3 du nimmst alle Schuld von mir und verwirfst mich nie, lässt mich immer ganz neu beginnen
459,4 selig seid ihr, wenn ihr Schuld verzeiht
500,1 lässt hier […] getreu nach deinem Wort Barmherzigkeit geschehen
534,4 o Mutter der Barmherzigkeit, den Mantel über uns ausbreit
536,2 o Mutter der Barmherzigkeit, o Maria
544,2 (3) selig die Barmherzigen, denn sie werden Erbarmen finden

KV 518 beim Herrn ist Barmherzigkeit und reiche Erlösung
KV 639,3 beim Herrn ist Barmherzigkeit […] Erlösung in Fülle

Baum
291,1.6 Holz auf Jesu Schulter (…) ward zum Baum des Lebens

299,4 o edler Baum […] von königlichem Purpur rot [Kreuz]
332,3 die Bäum zu blühen fangen an
366,2 Baum des lebens, Strom des Heiles
463,4 mich, ruft der Baum in seiner Pracht, […] hat Gott gemacht

Bedrängnis
90,3 gib, dass nichts Arges uns bedrängt
402,10 der uns nicht verderben ließ, den Bedrängern uns entriss
421,3 wann mich der Feind bedrängt
450 Gottes Wort […] gibt Halt in Bedrängnis
478,4 in Drangsal mach uns frei und steh im Kampf uns bei
530,1 hilf der bedrängten Christenheit

Bedürftigkeit ↗Mangel ↗Not ↗leer
245,3 selbst der Urquell aller Gaben leidet solche Dürftigkeit
421,1 darum ich nimmermehr kann Not und Mangel leiden
422,1 ich steh vor dir mit leeren Händen, Herr
424,3 der sich uns hat auserwählt, der weiß auch sehr wohl, was uns fehlt

Befreiung ↗Rettung
140,1-6 kommt herbei, singt dem Herrn, ruft ihm zu, der uns befreit
422,3 sprich du das Wort, das tröstet und befreit
452,5 der Herr hat dich von aller Last befreit
457,1 lachen, sich öffnen, tanzen, befrein
459,3 selig seid ihr, wenn ihr Fesseln sprengt
478,4 in Drangsal mach uns frei und steh im Kampf uns bei
484,6 die Kirche zu erlösen, sie zu befreien aus der Macht des Bösen
487,5 mache uns im Glauben treu und in der Wahrheit frei
489,1 Gott, den Herrn, der uns erhoben […]uns aus der Schuld befreite
552,4 uns hält gefangen […] Schuld […] deine Treue hat uns schon befreit
642,3 wir sind befreit aus harter Fron und von der Knechtschaft Pharaos
KV 60,1 der Herr hat uns befreit, auf ewig besteht sein Bund

Begierde
339,6 hilf uns mit heiliger Begier, nach dem zu trachten, was dort ist
387,3 wir entsagen willig allen Eitelkeiten, aller Erdenlust und Freuden

behüten ↗Schutz
86,2 in der vergangnen Nacht vor G'fahr und allem Schaden behütet
272,1 mit deinem Beistand uns allzeit behüte
348,1 dass er uns behüte an unserm Ende, wenn wir heimfahrn
381,4 behüt mich vor der stolzen Welt
382,5 dich geben ganz in Gottes Hut, und sei gewiss, er meint es gut
430,1 von guten Mächten treu und still umgeben, behütet und getröstet
439,2 in deinem Zelt bewahren willst du mich immerdar; mich hütet vor Gefahren dein schirmend Flügelpaar
452,3 behüten soll er dich und all die Deinen […] er schütze dich mit
453,1-4 bewahre uns Gott, behüte uns, Gott

663,1 behüte uns in dieser Nacht durch deine große Güt und Macht

KV 67,1 der Herr behütet dich vor allem Bösen, er behüte dein Leben
KV 312,3 (= 649,2) behüte mich, Gott, denn ich vertraue auf dich
KV 441 wie deines Auges Stern behüte mich
KV 664,5 er befiehlt seinen Engeln, dich zu behüten

Beistand ↗Hilfe
161,3 (Kyrie) komm uns zu Hilfe, dass wir nicht wanken – du unser Halt
272,1 mit deinem Beistand uns allzeit behüte
273,3 wir kennen dein Gebot, einander beizustehen
297,4 ganz treulich bei uns stehn, dass wir durchs Kreuz ins Leben gehn
342,2 Tröster, der die Herzen lenkt, du Beistand, den der Vater schenkt
349,3 Beistand, der zum Ziel uns bringt
353,4 Ruhm und Preis [...] dem Geist, der unser Beistand ist
380,8 Herr, steh deinen Dienern bei, welche dich in Demut bitten
409,3 seine Schar verlässt er nicht, und in dieser Zuversicht
416,1-4 was Gott tut, das ist wohlgetan [...] mich wohl weiß zu erhalten
421,4 deine Gütigkeit [...] mich immer treu begleiten
423,3 ich bin ihm nah in jeder Not
424,1.5 den wird er wunderbar erhalten in aller Not und Traurigkeit [5] denn welcher seine Zuversicht auf Gott setzt, den verlässt er nicht
425,2 solang dein Wort zum Frieden ruft [...] hast du uns nicht verlassen
428,2 du hieltest mich in Händen im Leben und im Tod
429,4.5 aus seinem Glanz und Lichte tritt er in deine Nacht [5] will dir zur Seite gehen und führt dich himmelan
434,4 sei im Tod nicht weit
448,2 Mut zum Dienen [...] wir danken dir, dass du dann bei uns bist
453,2.4 sei mit uns in allem Leiden [...] sei nahe in schweren Zeiten [4] sei mit uns durch deinen Segen
456,1 gibst du mir die Hand; und so bitt ich, bleib doch bei mir
487,4 du guter Hirt, Herr Jesu Christ, steh deiner Kirche bei
505,3 nur einer gibt Geleite [...] Herre Christ, er wandert treu zur Seite
543,2 Gnad..mir gewähr, zu halten dein Gebote; verlass mich nimmermehr

KV 653,5 der Herr der Scharen steht uns bei

Bekehrung ↗Umkehr
221,2 Gott naht sich mit neuer Huld, dass wir uns zu ihm bekehren
266,1-7 (Refr) bekehre uns, vergib die Sünde [...] schenke, Herr, uns neu dein Erbarmen
267,1.2 o Mensch, bewein dein Sünde groß [2] sein der Sünde feind
268,1-5 [1] erbarme dich, erbarm dich mein [5] dass, wer dir fern ist, sich bekehrt und so in dir auch Heil erfährt
269,2 führe auf den Weg zurück, die deine Langmut irren sah
271,1.2.4 o Herr, aus tiefer Klage erheb ich mein Gesicht [2] mein Wesen ist am Ende und trauert wie im Grab [4] führe zu den Brüdern mich aus dem Elend mich heim
368,3 du tröstest den, der Buße tut
430,4 wolln wir des Vergangenen gedenken [...] gehört dir unser Leben

481,2 dass sie deine Stimme hört, sich zu deinem Wort bekehrt
485,4 erleuchte, die da sind verblendt, bring heim, die sich von dir getrennt, versammle, die zerstreuet gehn

KV 53,1 hört auf die Stimme des Herrn, verschließt ihm nicht das Herz
KV 219 mache dich auf und werde licht [...] denn dein Licht kommt
KV 226 bereitet den Weg des Herrn, machet eben seine Pfade
KV 266 bekehre uns, vergib die Sünde
KV 284 Jerusalem, Jerusalem, bekehre dich zum Herrn
KV 301 ein reines Herz erschaffe mir, o Gott
KV 616,1 Gott, du mein Gott, dich suche ich, meine Seele dürstet nach dir
KV 623,5 bekehrt euch und glaubt an das Evangelium
KV 639,1 erbarme dich meiner, o Gott, erbarme dich meiner
KV 639,3 beim Herrn ist Barmherzigkeit [...] Erlösung in Fülle
KV 639,5 bekehre uns, vergib die Sünde, schenke, Herr

Bekenntnis ↗Glaube ↗Verkündigung ↗Sendung ↗Zeugnis
361,2 dein Lieb und Treu vor allem geht [...] das muss ich frei bekennen
451,4 überall uns zu dir bekennen
478,2 Herr, wir rühmen dich, wir bekennen dich
552,1.5 mach uns stark im Mut, der dich bekennt

Benedictus [Lk 1,68-79]
617,2 (V); 623,7 (I)
384 [Benedictus-Lied] hoch sei gepriesen unser Gott

KV 410 benedictus Dominus, Deus meus

Berg
250,1 im Widerhall erklingen auch die Berge jauchzend mit
347,1 er [Heiliger Geist] krönt mit Jubel Berg und Tal
363,1-3 Herr, nimm auch uns zum Tabor mit [2] lass leuchten deine Herrlichkeit [3] dann geh mit uns vom Berg herab
427,1 fest wie die Berge steht dein Bund
429,3 den keine Meere fassen, und keiner Berge Grat [...] ist dir als Mensch genaht
434,1 noch ehe sich ein Berg erhob [...] bist du, Gott
439,1 auf eines Felsens Höhe erheb mich gnädiglich
467,4 Gebirg und Geklüfte [...] den gütigen Vater, den wollen wir loben
540,2 er wird den Weg uns zeigen zum Berg des Herren hin
549,1 da wird Gottes Berg überragen alle anderen Berge und Höhn
551,2 frohlockt dem Herrn, ihr Nationen, ihr Meere und der Berge Grund

KV 34,1 wer darf weilen auf deinem heiligen Berg

Berufung ↗Gnade ↗Heil ↗Sendung ↗Kirche
83,2 wir horchen, verlangend zu folgen dem Ruf des Kyrios Christus
144,1.5 kommt her, in seinen Dienst euch stellt
[5] Gott loben, das ist unser Amt
146,1.4 du rufst uns Herr an deinen Tisch
161 (Kyrie) du rufst uns, Herr, trotz unsrer Schuld

210,4 als Brot für viele Menschen hat uns der Herr erwählt
216,3 bis nach der Zeit den Platz bereit an deinem Tisch wir finden
237,2 euch ist ein Kindlein heut geborn von einer Jungfrau auserkorn
256,2 hast mich dir zu eigen gar, eh ich dich kannt, erkoren
259,1 Gottes Wort die Welt erschuf; Menschen, höret seinen Ruf
266,1.4.5.6.7 er ruft die Menschen in das Reich des Vaters [4] gefunden wie verlorne Schafe [5] als Jesu Jünger seid ihr nun gesendet [6] tut Gutes [7] ihr wart einst Knechte, er macht euch zu Freunden
275,1 selig, wem Christus auf dem Weg begegnet, um ihn zu rufen
281,1 wie der Vater mich gesendet [...] gehet hin, mein Werk vollendet
357,2.3.4.5 [3] gib, dass ich an deinem Leib, dem auserwählten Weinstock bleib [4] auf dein Wort komm ich geladen [5] angetraut
360,5 Jesus ist es, der euch dinget
369,2 lass deine Lieb [...] zur Gegenlieb und Dankbarkeit mich [...] bringen
424,3 der sich uns hat auserwählt, der weiß auch sehr wohl, was uns fehlt
439,1 auf eines Felsens Höhe erheb mich gnädiglich
456,1 du rufst mich beim Namen, sprichst zu mir dein Wort
461,1 verleugnet euch, verlasst die Welt, folgt meinem Ruf und Schalle
477,1.3 Gott ruft sein Volk zusammen rings auf dem Erdenrund [3] lässt ein Volk erstehen, das er sich auserwählt
478,2 wir bekennen dich, denn du hast uns bestellt zu Zeugen in der Welt
528,3 Maria, du hast ja gesagt zu Gottes Ruf und Gnade
539,1 hast du der Engel Schar bestellt, für hohe Dienste sie erwählt
546,2 als deine Zeugen riefst du sie, gabst ihnen Auftrag und Gewalt
547,1 du Herr hast sie für dich erwählt, in Treue folgte sie dem Ruf
582,6 (Kyrie) du bist gekommen, die Sünder zu berufen
KV 56,1 (= 651,5) wir sind Gottes Volk, erwählt durch seine Gnade

Besitz
273,4 Dinge, die uns binden
509,1 nun sich das Herz von allem löste, was es an Glück und Gut

Beständigkeit
268,4 der mich treibt zum Guten hin, zu Großmut und beständgem Sinn
361,2 dein Lieb und Treu vor allem geht, kein Ding auf Erd so fest besteht
436,5 Beständigkeit verleihe, hilf uns aus aller Not
468,3 er gab uns Füße, dass wir fest stehen

Bet-El ↗Jakob ↗Israel
502,2-4 Jakob [...] Traum [4] weih ich mich dir [...] baue mein Bet-El dir

Beten ↗Gebet

Bethlehem ↗Geburt Christi
220,3 macht euch zum Stalle auf! Ihr sollt das Heil dort finden
236,4 zu Bethlehem geboren im Stall ein Kindelein
239,1 zu Bethlehem geboren ist uns ein Kindelein
241,1 nun freut euch ihr Christen [...] und kommet nach Bethlehem

246,2 er sprach: der Heiland Jesu Christ zu Bethlehem geboren ist
248,1 zur Krippe her kommet in Bethlehems Stall
250,5 lasst nach Bethlehem uns ziehen
261,1-4 Stern über Bethlehem

betrügen
416,2 was Gott tut, das ist wohlgetan, er wird mich nicht betrügen
489,3 die da sind und doch nicht leben, sich betrügen mit dem Schein

Bild ↗Ikone ↗Abglanz

Bitte ↗schreien ↗flehen ↗Gebet
142 zu dir, o Gott, erheben wir die Seele mit Vertrauen
149,3 unser Bitten, Flehn und Singen lass, Herr Jesu, wohl gelingen
239,4 dazu dein Gnad mir gebe, bitt ich aus Herzensgrund
245,4 singt mit Andacht Dankeslieder und vertraut, er höret sie
272,1 hör unser Bitten, die Angst in uns wende
277,1 dein gnädig Ohr neig her zu mir, und meiner Bitt es öffne
291,2 wollen wir Gott bitten [...] Friede
348,1 nun bitten wir den Heiligen Geist
349,4 sprich du, wo wir sprachlos flehn
368,3 gibst dem, der bittet, neuen Mut
369,2 ergreif mein Herz [...] mehr will ich nicht begehren
380,8 Herr, steh deinen Dienern bei, welche dich in Demut bitten
423,3 wer mich anruft, wird erhört
439,1.3 erhör, o Gott, mein Flehen, hab auf mein Beten acht [3] mein Bitten hast erhöret, mein Gott, in Gnaden du

KV 75,1 ich schreie zu dir [...] meine Zuflucht bist du
KV 76,1 der Herr ist nahe allen, die ihn rufen
KV 85,1 (Kanon) füll du uns die Hände
KV 97 wie Weihrauch steige mein Gebet vor dir auf
KV 98 Herr, mein Beten steige zu dir auf wie Weihrauch
KV 511 aus der Tiefe rufe ich zu dir, höre, o Herr, meine Stimme
KV 651 ich suchte den Herrn, und er hat mich erhört
KV 661,2 wie Weihrauch steige mein Gebet vor dir auf
KV 664,1 sei mir gnädig, Herr, und höre auf mein Flehen

bleiben ↗Einssein ↗Kirche ↗Gnade ↗Beständigkeit
281,3 bleibt in dem, was ich verkündet, was euch meine Kirche weist
325,3 lebend und sterbend bleiben wir in dir
348,2 von Christus uns nimmermehr trennen
380,1 wie du warst vor aller Zeit, so bleibst du in Ewigkeit
387,5.6.7 Meer ohn Grund und Ende [...] ich senk mich in dich hinunter; ich in dir, du in mir, lass mich ganz verschwinden, dich nur sehn und finden [6] du durchdringest alles [7] in dir nur leben
429,5 in ihm leben [...] darfst in ihm atmen, weben immer bei ihm sein
481,7 in dir bleiben allezeit, heute wie in Ewigkeit
491,1 Gott hat mir seinen Geist geschenkt, ich bin in Christus eingesenkt

507,7 in dir, Herr, lass mich leben und bleiben allezeit
KV 34,1 wer darf weilen auf deinem heiligen Berg

blind ↗Auge ↗sehen
221,4 Blinde schaun zum Licht empor
360,2 blind waren sie und sehen nun, lahm waren sie und gehen nun
485,2.4 lass alle, die im Finstern gehen, die Sonne deiner Gnade sehn [4] erleuchte, die da sind verblendt
489,3 lasst den Blinden uns und Tauben Herz und Zunge aus dem Glauben

Blöße
247,2 er liegt dort elend, nack und bloß in einem Krippelein
428,4 du schaust all meine Blößen

Blumen ↗Rose ↗Lilie
387,6 wie die zarten Blumen willig sich entfalten und der Sonne stille halten, lass mich so still und froh deine Strahlen fassen
425,3 du schmückst die Blumen auf dem Feld
462,2 Bienen suchen nach dem Duft, in dem sich die Blumen wiegen
466,4 Mutter Erde [...] die mit Kräutern, Blumen [...] dich ihn Ende ehrt
469,2 [die Erde] schön sei durch der Blumen Pracht
470,1 wenn das Brot, das wir teilen, als Rose blüht
531,3 ein Blumengart verschlossen, mit Himmelstau begossen

Blut
209,3 das ist mein Blut, für euch geflossen
213,3 ich will euch wiedergeben mit meinem Blut das Leben
237,5 dich wahren Gott ich finde in meinem Fleisch und Blut
252,2 in unser armes Fleisch und Blut verkleidet sich das ewig Gut
282,2 »nehmt«, sprach er, »trinket, esset: das ist mein Fleisch, mein Blut«
289,1 o Haupt voll Blut und Wunden
295,2 o höchstes Gut, unschuldigs Blut
297,1 hast uns durch dein teures Blut gemacht vor Gott gerecht und gut
299,2 uns reinzuwaschen von der Schuld, strömt Blut und Wasser
357,4 dein Leib und Blut mich innerlich erquicken
359,3 Lanze trifft dein Herz, und Blut und Wasser bricht hervor
371,1 wir stachen dich mit Spott und Wut, du tauftest uns mit deinem Blut
474,2 wenn wir das Blut des Lebens teilen wie den Wein
482,1 hat sich mit seinem Blute ihr [Kirche] ewig angetraut
493,1 unser König hat vergossen Blut, das alle Welt befreit
495,1 Blut, in dem uns Gott besiegelt seinen Bund, der ewig währt
497,6 wasch in deinem Blute mich von Sünden rein; schon ein kleiner Tropfen sühnet alle Schuld
542,4.6 ihr Heilgen, die dem höchsten Gut, ihr alles schenktet, selbst das Blut [6] wir bitten euch durch Christi Blut
642,2.3 wer von seinem Blute trinkt, wird eins mit ihm und lebt mit ihm [3] am Paschaabend weist das Blut den Würgeengel von der Tür
KV 307,2 der Herr hat uns mit seinem Blut erkauft

KV 310,8 du hast uns erlöst durch dein Kreuz und dein Blut
KV 562 betet an [...] das kostbare Blut Jesu Christi

Böse, der/das ↗Feind
90,3 gib, dass nichts Arges uns berängt, der böse Feind uns nicht verführt
91,1 mich bewahren vor Sünd und Leid, vor Satans List und Neid
101,6 will Satan mich verschlingen
266,1.2 uns zu erretten aus der Macht des Bösen [2] lasst ab vom Bösen
268,2.3 fremdes, mächtiges Gesetz trieb mich dem Bösen in das Netz [3] berühre mich mir deiner Hand, die alle Macht des Bösen bannt
294,6 du bist das Siegeszeichen, davor der Feind erschricket
338,2 des Todes Drache unterliegt, der Held aus Juda siegt mit Macht
342,5 die Macht des Bösen banne weit
347,3 er stirbt, erhöht am Kreuzesthron, und bricht die Macht des Bösen
351,5 treib weit von uns des Feinds Gewalt
378,1 Wolke, die die Feinde stört
380,9 leit es [Volk] auf der rechten Bahn, dass der Feind es nicht verderbe
381,4 behüt mich vor der stolzen Welt [...] von dir mich abzuwenden; wenn sie nicht wird mein Meister sein
382,4 lass allen Kummer fahren [...] wie viel des Feindes Scharen
384,1 dass uns der Feinde Hass nicht schreckt
416,3 der mir nichts Böses gönnen kann, ihm will ich mich ergeben
421,3 der mir die Kräfte schenkt, wann mich der Feind bedrängt
427,2 vor allem Bösen uns bewahr [...] nichts soll von dir uns trennen
430,2 drückt uns böser Tage schwere Last
436,1 dass uns hinfort nicht schade des bösen Feindes List
439,2 du bist gleich einem Turme, den nie der Feind bezwang
442,2 Streit und Zwietracht, böses Sinnen sei uns ferne
453,3 bewahre uns Gott [...] sei mit uns vor allem Bösen
455,3 der dem Bösen weiß zu wehren, dass das Gute mächtig wird
471,2 verleih uns Hilfe gnädiglich, dem Feind zu widerstreben
481,4 deines Himmelreiches Lauf hemme keine List noch Macht
484,6 gedenke, Herr, die Kirche zu erlösen [...] aus der Macht des Bösen
534,3 komm uns zu Hilf in allem Streit, verjag die Feind all von uns weit
539,6 [Engel] retten aus Gefahr [...] was schwach ist und vom Feind bedroht
540,2 [Schutzengel] wird den Feind abwenden
642,5.6 der Hölle Macht zerbrach [6] gefesselt ist der Fürst der Welt
KV 67,1 der Herr behütet dich vor allem Bösen, er behüte dein Leben

Bote ↗Engel ↗Jünger ↗Apostel ↗Verkündigung ↗Sendung
163,7 (Kyrie) rufst die Menschen, dir zu folgen – du sendest sie als deine Boten – du gibst ihnen Mut, dich zu bekennen
275,4 hilf uns, im Geiste ihm den Weg bereiten als deine Boten
362 Zeugen deiner Liebe sind wir, Boten des Lichtes in der Welt
456,4 mache uns zu Boten deiner Liebe
481,5 gib den Boten Kraft und Mut
528,1 ein Bote kommt, der Heil verheißt
539,5 du sendest sie als Boten aus; dein Wort geht in die Welt hinaus

Botschaft ↗Evangelium ↗Wort Gottes ↗Verkündigung

Braut ↗Liebe ↗Sehnsucht ↗Hingabe ↗Hochzeit ↗Kirche ↗Jerusalem
357,5 er ist nun mein, ich seine Braut
361,1.3 dich will ich lassen walten…in meinem Herzen halten [3] du bist nun mein und ich bin dein
369,1.2 mein Herze […] hat seine höchste Lust an dir [2] ergreif mein Herz und schließ es ein in dir und deiner Liebe Schrein […] lass deine Lieb…zur Gegenlieb und Dankbarkeit mich armen Sünder bringen
372,1.2 Jesu mein, komm herein, leucht in meines Herzens Schrein [2] dein Himmel ist in mir, er begehrt dich, seine Zier. Säume nicht
387,6.7.8 lass dein schönstes Lichte, Herr, berühren mein Gesichte…wie die zarten Blumen [7] reinen Herzens [8] komm in mir wohnen
399,2 Gott lieben ohne Ende: hat er uns doch zuerst geliebt
482,1 vom Himmel kam er nieder und wählte sie [Kirche] zur Braut, hat sich mit seinem Blute ihr ewig angetraut
531,1.2 Braut von Nazareth [2] die sich der Herr vermählt

Bräutigam
230,3 die Welt zum Abend wandt, der Bräutgam Christus ward gesandt
233,2 brennt unser Licht, Herr, und wir bleiben wach
357,1.5.6.7 mein König und mein Bräutigam [5] ich seine Braut [6] meines Herzens Bräutgam [7] deiner wart ich mit Verlangen
358,2 ich will dich lieben, Gottes Lamm als meinen Bräutigam
481,2 weck die tote Christenheit aus dem Schlaf der Sicherheit, dass sie deine Stimme hört, sich zu deinem Wort bekehrt
554,1.2 wachet auf, ruft uns die Stimme […] wohlauf, der Bräutgam kommt [2] ihr Freund kommt vom Himmel prächtig
621,1 eine helle Stimme ruft […]wacht auf […] am Himmel leuchtet Christus

Brot ↗eucharistische Brot
210,2-4 so gab der Herr sein Leben, verschenkte sich wie Brot [3] wer dies Geheimnis feiert, soll selber sein wie Brot
213,1-4 o heilge Seelenspeise […] o Manna, Himmelsbrot
216,2 das Lebensbrot stillt Hungers Not
378,1.3 Brot, das die Hoffnung nährt [3] Brot, das sich selbst verteilt
389,2 du reichst mir das Brot und du reichst mir den Wein
422,3 sei du mein täglich Brot, so wahr du lebst
425,4 er ist das Brot, das uns vereint
453,1 sei Quelle und Brot in Wüstennot
457,3 leben für viele, Brot sein und Wein
460,4 das kleinste Korn, es wird zum Brot, und einer nährt den Andern
470,1 wenn das Brot, das wir teilen, als Rose blüht
474,1 wenn wir das Leben teilen wie das täglich Brot
477,1 in uns lebt, der uns einte, er bricht mit uns das Brot
483,5 so wie die Körner, auf Feldern weit verstreut, zu einem Brote
484,4 aus vielen Körnern ist ein Brot geworden
521,3 kennst Arbeit und Sorge ums tägliche Brot
KV 214 dies Brot ist mein Leib für das Leben der Welt

Bruder ↗Einssein ↗Kirche
215,3 in rechter Lieb und brüderlicher Treue
258,3 er will als Bruder bei uns stehn, bis wir im Glanz ihn schauen
271,4 führe zu den Brüdern mich aus dem Elend heim
348,4 und als Schwestern und Brüder uns finden
452,4 sein Angesicht soll brüderlich dir leuchten
456,2 Jesus, unser Bruder, du bist unser Herr
466,5 Lob sei Gott [...] durch den guten Bruder Tod
484,3 sind Christi leib, sind seines Leibes Glieder, Schwestern und Brüder
507,2 mit Freud fahr ich von dannen zu Christ, dem Bruder mein

Bund Gottes
96,6 vertrauen deinem Neuen Bunde, der uns verheißt dein Angesicht
143,2 das Wort vom ewgen Bund aus deinem Mund verkünden hören
163,1 (Kyrie) du Mittler des neuen Bundes
209,3 für immer ist der Bund geschlossen, der euch zum Volke Gottes
213,3 dies ist der neue, ewge Bund
360,5 kommt, schließet nun mit Freudigkeit den Bund in seinem Namen
384,2 der seinen Bund von alters her auf ewig stiftet mit uns Armen
411,3 Lob lasst schallen, denn mit allen schloss er den Erlösungsbund
427,1 fest wie die Berge steht dein Bund
439,3 wer deinen Namen ehret, dem fällt dein Erbe zu
477,1 Gott ruft sein Volk...eint uns in Christi Namen zu einem neuen Bund
493,5 altes Zeugnis möge weichen, da der neue Brauch begann
495,1 Blut, in dem uns Gott besiegelt seinen Bund, der ewig währt
542,3 ihr Patriarchen... ihr Propheten...der Herr hat euch das Reich bereit'
KV 60,1 der Herr hat uns befreit, auf ewig besteht sein Bund
KV 623,2 um deines Namens willen, Herr, gedenke deines Bundes

Burg ↗Schutz ↗Geborgenheit
439,2 du bist gleich einem Turme, den nie der Feind bezwang
KV 653,5 der Herr der Scharen [...] der Gott Jakobs ist unsre Burg
KV 75,1 ich schreie zu dir [...] meine Zuflucht bist du

Buße ↗Umkehr ↗Bekehrung ↗Fasten
593-601 Bußsakrament
638,3 lass uns, o Herr, mit Geist und Leib, das Werk der Buße freudig tun

Cantica
<u>alttestamentliche</u>
616,4 Dan 3,52-56
619,2 Dan 3,51-90 (Auszug)
622,2 Jes 35,1-10
623,3 Jer 14,17-21
624,3 Ex 15,1-4.8-13.17-18
625,3+4 1 Sam 2,1-10
639,6 Jes 55,6-7
657,7 Jes 38,10-12.16.20

neutestamentliche

Benedictus Lk 1,68-79
617,2 (V); 623,7 (I)
384 [Benedictus-Lied]
KV 410 benedictus Dominus, Deus meus

Magnificat Lk 1,46-55
631,4 (dt. IX); 634,4 (dt. II); 644,4 (dt. VII)
631,8 (lat. VIII)
395 den Herren will ich loben [Magnificat Lied]
KV 69,1 (= 631,3) der Herr hat Großes an uns getan, sein Name sei gepriesen
KV 404 danket dem Herrn, er hat uns erhöht
KV 625,2 mein Herz ist voll Freude über den Herrn, er erniedrigt und er erhöht
KV 650,2 mein Geist jubelt über Gott [...] meinen Retter
KV 650,3 meine Seele preise den Herrn
390 (Kanon) magnificat, magnificat

Nunc Dimittis Lk 2,29-32
665,3 (III)
vgl. Lied 500,1-3 nun lässest du...mich aus der Welt Beschwer in deinen Frieden gehen [2] meine Augen sahn, was deine Huld getan [3] Licht [...] Erleuchtung
vgl. Lied 374,2.3 Maria bringt ihn freudig dar. Als kleines Kind hält Einzug [3] da preist der greise Simeon
Anlehnung an Motiv vgl. Lied 216,1 hast mein Gesicht das selge Licht, den Heiland, schauen lassen
KV 264,1 lumen ad revelationem gentium
KV 264,2 du bist das Licht, die Völker zu erleuchten

544,2 Mt 5,3-10
636,2 Joh 1,1-5.9-14
629,6 Phil 2,6-11
630,2 Offb 19,1.2.5-7
633,9 Kol 1,12-20
636,2 Joh 1,1-5.9-14
639,8 1 Petr 2,21-24
649,8 Eph 1,3-10
651,8 Mt 5,3-10
653,8 Offb 4,11; 5,9.10.12

Cherubim ↗Engel
247,4 Paradeis, der Cherub steht nicht mehr dafür
352,5 sing heilig mit den Cherubim
380,2 Cherubim und Seraphinen stimmen dir ein Loblied an
387,2 dem die Cherubinen Tag und Nacht gebücket dienen
536,1-6 (Refr) freut euch, ihr Cherubim, lobsigt, ihr Seraphim

Christkönig ↗Königsherrschaft Gottes

Christusförmigkeit ↗Taufe ↗Kirche
248,5 nimm unsre Herzen […] mache sie heilig und selig wie deins
281,1-4 wie der Vater mich gesendet, eins mit mir wie ich mit euch [2] dass ihr alle in mir bleibet [3] ich bin euer Weg geworden […] bleibt in dem, was ich verkündet [4] ich hab euch mein Wort gegeben, dass ihr meine Freunde
481,7 in dir bleiben allezeit
482,3 verbunden mit dem, der ist und war
642,2 wer von seinem Blute trinkt, wird eins mit ihm und lebt mit ihm

KV 488,3 wir sind mit Christus gestorben, wir werden mit ihm leben

communio-Gemeinschaft ↗Einssein ↗Kirche
148,3 an des Herrn Gemeinschaft nimm teil, er will unter den Menschen
216,3 o Herr, verleih, dass Lieb und Treu in dir uns all verbinden
236,5.6 wer dies Kind mit Freuden umfangen, küssen will, muss vorher mit ihm leiden groß Pein und Marter viel [6] mit ihm auch sterben
251,4 gehet hinein, eins mit dem Kinde zu sein
271,4 führe zu den Brüdern mich aus dem Elend heim
325,3 lebend und sterbend bleiben wir in dir
368,1 meine höchste Freude ist, wenn du, o Jesus, bei mir bist
371,2 du bist die Sonne, wir der Schein, wir können ohne dich nicht sein
425,4 er ist das Brot, das uns vereint
429,5 in ihm leben […] darfst in ihm atmen, weben immer bei ihm sein
442,1.2 umschließt uns alle Christi Liebe [2] da wir nun in einer Liebe uns vereinen
451,1(=4) nie sind wir allein, stets sind wir die Deinen
452,6 wir alle sind Geschwister, uns führt zusammen Jesu guter Geist
456,2 mit dem Vater und den Deinen bist du nun vereint
482,3 verbunden mit dem, der ist und war, hat selige Gemeinschaft mit der Erlösten Schar
491,3 so leb ich nicht mehr mir allein, sein Freund und Jünger darf ich sein
499,2 [Ehe] in nichts mehr ganz allein, vereint an Leib und Herzen
642,2 wer von seinem Blute trinkt, wird eins mit ihm und lebt mit ihm

KV 305,3 der Kelch, den wir segnen, gibt uns Anteil
KV 488,3 wir sind mit Christus gestorben, wir werden mit ihm leben

Dank
81,1 Lobet den Herren, alle, die ihn ehren […] Preis und Dank zu seinem Altar bringen
86 Aus meines Herzens Grunde sag ich dir Lob und Dank
96,2 die Kirche Tag und Nacht dir dankt für deinen Schutz und Segen
144,5 dankt unserm Gott, lobsinget ihm, rühmt seinen Namen
145,4 mit Dank und Preis und Jubel mich freun in meinem Gott
245,1.4 lasst uns vor ihm niederfallen, ihm soll unser Dank erschallen [4] singt mit Andacht Dankeslieder
248,3 erhebet die Hände und danket wie sie
250,3 der Engel Dankeslieder künden uns die Gnadenzeit
252,7 des freu sich alle Christenheit und dank ihm des in Ewigkeit

258,1-3 (Refr) dem Herrn…sei Dank und Lob gesungen
267,2 so lasst uns nun ihm dankbar sein, dass er für uns litt solche Pein
282,4 Leben […] ein Herz, ihm ganz ergeben, zum Dankesopfer weihn
357,6 jubilieret, triumphieret, dankt dem Herren
358,5 ich danke dir, du wahre Sonne
369,2 lass deine Lieb und Freundlichkeit zur Gegenlieb und Dankbarkeit
380,4.10 der Apostel heilger Chor, der Propheten hehre Menge schickt zu deinem Thron empor neue Lob- und Dankgesänge [10] Dank erweisen
382,1 ein Danklied sei dem Herrn für alle seine Gnade
385,1.3.4 nun saget Dank und lobt den Herren [3] lasst danken uns
389,6 und ich dank dir, mein Gott, und ich preise dich, Herr
402,1 danket Gott, denn er ist gut; groß ist alles, was er tut
403,1 nun danket all und bringet Ehr
405,1 nun danket alle Gott mit Herzen, Mund und Händen
411,4 singt ein Danklied eurem Meister
413,2 jubelt im ewigen Danklied empor: Ehre sei Gott in der Höhe
425,1.2 wir danken dir für das, was lebt [2] in Jesu Namen danken wir
428,5 dir will ich Dank bezeugen, der herrlich mich gemacht
448,1-4 wir danken dir, dass du es mit uns wagst [2] bei uns bist [3] du willst uns Gutes tun [4] du bist uns nicht fern
462,4 Gott ließ die ganze Welt sich drehn, ihm Lob und Dank zu zeigen
479,3 Dank dem Vater, der uns zieht durch den Geist
484,1 Dank sei dir, Vater, für das ewge Leben und für den Glauben
492,2 ewig Lob und Dank sei dir
543,2 von Herzensgrund ich spreche: dir sei Dank allezeit

KV 141 jubelt dem Herrn, vor sein Angesicht kommen mit Dank
KV 444 danket dem Herrn, denn ewig währt seine Liebe
KV 558,1 danket dem Herrn, denn er ist gütig
KV 633,8 dankt dem Vater mit Freude, er schenkt uns seinen Sohn
KV 670,8 dir sei Preis und Dank und Ehre
406 (Kanon) danket, danket dem Herrn, denn er ist so freundlich

Darstellung Jesu im Tempel ↗nunc dimittis ↗Tempel
374,2.3 zu seinem tempel kommt der Herr. Maria bringt ihn freudig dar. Als kleines Kind hält Einzug der, der aller Seher Sehnsucht war [3] da preist der greise Simeon
500,1-3 nun lässest du […] mich aus der Welt Beschwer in deinen Frieden gehen [2] meine Augen sahn, was deine Huld getan [3] Licht – Erleuchtung

David
228,2.3 Hosianna Davids Sohn
279 (Kyrie) hosanna dem Sohne Davids
280,1.2 der aus Davids Stamm geboren […] Gottes Sohn [2] David sah im Geist entzücket den Messias
299,3 erfüllt ist nun, was David einst […] im Geiste prophezeit: vom Holz herab herrscht unser Gott
357,1 du Sohn Davids aus Jakobs Stamm
384,1 aus Davids Stamm hat er erweckt den Retter

KV 302,2 hosanna dem Sohne Davids

Demut
86,2 demütig bitt ich dich, wollst mir mein Sünd vergeben
187,2 sieh gnädig auf uns nieder, die wir in Demut nahn
251,5 mein Sinn innigst sich freuen darin und sich in Demut versenken
380,8 Herr, steh deinen Dienern bei, welche dich in Demut bitten
531,3 sie strahlt im Tugendkleide [...] die Demut ihre Zier

Dienst ↗Sendung ↗Verkündigung ↗tätige Liebe
144,1.5 in seinen Dienst euch stellt [5] Gott loben, das ist unser Amt
220,2 dem alle Engel dienen, wird nun ein Kind und Knecht
384,2 aufrecht ihm dienen allezeit und ihm allein die Ehre geben
387,4 möchte ich recht dich preisen und im Geist dir Dienst erweisen
448,2 gib uns Mut zum Dienen, wo's heute nötig ist
463,6 alle Welt sag Amen, und alle Welt fürcht ihren Herrn und hüff auf ihn und dient ihm gern;wer wollte Gott nicht dienen
491,3 erwählt...ihm will ich dienen in der Welt und Zeugnis für ihn geben
539,1 hast du der Engel Schar bestellt, für hohe Dienste sie erwählt

Dornbusch, brennender ↗Gegenwart Gottes ↗Bund ↗Offenbarung
222,3 du gabst dem Mose dein Gebot auf Sinai im Flammenschein

Dornen
224,1.3 Maria durch ein Dornwald ging [3] da haben die Dornen Rosen
289,1 o Haupt, zum Spott gebunden mit einer Dornenkron
290,2 du wirst gegeißelt und mit Dorn gekrönet
292,1 verleugnet, verspottet, mit Dornen gekrönt
524,2 Rose ohne Dornen, o Maria hilf
532,3 sah sie ihn die Marter dulden: Geißeln, Dornen, Spott und Hohn

Dreifaltigkeit
281,4 wie der Vater mich gekrönet, eins mit mir in Herrlichkeit
326,5 des freu sich alle Christenheit und lobe die Dreifaltigkeit
351,6 den Vater auf dem ewgen Thron lehr uns erkennen und den Sohn
352,1-6 o heiligste Dreifaltigkeit [2] dein Wesen begreift ein Mensch auf Erden nicht [5] bet das Geheimnis an, das kein Verstand begreifen kann
353,1-5 erhabene Dreifaltigkeit, in einem Licht der Gottheit eins [4] drei sind in tiefer Liebe eins, in einer Gottheit leben drei
354 Gott ist dreifaltig einer
355,1-5 wir glauben Gott im höchsten Thron
393,3 Vater...Sohn...Heilgen Geist...den wir in drei Personen ehren
405,3 Lob, Ehr und Preis sei Gott [...] ihm, dem dreieinen Gott
456,4 Vater unsres Lebens [...] Jesus, unser Retter [...] Geist der Liebe
481,7 lass uns eins sein, Jesu Christ, wie du mit dem Vater bist
484,1 dass wir in Jesus Christus dich erkennen und Vater nennen
487,1 nun singe Lob, du Christenheit, dem Vater, Sohn und Geist
491,1 das Siegel der Dreieinigkeit wir niemals von mir weichen
542,6 tragt vor die Not der Christenheit der heiligsten Dreifaltigkeit

548,5 dein Tag bricht an […] alle singen der Dreieinigkeit
trinitarische Doxologie-Strophen: 83,4; 90,6; 144,7; 147,4; 169,3; 227,5; 269,4; 326,5; 338,5; 342,6; 351,6; 353,5; 359,4; 370,5; 374,5; 393,3; 405,3; 469,4; 479,3; 493,6; 495,2; 656,4; 522,3; 546,4; 615,5; 621,5; 628,5; 638,4; 642,7; 648,4; 663,3

Dunkelheit ↗Nacht ↗Finsternis
90,1 dein Glanz durchbricht die dunkle Nacht
99,10 sind nun die dunklen Stunden da, soll hell vor mir erstehen, was du
220,4.5 beglänzt von seinem Lichte, hält euch kein Dunkel mehr [5] Gott will im Dunkel wohnen
223,3 tragt eurer Güte hellen Schein weit in die dunkle Welt hinein
227,4 nun obsiegt kein Dunkel mehr, und der Glaube trägt das Licht
259,1 aus Finsternis und dunkler Nacht hat Gott der Welt das Licht gebracht
262,1 seht ihr unsern Stern dort stehen, helles Licht in dunkler Nacht
270,2 Kreuz, zu dem ich fliehe aus der Dunkelheit
329,2 verklärt ist alles Leid der Welt, des Todes Dunkel ist erhellt
371,3 lass uns den Hass, das bittre Leid, fortlieben aus der dunklen Zeit
374,1 der jedes Dunkel wenden kann, er zieht ins Haus des Vaters ein
419,2 eh der Tag mir begann und das Dunkel verrann, warst du Licht
428,3 du kennst das Dunkel nicht; die Nacht wird dir zum Tage, und wo ich dunkel sage, da ist vor dir nur Licht
430,5 Kerzen […] die du in unsre Dunkelheit gebracht
439,1 ich rief aus dunkler Nacht
452,4 sein Licht erhelle deine Dunkelheit
464,4 ihre Dunkelheiten hat er selbst erhellt […] kam sein Sohn zur Welt
465,2 das Dunkle und das Helle […] nimmt alles seine Stelle […] ein
481,4 schaffe Licht in dunkler Nacht
483,2 ihr seid das Licht in der Dunkelheit der Welt
528,2 das helle Licht der Ewigkeit trifft unsre Dunkelheiten
548,2 Trost und Licht in dunkler Nacht
628,4 wenn uns die Sonne untergeht […]im Dunkel strahlt sein Licht uns auf
656,4 Herr, deine Pläne bleiben uns dunkel

Dürre ↗Wüste
344,7 Dürrem gieße Leben ein
438,4 wenn ich, Zion, dein vergäße, soll verdorren meine Hand
221,5 Quellen tränken dürres Land

Durst ↗Sehnsucht ↗Begierde
211,3 du Heiland, der Labung den Dürstenden gibt
427,2 tränkst uns am Bach der Wonnen
459,2 selig seid ihr, wenn ihr […] Hunger und Durst füreinander stillt
544,2 (2) selig, die hungern und dürsten nach der Gerechtigkeit
651,8 (2) selig, die hungern und dürsten nach der Gerechtigkeit

KV 42,1 nach Gott, dem Lebendigen, dürstet meine Seele
KV 420 meine Seele dürstet nach dir, mein Gott
KV 616,1 Gott, du mein Gott, dich suche ich, meine Seele dürstet nach dir

Ebenbild ↗Ikone ↗Bild ↗Abglanz
222,7 rette uns, dein Ebenbild
342,6 lass gläubig uns den Vater sehn, sein Ebenbild, den Sohn, verstehn
353,2 dir jubelt deine Schöpfung zu, der du dein Bildnis aufgeprägt
469,4 dies schenk uns Vater voller Macht, und du sein Sohn und Ebenbild
633,9 (3) er ist das Ebenbild des unsichtbaren Gottes

Ehe ↗Braut ↗Liebe ↗Hochzeit
470,3 wenn die Hand, die wir halten, uns selber hält
499,1-3 Gott […] nach seinem Bilde […] hat uns seit je zur Freude einander zugedacht […] fügt euch zusammen [2] vereinigt an Leib und Herzen [3] zu […] zweien der Mensch den Weg durchmisst

Ehrfurcht
353,4 was alle Einsicht übersteigt, bekennt der Glaube ehrfurchtsvoll
387,1 lasset uns anbeten und in Ehrfurcht vor ihn treten
395,2 barmherzig ist er allen, die ihm in Ehrfurcht nahn
463,6 alle Welt fürcht ihren Herrn und hoff auf ihn und dient ihm gern
628,3 voll Freude preist dich unser Mund, in Ehrfurcht dient dir unser Geist
630,2 preist unsern Gott, all seine Knechte, und die ihn fürchten
KV 64,1 die ihr ihn fürchtet, vertraut auf den Herrn
KV 71,1 selig, wer Gott fürchtet und auf seinen Wegen geht

Ehrlichkeit ↗Seligpreisung ↗Tugend
458,3 selig seid ihr, wenn ihr ehrlich bleibt

einfach ↗Seligpreisung ↗Tugend
458,1 selig seid ihr, wenn ihr einfach lebt

einfältig
93,5 lass uns einfältig werden […] wie Kinder fromm und fröhlich sein
387,7 mache mich einfältig, innig abgeschieden
467,5 ihr Kleinen und Großen, einfältig und weise

Einladung ↗Mahleinladung
148,1-3 komm her, freu dich mit uns, tritt ein [2] öffne dem Herrn dein Herz [3] nimm teil
266,7 kehrt heim zum Vater, kommt zum Mahl der Freude
346,1 komm du Geist, kehr bei uns ein
349,2 komm, sei bei uns Armen Gast
357,4 auf dein Wort komm ich geladen
375,4 wenn du kommst zu dem Gericht, Christ, in dein Reich uns lade
452,2 wenn er zum Mahl des Gottesreiches lädt
491,2 von ihm bin ich geladen zum Gastmahl seiner Gnaden

Einssein ↗in-sein ↗Kirche
163,6 (Kyrie) du führst zusammen, was getrennt ist – Geist der Einheit

188,4 wie die vielen Körner und die Trauben, eins geworden nun als Brot und Wein
209.4 Herr, mach uns darin [Kelch] eins im Glauben
248,5 nimm unsre Herzen [...] mach sie auf ewig mit deinem nur eins
251,4 gehet hinein, eins mit dem Kinde zu sein
281,1-4 also sprach beim Abendmahle Jesus als sein Testament: seid geeint [...] wie der Vater mich gesendet, eins mit mir wie ich mit euch [...] eins zu sein in meinem Reich [2] unter euch verbunden [...] Weinstock-Reben [3] bleibt geeint in meinem Geist [4] Vater [...] eins mit mir in Herrlichkeit [...] herrlich, wenn ihn einig seid
346,3 komm du Geist, mach du uns eins
353,1.4 Dreifaltigkeit, in einem Licht der Gottheit eins [4] drei sind in tiefer Liebe eins, in einer Gottheit leben drei
371,3 nimm unsre Herzen ungezählt und mache sie zu einem
442,2 dass kein Hass die Eintracht trübe, lasst uns wachen
456,2.4 mit dem Vater und den Deinen bist du nun vereint [4] schenke du die Einheit, die wir suchen auf der Welt
457,1-3 miteinander glauben und sich verstehn [2] aneinander glauben und sich verstehn [3] füreinander glauben und sich verstehn
471,5 gib uns die rechte Einigkeit und führe uns zur Seligkeit
477,1.3 Gott ruft sein Volk...eint uns in Christi Namen zu einem neuen Bund [3] dass einig werde dein Volk in dieser Zeit, ein Hirt und eine Herde
481,3.7 [3] ⇔schaue die Zertrennung an, der sonst niemand wehren kann [7] lass uns eins sein [...] wie du mit dem Vater bist...in dir bleiben allezeit
482,2.3 ein Volk [...] ein Herr ist's und ein Glaube, ein Geist [...] eine Hoffnung [3] verbunden mit dem, der ist und war, hat selige Gemeinschaft mit der Erlösten Schar
483,1.5 Volk...seid eines Sinnes und Geistes [5] so wie die Körner, auf Feldern weit verstreut, zu einem Brote [...] so führt der Herr die zusammen, die er liebt
484,4.5 aus vielen Körnern ist ein Brot geworden [5] eins lass uns sein wie Beeren einer Traube
487,2.3.4.5 der uns als seine Kirche liebt, ihr Einigkeit verleiht [3] Eintracht [4] dass über allem, was da ist, ein Herr, ein Glaube sei [5] dass unsre Liebe immer neu der Einheit Zeugnis sei
495,1 Mahl, das uns mit Gott vereinigt
499,2 [Ehe] in nichts mehr ganz allein, vereint an Leib und Herzen
548,4 o Jesu, mach uns alle eins in dir
642,2 wer von seinem Blute trinkt, wird eins mit ihm und lebt mit ihm

Einwohnung ↗in-sein ↗Gnade ↗Hingabe
251,7 süßer Immanuel, werd auch in mir nun geboren [...] wohne in mir
351,1 besuch das Herz [...] erfüll uns all mit deiner Gnad
355,2.5 Heiligen Geist, den Tröster [5] lässt Christen Christi Kirche sein
387,5.7.8 ich senk mich in dich hinunter; ich in dir, du in mir, lass mich ganz verschwinden, dich nur sehn und finden [8] komm in mir wohnen
414,4 du bist in allem ganz tief verborgen [...] in den Menschen willst du wohnen

442,1-3 wo die Güte und die Liebe wohnt, dort nur wohnt der Herr [2] in uns wohne mitteninne Christ, der Herre
456,4 Geist der Liebe, atme du in uns
477,1 in uns lebt, der uns einte, er bricht mit uns das Brot
482,2, ein Geist, der sie [Kirche] beseelt
491,1 Gott hat mir seinen Geist geschenkt, ich bin in Christus eingesenkt
497,5 werde gnädig Nahrung meinem Geiste du

Eitelkeit ↗Stolz ↗Vergänglichkeit
93,4.5 wir spinnen Luftgespinste und suchen viele Künste [5] lass dein Heil uns schauen, auf nichts Vergänglichs trauen, nicht Eitelkeit uns freun
382,5 sollst nicht auf eitel Sand, auf echten Felsen bauen
387,3 wir entsagen willig allen Eitelkeiten, aller Erdenlust und Freuden

Elend
143,3 mach mich von allem Elend frei; denn dein Treu
145,1-4 wohin soll ich mich wenden, wenn Gram und Schmerz mich drücken
231,6 ach komm, führ uns mit starker Hand vom Elend zu dem Vaterland
254, dein Elend wendet keiner ab; vor deiner Krippe gähnt das Grab
271,4] führe zu den Brüdern mich aus dem Elend heim
351,5 dass wir, geführt von deinem Licht, in Sünd und Elend fallen nicht
416,4 es mag mich auf die raue Bahn Not, Tod und Elend treiben
536,4 aus Tod und Elend rufen wir, o Maria

Emmanuel ↗Immanuel

Emmaus
103,2 wir sein Gedächtnis feiern […] wird er menschlich mit uns gehen
325,1 bleib bei uns […] kehre bei uns ein. Sei unser Gast

KV 92 Herr, bleibe bei uns, halleluja
KV 89 (Kanon) Herr, bleibe bei uns; denn es will Abend werden

Ende ↗Tod ↗Vollendung ↗Ziel

Enden der Erde
251,2 jauchzet, ihr Himmel, frohlocket, ihr Enden der Erde
KV 55,1 alle Enden der Erde schauen Gottes Heil

Endlichkeit
268,6 nimm an […] den Geist, der seine Ohnmacht kennt
422,2 mein Unvermögen hält mich ganz gefangen
428,4 du hast geformt mein Wesen […] schaust all meine Blößen
437,1-4 meine engen Grenzen […] bringe ich vor dich

KV 50,1 unsere Tage zu zählen lehre uns

Engel
91,3 (Abend) Schutzengel, streit für mich mit deinen Waffen

100,1 (Abend) Last [...] es kommen Engel und tragen mit
101,6.7 breit aus die Flügel [...] lass die Englein singen [7] stell auch die güldnen Waffen ums Bett und seiner Engel Schar
147,3 bis wir singen mit Gottes Heer: »Heilig, heilig ist Gott, der Herr!« und schauen dich von Angesicht in ewger Freud und selgem Licht
220,2 dem alle Engel dienen, wird nun ein Kind und Knecht
237,7 des freuet sich der Engel Schar
238,3 himmlische Heere jauchzen dir Ehre
240,3 Gloria voll Freude singen mit der Engel großem Heer
241,2 suchen das Kind nach des Engels Wort
246,1 als ich bei meinen Schafen wacht, ein Engel mir die Botschaft bracht
247,4 Paradeis, der Cherub steht nicht mehr dafür
248,2.3 hoch oben schwebt jubelnd der Engelein Chor [3] Jubel der Engel
249,2 stille Nacht [...] Hirten erst kundgemacht durch der Engel halleluja
250,1-4 Engel auf den Feldern singen [2] Lied der Engel [3] der Engel Dankeslieder künden uns die Gnadenzeit [4] stimmt ins Lob der Engel
252,6 in dem Himmel mache reich und seinen lieben Engeln gleich
253,4 wo die Engel singen, und die Zimbeln klingen
280,3.4 den die Himmel hoch verehren, dem der Chor der Engel singt [4] Geister, die im Himmel wohnen, preist den großen König
322,5.6 ein Engel strahlt im Lichtgewand [...] dass JC auferstand
328,3.4.5 [Engel am leeren Grab]
332,2 das himmlisch Heer im Himmel singt, die Christenheit auf Erden
339,3 die Engel mit Erstaunen sehn, was Wunder mit der Welt geschehn
352,5 sing heilig mit den Cherubim, sing heilig mit den Seraphim
353,2.3 dich rühmt des Himmels hehre Schar [3] vereine mit der Engel Lied den Lobgesang, den wir dir weihn
364,3 Jesus ist reiner als die Engel allzumal
370,1 Herr über Mächte, Throne und Gewalten
380,2.3 Cherubim und Seraphinen stimmen dir ein Loblied an, alle Engel, die dir dienen...heilig, heilig, heilig [3] Himmelsheere
387,2.4 dem die Cherubinen Tag und Nacht gebücket dienen [...] aller Engel hohe Chöre [4] wie die Engel immer vor dir stehen
389 (Refr) dass du mich einstimmen lässt in deinen Jubel...deiner Engel
392,1 lob ihn, o Seele, vereint mit den himmlischen Chören
403,1 nun danket all und bringet Ehr [...] dem, dessen Lob der Engel Heer im Himmel stets vermeldt
411,1.4 preist ihn laut, ihr Himmelsgeister
413,1 Ehre, Ehre sei Gott in der Höhe, singet der Himmlischen selige Schar
423,2 seinen Engeln Gott befahl, zu hüten seine Wege all
430,6 jenen vollen Klang der Welt, die unsichtbar sich um uns weitet
462,4 im Himmel, sollt ihr sehn, da tanzen die Engel Reigen
467,6 ihr Menschen und Engel, stimmt alle zusammen
502,3 Engel, so licht und schön, winken aus selgen Höhn
521,6 von Gott über Engel und Menschen gestellt
524,3 Lilie ohnegleichen [...] dir die Engel weichen
531,3 kein Engel gleichet ihr
536,1-6 (Refr) freut euch, ihr Cherubim, lobsigt, ihr Seraphim
539,1-7 Gott, aller Schöpfung heilger Herr

540,1-4 den Engel lasst uns preisen, der wie ein Bruder still
542,2 ihr Engelchöre voller Macht, die ihr habt treulich auf uns Acht
553,5 Freudensaal […] wie von Anfang gesungen das große Himmelsheer
554,3 Gloria […] mit Engelszungen […] der Engel hoch um deinen Thron
642,3 am Paschaabend weist das Blut den Würgeengel von der Tür

KV 653,5 der Herr der Scharen steht uns bei
KV 664,5 er befiehlt seinen Engeln, dich zu behüten

Entäußerung ↗Inkarnation ↗Niedrigkeit
220,2.5 dem alle Engel dienen, wird nun ein Kind und Knecht [5] Gott will im Dunkel wohnen
241,1 Christus, der Heiland, stieg zu uns hernieder
245,3 selbst der Urquell aller Gaben leidet solche Dürftigkeit
247,3 entäußert sich all seiner Gewalt, wird niedrig und gering und nimmt an eines Knechts Gestalt
251,3 wie tief sich der Höchste hier beuget […] Gott wird ein Kind
252,6 er ist auf Erden kommen arm
258,2 da er aus seiner Herrlichkeit eintrat ins Erdenleben
355,3 annimmt unsre Not
380,6 bist vom hohen Himmelsthron zu uns auf die Welt gekommen
429,3 hat selbst sein Reich verlassen, ist dir als Mensch genaht
457,2 auf unsre Armut lässt Gott sich ein
528,2 das helle Licht der Ewigkeit trifft unsre Dunkelheiten

entflammen ↗Feuer ↗Glut
342,4 entflamme Sinne und Gemüt, dass Liebe unser Herz durchglüht
351,4 entzünd in uns des Lichtes Schein
357,3 dich, des Liebe mich entzündet
489,2 der im Glauben uns begründet, in der Liebe uns entzündet

Entsagung
251,6 ewig entsag ich der Sünde
387,3 wir entsagen willig allen Eitelkeiten, aller Erdenlust und Freuden
638,2 durch Entsagung werde stark, was müde ist und schwach und krank

Epiphanie ↗Licht ↗Geburt Christi
159 (Kyrie) Licht, das uns erschien – Glanz der Herrlichkeit
160 (Kyrie) Gott des Vaters ewger Sohn – Aufgang des wahren Lichts
220,2 Gott selber ist erschienen
238,2 Christ ist erschienen, uns zu versühnen
240,2.3 Stern ist aufgegangen […] von fern die Könige [3] Gaben
241,3 Abglanz des Vaters […] heute erschienen in unserm Fleisch
259,1-3 wir haben seinen Stern gesehen
261,1-4 Stern über Bethlehem
262,1-3 seht ihr unsern Stern dort stehen
368,6 in dir erstrahlt der Gottheit Schein
372,5 schönster Stern, ehrt man dich als Gott, den Herrn

384,1.3 heimgesucht sein Volk…aus Davids Stamm hat er erweckt [3] heimgesucht mit seinem Strahl, das Licht, der Aufgang aus den Höhen
416,3 es kommt die Zeit, da öffentlich erscheinet, wie treulich er
500,2.3 vor aller Angesicht kam nun das wahre Licht, die Völker zu geleiten [3] Licht, das aller Nacht Erleuchtung hat gebracht
524,7 dass wir Jesum sehen […] fröhlich vor ihm stehen
528,2 das helle Licht der Ewigkeit trifft unsre Dunkelheiten

KV 260 werde Licht, Jerusalem […] dein Licht ist uns erschienen
KV 631,2 auf, werde Licht, Jerusalem, halleluja
KV 635,4 heute erstrahlt ein Licht über uns, Christus, der Herr
KV 635,7 der Himmel freue sich […] denn der Herr ist uns erschienen
KV 643,3 jubelt dem Herrn, alle Lande […] preist unsern Herrn

Erbarmen ↗Huld ↗Vergebung
96,3 wird dein Erbarmen verkündet, vieltausendfach dein Lob erklingt
142,1.2 unsrer Schwachheit hab Geduld und schenk uns dein Erbarmen
145,3 mit mancher Schuld beladen […] mit kindlichem Vertrauen eil ich in Vaters Arme, fleh reuerfüllt »erbarme«
252,6 er ist auf Erden kommen arm […] und in dem Himmel mache reich
266 (Refr) schenke, Herr, uns neu dein Erbarmen
268,1.3 erbarme dich, erbarm dich mein
271,4 führe zu den Brüdern mich aus dem Elend mich heim
281,2 wie mit euch Geduld ich übe, so erbarmt der Vater sich
289,4 gib mir, o mein Erbarmer, den Anblick deiner Gnad
347,2 der das Erbarmen Gottes weist und Heil in tiefsten Nöten
370,2 du spricht das Urteil über alle Völker voll des Erbarmens
380,10.11 rett aus Sünden, rett aus Tod, sei uns gnädig, Herre Gott [11] erbarm, erbarme dich, lass uns deine Güte schauen
384,2.3 gepriesen unser Herr […] der uns erwiesen sein Erbarmen [3] Weg des Friedens führt durch seine Liebe, sein Erbarmen
393,2 sein Erbarmen, sein Gnad er über uns gebreitet hat
395,3 jetzt hat er sein Erbarmen an Israel vollbracht
422,2 hast du mit Namen mich […] in dein Erbarmen fest mich eingeschrieben
427,2 Herr, halte uns in deiner Huld
452,1-7 (Refr) der Herr wird mit Erbarmen dir begegnen [5] er schenke dir Vergebung und Erbarmen und lösche aus, was dich von ihm entzweit
477,2 in göttlichem Erbarmen liebt Christus alle gleich
481,1-7 [1] Sonne der Gerechtigkeit [1-7] erbarm dich, Herr
492,1 deine Gnade, dein Erbarmen sei gepriesen ohne End
497,3 wie der Schächer ruf ich, Herr, um Gnad zu dir
506,1 wir vertraun dir diesen Menschen an […] schenk ihm dein Erbarmen

KV 266 bekehre uns […] schenke, Herr, uns neu dein Erbarmen
KV 639,1 erbarme dich meiner, o Gott, erbarme dich meiner
KV 639,5 bekehre uns […] schenke, Herr, uns neu dein Erbarmen
KV 657,3 dein Erbarmen, o Herr, will ich in Ewigkeit preisen
KV 657,6 misericordias Domini in aeternum cantabo
KV 664,1 sei mir gnädig, Herr, und höre auf mein Flehen

Erbe ↗Anteil
236,6 das ewig Leben erben, wie an ihm ist geschehn
252,5 führt uns aus dem Jammertal, macht uns zu Erben in seinm Saal
294,10 damit wir, Gottes Kinder [...] sterben als seines Reiches Erben
360,5 flehet, gehet, Himmelserben anzuwerben
380,9 hilf uns, segne, Herr, dein Erbe
439,3 wer deinen Namen ehret, dem fällt dein Erbe zu
464,5 hat er uns bestellt zu des Reiches Erben
491,2 er setzte mich zum Erben ein
532,5 Christus, lass bei deinem Sterben mich mit deiner Mutter erben
544,2 (2) selig die keine Gewalt anwenden [...] werden das Land erben
651,8 (2) selig die keine Gewalt anwenden [...] werden das Land erben

Erbsünde ↗Sündenfall ↗Eva ↗Erlösung ↗Maria Immaculata
220,3 ihr sollt das Heil dort finden, das [...] von Anfang an verkündet, seit eure Schuld geschah
222,5 führ uns aus des Todes Nacht, wohin die Sünde uns gebracht
238,1 Welt ging verloren, Christ ist geboren
245,1 Menschen, die ihr wart verloren
257,5 Tage...die wir in Schuld verbringen; nach ihnen sei die Zeit gezählt
324,4 nun jauchzt und jubelt überall, die Welt steht auf von ihrem Fall
371,1 o Herz, in Nacht zu uns gesandt, als Schuld den Tod uns brachte
429,1 von seinem Angesichte trennt uns der Sünde Bann
430,2 noch will das Alte unsre Herzen quälen, noch drückt uns böser Tage schwere Last
536,4 wir Kinder Evas schrein zu dir [...] aus Tod und Elend rufen wir
552,2.4 tief liegt des Todes Schatten auf der Welt [4] uns hält gefangen Irrtum, Schuld und Leid
648,2 was Eva einst verloren sah, gibst du im Sohne reich zurück

Erdbeben
324,2 die ganze Erde staunt und bebt, weil Gottes Herrlichkeit anhebt

Erfüllung ↗Verheißung ↗Heil
81,6 treib unsern Willen, dein Wort zu erfüllen
143,2 du hast dein Wort an mir erfüllet
267,1 bis es sich sollt erfüllen, dass er für uns geopfert
336,2 Gott erfüllt, was er verspricht
395,3 der uns das Heil verheißen, hat eingelöst sein Wort
502,5 wird nur mein Wunsch erfüllt: näher zu dir

erhaben ↗Herrlichkeit ↗Macht ↗Königsherrschaft Gottes
KV 77,1 der Herr ist erhaben, doch er schaut auf die Niedrigen

erhöhen ↗Niedrigkeit ↗Magnificat ↗Gnade
395,1 er hat mich erhoben, dass man mich selig preist
395,2 die Stolzen lässt er fallen, die Schwachen nimmt er an
424,4 Gott ist der rechte Wundermann, der bald erhöhn, bald stürzen kann
439,1 auf eines Felsens Höhe erheb mich gnädiglich

625,4 (6) er erniedrigt und er erhöht

KV 625,2 mein Herz ist voll Freude über den Herrn, er erniedrigt und er erhöht

erhöhter Herr ↗Auferstehung Christi ↗Himmelfahrt Christi
143,3 Herr, ob den Himmeln thronst du hoch und siehest doch
163,5 (Kyrie) auferstanden von den Toten – erhöht zur Rechten des Vaters
319 Christ fuhr gen Himmel
339,4 er ward gehorsam bis zum Tod, erhöht hat ihn der starke Gott
347,3 als Sieger fährt er jauchzend heim und ruft den Geist
355,4 der niederfuhr und auferstand, erhöht zu Gottes rechter Hand
370,1-5 Christus du Herrscher [4] thronend im Himmel
456,2 mit dem Vater und den Deinen bist du nun vereint
582,6 (Kyrie) du bist zum Vater heimgekehrt, um für uns einzustehn
629,6 darum hat ihn Gott über alle erhöht (Phil 2)
644,2 er ist erhöht zum Vater

KV 340 Gott steigt empor, Erde jauchze

erhören ↗Bitte vgl. Fürbittrufe S.13
143,2 du hast auf mein Gebet gemerkt [...] mein Herz gestillet
188,2 sei uns nah und höre unsre Bitte
245,4 singt mit Andacht Dankeslieder und vertraut, er höret sie
272,1 hör unser Bitten, die Angst in uns wende
277,1 dein gnädig Ohr neig her zu mir, und meiner Bitt es öffne
362 Gott des Friedens, hör unser Flehn
423,3 wer mich anruft, wird erhört
439,1.2 erhör, o Gott, mein Flehen, hab auf mein Beten acht [2] mein Bitten hast erhöret

Erkenntnis ↗Wissen ↗Offenbarung ↗verstehen
272,3 Antwort bis du in verzweifeltem Fragen
281,1 seid geeint und liebt euch alle, dass mich diese Welt erkennt
325,3 Herr, deine Herrlichkeit erkennen wir
348,2 lass uns Gott erkennen, ihn Vater nennen
351,6 den Vater auf dem ewgen Thron lehr uns erkennen und den Sohn
427,2 hilf uns, dass wir dich mit Geduld in deinem Tun erkennen
428,1 Herr, dir ist nichts verborgen, du schaust mein Wesen ganz [...] du schaust mich bis zum Grund
463,5 der Mensch, ein Geist, den sein Verstand dich zu erkennen leitet
484,1 dass wir in Jesus Christus dich erkennen und Vater nennen
500,3 Licht, das aller Nacht Erleuchtung [...] dich Höchster zu erkennen

Erlösung ↗Rettung ↗Gnade ↗Heil ↗Stellvertretung
140,1-6 kommt herbei, singt dem Herrn, ruft ihm zu, der uns befreit
211,3 Erlöser, der uns bis zum Ende geliebt
215,2 dein heilger Leib ist in den Tod gegeben, dass wir alle dadurch leben
218,2 all unsre Not zum End er bringt
220,1-5 [2] wer schuldig ist auf Erden [...] er soll errettet werden

221,1-5 [5] zum Mahl der Seligkeit ziehen die vom Herrn Erlösten
222,9 erlöse uns, du bist getreu
233,3 deine Erlösung wird alles befrein
237,3.4 von allen Sünden machen rein [4] bringt euch alle Seligkeit
240,4 ist zur Welt gekommen für die Sünder und die Frommen
243,3 hilft uns aus allem Leide, rettet von Sünd und Tod
246,3 das Kindlein liegt in einem Stall und will die Welt erlösen all
247,4 heut schließt er wieder auf die Tür zum schönen Paradeis
248,4 was leidest du alles für unsere Sünd
250,3 Christ, der Retter, stieg hernieder, der sein Volk von Schuld befreit
251,1-4 zu den Verlornen sich kehren [2] Gott und der Sünder...zu Freunden [3] träget und hebet die Sünd [4] Pforte des Lebens...offen
253,3 wir waren all verdorben [...] da hat er uns erworben
255,3.4 Sohn, der annimmt unsre Not...litt...starb [4] auferstand, erhöht
259,3 durch Jesu Kreuz [...] ist Gottes Heil an uns vollbracht
262,2 Menschen ohne Haus und Habe atmen plötzlich wieder auf
266,1 uns zu erretten aus der Macht des Bösen
267,1.2 für uns geopfert [2] für uns litt solche Pein
271,4] führe zu den Brüdern mich aus dem Elend mich heim
272,3 du hast für uns deinen Sohn hingegeben
277,4 er ist allein der gute Hirt, der Israel erlösen wird
282,3 dann ging er hin zu sterben [...] sich selbst zum Opfer hin
288,6 Jesus stirbt [...] reißt durch seinen Tod uns aus Nacht und Not
289,4 gib mir, o mein Erbarmer, den Anblick deiner Gnad
297,1.2 hast uns durch dein teures Blut gemacht vor Gott gerecht und gut [2] durch deine Wunden, Schmach und Spott erlös uns vor [...] Tod
299,2.4.5.6 uns reinzuwaschen von der Schuld [4] du trägst den Lösepreis der Welt [5] den Sündern tilge alle Schuld [6] uns durch das Kreuz erlöst
324,4 nun jauchzt und jubelt überall, die Welt steht auf von ihrem Fall
326,3 er hat zerstört der Höllen Pfort, die Seinen all herausgeführt und uns erlöst vom ewgen Tod [4] der uns erkauft das Paradeis
328,7 mache unser Herz bereit, damit von Sünden wir befreit, dir singen
329,4 sind die Glieder, er das Haupt; erlöst ist, wer an Christus glaubt
334,1 Licht, das Erlösung uns gebracht
337,1 freu dich, erlöste Christenheit, freu dich und singe
338,3 befreit aus der Gefangenschaft folgt Jesus die erlöste Schar
339,5-7 dir, unserm Haupte, jubeln wir, Mittler beim Vater für uns für [6] zieh uns immerdar zu dir [7] herrschen mit dir in Ewigkeit
347,3 der Geist des Herrn treibt Gottes Sohn, die Erde zu erlösen
354 der Sohn hat uns erlöset
358,4.5 nun aber ists durch dich geschehn, dass ich dich hab ersehn
359,2.3 wie hat die Liebe dich gedrängt, dass du für uns den Tod [3] Quell des Heils, der nie versiegt
360,2 frohe Schar, die lang in schweren Fesseln war, er hat sie freigegeben
366,1 für das Lamm, das sich verirrte, starbst du an dem Kreuzesstamm
369,1 zu retten aus der Todesnot mich und mein armes Leben
371,1 o Herz, in Nacht zu uns gesandt, als Schuld den Tod uns brachte

380,5.8.10 hast uns Gottes Gnad gebracht, von der Sünd uns freigemacht [8] kauftest durch dein Blut uns frei, hast den Tod für uns gelitten [10] rett aus Sünden, rett aus Tod, sei uns gnädig, Herre Gott
381,5 du wirst mich ja in aller Not durch deine Gnad erlösen
383,1-3 ich lobe meinen Gott, der aus der Tiefe mich holt, damit ich lebe [...] frei bin [3] Tränen trocknet [...] Angst vertreibt
384,1-3 heimgesucht sein Volk...der uns erlöst aus Schuld und Not [2] Erbarmen...Bund [3] Erbarmen
402,6-10 Israel befreit [7] zerschlug Pharaos Heer, führt das Volk durchs Rote Meer
405,2 uns aus aller Not erlösen hier und dort
411,3 Lob lasst schallen, denn mit allen schloss er den Erlösungsbund
429,4 aus seinem Glanz und Lichte tritt er in deine Nacht, und alles wird zunichte, was dir so bange macht
436,2 bleib mit deinem Worte bei uns, Erlöser [...] dein Güt und Heil
453,3 sei Hilfe, sei Kraft, die Frieden schafft, sei in uns, uns zu erlösen
456,4 Jesus, unser Retter, an dich glauben wir
459,3 selig seid ihr, wenn ihr Fesseln sprengt
464,5.7 durch des Sohnes Sterben hat er uns bestellt zu des Reiches Erben
474,1-5 (Refr) Jesus Christ, du erneuerst unsre Welt
479,3 der durch seines Kreuzes Kraft uns zum Gottesvolk erschafft
484,6 gedenke, Herr, die Kirche zu erlösen [...] aus der Macht des Bösen
489,1 der uns aus der Schuld befreite, mit dem neuen Leben weihte
491,1.2 Gott hat mir seinen Geist geschenkt, ich bin in Christus eingesenkt [2] aus Wasser und dem Heilgen Geist bin ich nun neu geboren
493,1 unser König hat vergossen Blut, das alle Welt befreit
497,6 wasch in deinem Blute mich von Sünden rein; schon ein kleiner Tropfen sühnet alle Schuld
498,2 Osterlamm [...] nimmt hinweg der Sünden Schuld
507,3 durch seine heilgen Wunden bin ich versöhnt mit Gott
510,3 der für mich ist gestorben, des Vaters Huld erworben und so mein Mittler worden ist
521,1 du Mutter hast uns den Erlöser geschenkt
537,6 preisen und loben den Herren [...] dass er uns all erlöset hat
552,3.4 welch ein Geheimnis wird an uns geschehn [4] schon befreit
615,5 Erlöser, der ins Licht uns führt und aller Finsternis entreißt
648,2 was Eva einst verloren sah, gibst du im Sohne reich zurück

KV 60,1 der Herr hat uns befreit, auf ewig besteht sein Bund
KV 176,4 Ruhm und Preis und Ehre sei dir, Erlöser, Herr und König
KV 229 Herr, erhebe dich, hilf uns und mach uns frei
KV 305,1 wir rühmen uns [...] in ihm sind wir erlöst und frei
KV 305,2 Christus Erlöser, Christus Befreier, Leben in Ewigkeit
KV 307,2 der Herr hat uns mit seinem Blut erkauft
KV 307,5 meine Hilfe und mein Retter bist du
KV 310,8 du hast uns erlöst durch dein Kreuz und dein Blut
KV 312,5 aus der Tiefe zogst du mich empor
KV 501 ich weiß, dass mein Erlöser lebt
KV 517 der Herr vergibt die Schuld und rettet unser Leben

KV 518 beim Herrn ist Barmherzigkeit und reiche Erlösung
KV 584,9 Lob dir, Christus, König und Erlöser
KV 622,1 habt Mut [...] Gott selbst wird kommen und euch erretten
KV 625,2 mein Herz ist voll Freude über den Herrn, er erniedrigt...erhöht
KV 629,1 du führst mich hinaus ins Weite, du machst meine Finsternis hell
KV 634,3 richtet euch auf und erhebt euer Haupt [...] nahet eure Erlösung
KV 639,3 beim Herrn ist Barmherzigkeit [...] Erlösung in Fülle
KV 639,7 durch Christi Wunden sind wir geheilt
KV 640,2 so sehr hat Gott die Welt geliebt, dass er seinen Sohn für uns hingab. Wer an ihn glaubt, hat das ewige Leben
KV 657,5 Christus war für uns gehorsam [...] bis zum Tod am Kreuze
KV 657,6 misericordias Domini in aeternum cantabo

Ernte ↗Anteil ↗Lohn
463,3 Wer schließt den Schoß der Erde auf, mit Vorrat uns zu segnen
KV 443 im Jubel ernten, die mit Tränen säen

Eröffnung beim Stundengebet
614,1 Herr, öffne meine Lippen [Invitatorium]
627,1 o Gott, komm mir zu Hilfe

Erscheinung des Herrn ↗Epiphanie

Erwählung ↗Berufung
210,4 als Brot für viele Menschen hat uns der Herr erwählt
251,6.7 du sollst es sein, den ich erwähle allein [7] du mich liebend erkoren
299,4 du erwählter Stamm, du trägst den Lösepreis der Welt
354 der Sohn hat uns erlöset, der Geist uns auserwählt
357,3.5 gib, dass ich an deinem Leib, dem auserwählten Weinstock bleib [5] er hat mich ganz sich angetraut
424,3 der sich uns hat auserwählt, der weiß auch sehr wohl, was uns fehlt
439,1 auf eines Felsens Höhe erheb mich gnädiglich
477,3 lässt ein Volk erstehen, das er sich auserwählt
482,1.2 vom Himmel kam er nieder und wählte sie [Kirche] zur Braut [2] erkorn aus allen Völkern [...] ein heilges Mahl [...] teilt sie kraft seiner Gnadenwahl
483,1 ihr seid das Volk, das der Herr sich ausersehn
489,1 lasst uns loben...Gott...der uns erhoben und so wunderbar erwählt
491,2.3 Gott [...] hat mich zum Kind erkoren [...] Vater mein, er setze mich zum Erben ein [3] Christus, der Herr, hat mich erwählt [...] fortan dienen
521,3 du Frau aus dem Volke, von Gott ausersehn
524,2 Rose ohne Dornen [...] du von Gott Erkorne
530,2 dass du den Herrn geboren hast [...] der dich erschaffen und erwählt
531,2 sie ist die reinste Rose, ganz schön und auserwählt
539,1 hast du der Engel Schar bestellt, für hohe Dienste sie erwählt
542,1-6 (Refr) dass wir durch Gottes Gnad und Wahl zum Himmel kommen
547,1 du Herr hast sie für dich erwählt, in Treue folgte sie dem Ruf
553,2 edle Schar kommt dort gezogen [...] was in der Welt an Auserwählten
567,1 die sich der Höchste erwählt (akáthistos)

KV 56,1 =651,5 freut euch, wir sind Gottes Volk, erwählt durch seine Gnade

Erwartung ↗Advent ↗wachen ↗Maranatha ↗Wiederkunft des Herrn
547,1 es brannte hell in ihrer Hand die Lampe ihrer Wachsamkeit
KV 87 aller Augen warten auf dich

eucharistische Gegenwart des Herrn ↗Gegenwart Gottes
103,2 wir sein Gedächtnis feiern [...] wird er menschlich mit uns gehen
184 [Gabenber] du schenkst uns dein Gegenwart im österlichen Mahl
325,1.2 [Emmaus] sei unser Gast und teile Brot und Wein [2] zeige dich, wenn du nun das Brot uns brichst
339,6 hilf uns mit heiliger Begier, nach dem zu trachten, was dort ist, wo du, Gott, Herr und Heiland bist
364,5 schönster Herr Jesu, bei uns gegenwärtig durch dein Wort und Sakrament
368,1 meine höchste Freude ist, wenn du, o Jesus, bei mir bist
387,1-8 Gott ist gegenwärtig, lasset uns anbeten
464,3 und das heilge Zelt sagen seinem Volke: Gott ist in der Welt
478,4 seht Gottes Zelt auf Erden, verborgen ist er da
492,1-2 Jesus, du bist hier zugegen, wie der Glaube fest bekennt
493,1-6 preise, Zunge, das Geheimnis / 494 pange lingua gloriosi [3] Brot...wahres Fleisch...wird zu Christi Blut der Wein
493/494 pange lingua – tantum ergo (lat.-dt.)
497 Gottheit tief verborgen, betend nah ich dir
498,1-4 das Heil der Welt [...] wahrhaftig hier zugegen ist
KV 92 Herr, bleibe bei uns, halleluja
KV 182 du bist bei uns in unsrer Mitte
KV 285 (= 445) ubi caritas et amor, Deus ibi est
KV 305,5 (= 442) wo die Güte und die Liebe wohnt, dort nur wohnt der Herr
KV 562 betet an den Leib des Herrn + Litanei von der Anbetung Jesu Christi

eucharistischer Leib des Herrn ↗Kirche ↗Einssein
209,2 das ist mein Leib, das ist mein Leben, das bin ich selbst, an euch verschenkt, das will ich euch als Zeichen geben
210,2 wer dieses Brot genommen, verkündet seinen Tod
211,4 nun gibst du dich selber im heiligen Brot
213,1-4 o heilge Seelenspeise [...] o Manna, Himmelsbrot [2] und gibst dein Fleisch und Blut zur Speise und zum Tranke
215,1 Gott sei gelobet und gebenedeiet, der uns selber hat gespeiset mit seinem Fleische und mit seinem Blute
237,5 dich wahren Gott ich finde in meinem Fleisch und Blut
245,2.4 welche Wunder reich an Segen stellt uns dies Geheimnis dar
252,2 in unser armes _Fleisch und Blut verkleidet sich das ewig Gut
282,2 »nehmt«, sprach er, »trinket, esset: das ist mein Fleisch, mein Blut«
331,1-5 ist das der Leib, Herr Jesu Christ, der tot im Grab gelegen ist
339,5.6 dir, unserm Haupte, jubeln wir [6] zieh uns immerdar zu dir
346,3 komm du Geist, mach du uns eins [...] erfülle uns

347,4 da schreitet Christus durch die Zeit in seiner Kirche Pilgerkleid
357,3 gib, dass ich an deinem Leib, dem auserwählten Weinstock bleib
366,2 edler Weinstock, Himmelbrot
377,1 meine Nahrung bist du, ohne dich nur Not
477,1.2 wir sind des Herrn Gemeinde und feiern seinen Tod [2] ein Leib und viele Glieder in Christus, unserm Herrn
483,5 so wie die Körner, auf Feldern weit verstreut, zu einem Brote
484,3.4 wir, die wir alle essen von dem Mahle [...] sind Christi Leib [4] aus vielen Körnern ist ein Brot geworden
642,4 er reicht uns seinen heilgen Leib als Brot, das uns sein leben schenkt

KV 212 kostet und seht: gut ist der Herr
KV 214 dies Brot ist mein Leib für das Leben der Welt
KV 305,3 der Kelch, den wir segnen, gibt uns Anteil

eucharistisches Brot ↗Brot
378,1.3 Brot, das die Hoffnung nährt [3] Brot, das sich selbst verteilt
422,3 sei du mein täglich Brot, so wahr du lebst
425,4 er ist das Brot, das uns vereint
470,1 wenn das Brot, das wir teilen, als Rose blüht
478,4 seht Gottes Zelt auf Erden, verborgen ist er da
484,2 hast du vom Himmel Speise uns gegeben zum ewgen Leben
498,3 das wahre Manna, das ist hier, davor der Himmel beugt die Knie
642,4 er reicht uns seinen heilgen Leib als Brot, das uns sein leben schenkt

eucharistisches Mahl ↗himmlisches Hochzeitsmahl ↗Mahleinladung
184 du schenkst uns dein Gegenwart im österlichen Mahl
216,3 bis nach der Zeit den Platz bereit an deinem Tisch wir finden
266,7 kehrt heim zum Vater, kommt zum Mahl der Freude
357,2.4 himmlisch Manna, das wir essen [4] dein Wort, dein Geist, dein Leib und Blut mich innerlich erquicken
389,2 du reichst mir das Brot und du reichst mir den Wein
421,3 wunderbar ein Tisch mir immerdar von dir, o Herr, bereitet
442,1-3 wo die Güte und die Liebe wohnt, dort nur wohnt der Herr
452,2 vollenden möge er [...] wenn er zum Mahl des Gottesreiches lädt
474,1 wenn wir das Leben teilen wie das täglich Brot
477,1 wir sind des Herrn Gemeinde und feiern seinen Tod; in uns lebt, der uns einte, er bricht mit uns das Brot
482,2, ein heilges Mahl [...] teilt sie [Kirche] kraft seiner Gnadenwahl
484,3 wir, die wir alle essen von dem Mahle [...] sind Christi Leib
491,2 von ihm bin ich geladen zum Gastmahl seiner Gnaden
497,5 werde gnädig Nahrung meinem Geiste du
547,2.3 [3] zum Mahl der Hochzeit öffne uns die Pforten deiner Ewigkeit
554,2 wir folgen all zum Freudensaal und halten mit das Abendmahl
642,1 zum Mahl des Lammes schreiten wir mit weißen Kleidern angetan

Eva ↗Erbsünde
520,2 mutans Evae nomen
536,4 wir Kinder Evas schrein zu dir, o Maria

648,2 was Eva einst verloren sah, gibst du im Sohne reich zurück
666,4 salve regina – ad te clamamus exsules filii Evae

Evangelium ↗Wort Gottes ↗Heilsgeschichte ↗Heil ↗Gnade
246,1 als ich bei meinen Schafen wacht, ein Engel mir die Botschaft bracht
266,5 geht hin zu allen, kündet seine Botschaft
275,3 in ihren [Jünger] Taten wird die Botschaft Christi für uns lebendig
357,2 dein ewig Evangelium, das hab ich mir erkoren
417,3 Botschaft des Neubeginns
546,2 als deine Zeugen riefst du sie…die Saat des Evangeliums…auszustreun
KV 623,5 bekehrt euch und glaubt an das Evangelium

ewiges Leben ↗Vollendung ↗Leben ↗Himmel
81,7 Herr, du wirst kommen und alle deine Frommen […] gnädig dahin bringen, da alle Engel ewig, ewig singen: Lobet den Herren
96,6.7 wir wissen weder Tag noch Stunde, wann du uns heimführst in dein Licht [7] geleite uns […] ins Morgenlicht der Ewigkeit
387,5 aller Dinge Grund und Leben, Meer ohn Grund und Ende
456,2 dein Weg führte durch den Tod in ein neues Leben

Ewigkeit
257,4.6 du aber bleibest, der du bist, in Jahren ohne Ende [6] der du allein der Ewge heißt und Anfang, Ziel und Mitte weißt
364,4 sie müssen sterben, müssen verderben, Jesus bleibt in Ewigkeit
380,1 wie du warst vor aller Zeit, so bleibst du in Ewigkeit
384,2 der seinen Bund von alters her auf ewig stiftet mit uns Armen
388 er, der nie begonnen, er, der immer war, ewig ist und waltet
393,2 es wird die Wahrheit unsres Herren in Ewigkeit ohn Ende währen
402,1-12 (Refr) seine Huld währt alle Zeit, waltet bis in Ewigkeit
405,2 der ewigreiche Gott
421,4 dass ich im Hause dein fest möge wohnhaft sein zu ewiglichen Zeiten
528,2 das helle Licht der Ewigkeit trifft unsre Dunkelheiten
547,3 zum Mahl der Hochzeit öffne uns die Pforten deiner Ewigkeit
KV 43,1 Gott hat dich gesegnet auf ewig

Exodus
326,3 er hat zerstört der Höllen Pfort, die Seinen all herausgeführt
402,6.7.8 er hat Israel befreit aus Ägyptens Dienstbarkeit [7] zerschlug Pharaos Heer, führt das Volk durchs Rote Meer [8] führte es mit starker Hand durch die Wüste in sein Land
472,4 Sperren werden übersprungen, und ein Geist ist da
642,1.3 Christus, dem Sieger singen wir, der uns durchs Rote Meer geführt [3] am Paschaabend weist das Blut den Würgeengel von der Tür; wir sind befreit aus harter Fron und von der Knechtschaft Pharaos

Fasten ↗Umkehr
266,6 tut Gutes […] liebet euren Nächsten […] dies ist ein Fasten in den Augen Gottes

638,2 jetzt soll sich unser ganzes Herz durch Fasten und Gebet erneun, und durch Entsagung werde stark, was müde ist und schwach und krank

Feind ↗Böse
90,3 gib, dass nichts Arges uns berängt, der böse Feind uns nicht verführt
101,2 die Nacht, des Tages Feind
267,2 auch lasst uns sein der Sünde feind
294,6 du bist das Siegeszeichen, davor der Feind erschricket
351,5 treib weit von uns des Feinds Gewalt
378,1 Wolke, die die Feinde stört
380,9 leite es [Volk] auf rechter Bahn, dass der Feind es nicht verderbe
382,4 wirf die Sorge weg [...] wie viel des Feindes Scharen
384,1 dass uns der Feinde Hass nicht schreckt
421,2 der mir die Kräfte schenkt, wann mich der Feind bedrängt
439,2 du bist gleich einem Turme, den nie der Feind bezwang
471,2 verleih uns Hilfe gnädiglich, dem Feind zu widerstreben
534,3 verjag die Feind all von uns weit
539,6 [Engel] retten aus Gefahr [...] was schwach ist und vom Feind bedroht
540,2 [Schutzengel] wird den Feind abwenden

Fels
382,5 sollst nicht auf eitel Sand, auf echten Felsen bauen
417,1 Stimme, die Stein zerbricht
439,1 auf eines Felsens Höhe erheb mich gnädiglich
478,3 lass fest auf diesem Grund uns stehn zu aller Stund
482,1 die Kirche steht gegründet allein auf Jesus Christ
548,2 du warst ihr Fels, ihr Schutz, ihre Macht

KV 486 tu es Petrus et super hanc petram aedificabo ecclesiam meam

Fesseln ↗Gefangenschaft ↗Befreiung
82,4 es werde Trost in langen Stunden für alle, die gefesselt sind
360,2 frohe Schar, die lang in schweren Fesseln war, er hat sie freigegeben
383,1 ich lobe meinen Gott, der mir die Fesseln löst, damit ich frei bin
459,3 selig seid ihr, wenn ihr Fesseln sprengt
642,6 gefesselt ist der Fürst der Welt

Feuer ↗Glut
222,3 du gabst dem Mose dein Gebot auf Sinai im Flammenschein
325,2 brennt nicht in uns ein Feuer, wenn du sprichst
334,1 du Funke aus des Grabes Stein
342,2.3.4 aus dir strömt Leben, Licht und Glut [3] Feuer [4] entflamme Sinne und Gemüt, dass Liebe unser Herz durchglüht
346,1-3 atme in uns, Heiliger Geist, brenne in uns...wirke in uns
347,1.4 der Geist des Herrn erfüllt das All mit Sturm und Feuersgluten [4] wohin sein Feueratem fällt, wird Gottes Reich lebendig
348,4 du mächtger Hauch, unerschaffne Glut
349,3 Glut, die unser Herz durchdringt
351,2.4 du Lebensbrunn, Licht, Lieb und Glut [4] entzünd in uns

352,3.4 Wärme ist des Geistes Bild, der alle Welt mit Leben füllt
357,3 die Flamme deiner Liebe [...] des Liebe mich entzündet
369,2 lass deine Flamm und starke Glut durch all mein Herze...dringen
452,4 an seiner Liebe sollst du Feuer fangen
464,3 Feuerschein und Wolke [...] sagen seinem Volke: Gott ist in der Welt
466,3 stark ist unser Bruder Feuer, macht das Haus uns warm und hell
467,6 Feuer und himmlische Flammen [...]Vater...wollen wir loben
474,1-5 (Refr) Jesus Christ, Feuer, das die Nacht erhellt
489,2 der im Glauben uns begründet, in der Liebe uns entzündet
539,4 mit Weisheit sind sie angetan; sie brennen, leuchten, beten an
547,1 es brannte hell in ihrer Hand die Lampe ihrer Wachsamkeit

Finsternis ↗Nacht ↗Dunkelheit
149,2 unser Wissen und Verstand ist mit Finsternis umhüllet
222,6 erleuchte doch mit deiner Pracht die Finsternis und Todesnacht
231,5 in Finsternis wir alle sein
243,3 mit seinem hellen Scheine vertreibts die Finsternis
259,1 aus Finsternis und dunkler Nacht hat Gott der Welt das Licht gebracht
271,3 nun ist von allen Sünden die Finsternis mein Lohn
288,5 Jesus stirbt. Da wird es Nacht; doch er bricht die Finsternis, reißt durch seinen Tod uns aus Nacht und Not
336,3 nichts soll mich von Jesus scheiden, keine Macht der Finsternis
371,2.3 er sendet neu mit dir sich aus als Licht zu Finsternissen [3] lass uns den Hass, das bittre Leid, fortlieben aus der dunklen Zeit
372,1.4 Morgenstern der finstern Nacht...leucht in meines Herzens Schrein
384,3 uns alle, die im finstern Tal in Nacht und Todesschatten
417,1 Stimme, die Stein zerbricht, kommt mir im Finstern nah
421,2 wenn aus blinder Wahl...im finstern Tal...mich sollt verlieren
423,2 kein Unheil, das im Finstern schleicht [...] ihn erreicht
428,3 wollt ich mich verhüllen in Finsternis...du wirst sie ganz erfüllen
485,2 lass alle, die im Finstern gehen, die Sonne deiner Gnade sehn
549,3 Wort von den letzten Tagen [...] uns durch alle Finsternis tragen
552,2 Todes Schatten auf der Welt, aber dein Glanz die Finsternis erhellt
615,5 Erlöser, der ins Licht uns führt und aller Finsternis entreißt
621,1 hört, eine helle Stimme ruft und dringt durch Nacht und Finsternis
KV 617,1 Licht aus der Höhe, leuchte allen, die in Finsternis
KV 629,1 du führst mich hinaus ins Weite, du machst meine Finsternis hell
KV 636,1 das Licht leuchtet in der Finsternis
KV 657,1 vor dir ist auch die Finsternis nicht finster

Firmung ↗Heiliger Geist ↗Siegel
(Ablauf: 578-579)

Flehen ↗Bitte ↗Rufen ↗Schreien
277,1 aus tiefer Not schrei ich zu dir, Herr Gott, erhör mein Rufen
283,3 aus der Tiefe rufe ich zu dir: Herr achte auf mein Flehen
439,1 erhör, o Gott, mein Flehen, hab auf mein Beten acht

Freude
93,5 lass uns einfältig werden […] wie Kinder fromm und fröhlich sein
147,3 und schauen dich von Angesicht in ewger Freud und selgem Licht
218,1.2.3 jauchzt, mit Freuden singt [3] Freudensonn…bringt mit sich lauter Freud und Wonn
220,1 auch wer zur Nacht geweinet, der stimme froh mit ein
222,1-9 Refr. freu dich, freu dich, o Israel
223,1-4 Refr. freut euch, ihr Christen, freuet euch sehr
228,1 Tochter Zion, freue dich, jauchze laut, Jerusalem
233,4 wir laufen voll Freude den Weg auf dich zu
236,5 wer dies Kind mit Freuden umfangen, küssen will
238,1-3 (Refr.) freue, freue dich, o Christenheit
239,3 dich will ich lieben sehr in Freuden und in Schmerzen
240,1.3 Gott ward Mensch, des freuet euch sehr [3] Gloria voll Freude
241,1 nun freut euch ihr Christen, singet Jubellieder
245,1 Menschen, die ihr wart verloren, lebet auf, erfreuet euch
246,1-5 (Refr) des bin ich froh…froh, froh, froh
248,1-3 Vater…für Freude uns macht [3] stimmt freudig mit ein
250,1-5 Freude…Jubel [5] Freudenschall (1-5 Refr.) Glo-o-o-ria
251,1.2.5 jauchzet ihr Himmel, frohlocket ihr Engel in Chören [2] Friede und Freud…freuet euch [5] mein Sinn innigst sich freuen darin
252,7 des freu sich alle Christenheit und dank ihm des in Ewigkeit
253,1 in dulci jubilo – nun singet und seid froh
254,2 die Welt ist heut voll Freudenhall
261,4 was uns froh gemacht, teilen wir aus
266,7 kehrt heim zum Vater, kommt zum Mahl der Freude
272,2 Lichtblick und Freude erblühen aus dir
275,2 schenkt ihm durch Leiden Anteil an der Freude
318 des solln wir alle froh sein […] so freut sich alles, was da ist
322,1 ihr Christen hoch erfreut euch
324,4 nun jauchzt und jubelt überall, die Welt steht auf von ihrem Fall
326,1 wir wollen alle fröhlich sein in dieser österlichen Zeit
329,1 das ist der Tag, den Gott gemacht, der Freud in alle Welt gebracht; es freu sich, was sich freuen kann
329,5 in aller Welt ist Freud und Fried. Es freu sich, was sich freuen
334,3 du Heil der Welt in Ewigkeit, voll Freuden und voll Frieden
337,1-7 freu dich, erlöste Christenheit, freu dich und singe
338,1 Jerusalem, du neue Stadt […] in reiner Freude darfst du jetzt der Ostern hohes Fest begehn
344,3.9 Gast, der Herz und Sinn erfreut, köstlich Labsal in der Not [9] deines Heils Vollendung sehn und der Freuden Ewigkeit
347,1.2 frohlockend: Halleluja [2] und jubelt: halleluja
357,4.6 von Gott kommt mir ein Freudenschein […] mich innerlich erquicken [6] freudenreich erschallen
358,5 dass du mich froh und frei gemacht
359,3 Quell des Heils […] der aller Schöpfung Freude bringt
360,5 kommt, schließet nun mit Freudigkeit den Bund in seinem Namen
364,1 dich will ich lieben, dich will ich ehren, meiner Seele Freud und Kron
365 meine Hoffnung und meine Freude

368,1.5 meine höchste Freude ist, wenn du, o Jesus, bei mir bist [5] Jesu, der uns Freude bringt
372,1 Morgenstern der finstern Nacht, der die Welt voll Freuden macht
377,1 meine Freude bist du, ohne dich nur Leid
378,1 Brot, das die Hoffnung nährt, Freude, die der Trauer wehrt
383,3 ich lobe meinen Gott, der meine Tränen trocknet, dass ich lache
384,1 hoch sei gepriesen [...] auf dass sein Heil das Herz erfreue
385,2.3 mit Freunden singen die Gerechten in neuen Liedern [3] lasst jauchzen uns und fröhlich singen
387,3 wir entsagen willig allen Eitelkeiten, aller Erdenlust und Freuden
396,1 lobt froh den Herrn, ihr jugendlichen Chöre
400,1 ich freue mich und bin fröhlich, Herr, in dir
403,3 er gebe uns ein fröhlich Herz, erfrische Geist und Sinn
405,2 ewigreiche Gott woll uns in unserm Leben ein immer fröhlich Herz
413,1 staunen nur kann ich und staunend mich freun
416,3 ihm will ich mich ergeben in Freud und Leid
421,4 den Kelch mir eingeschenkt, hoch voll zur Lust der Seele
430,4 willst du uns noch einmal Freude schenken an dieser Welt
435,4 dass ich dann fröhlich kann dir [...] Herr, entgegenschreiten
442,3 Freude wird uns Gott bereiten unermesslich durch des Lebens Ewigkeiten ohne Ende
455,2 alles meinem Gott zu Ehren, alle Freude, alles Leid
457,1 lachen, sich öffnen, tanzen
462 (Refr) tanzen wollen wir und springen, tanzen vor dem Herrn
467,1 erfreue dich Himmel/Erde [...] alles was fröhlich kann werden
470,2 wenn die [...] Not, die wir lindern, zur Freude wird
487,2 der Frieden uns und Freude gibt, den Geist der Heiligkeit
492,2 lass die Herzen uns erheben und voll Freude singen dir
499,1 Gott... hat uns seit je zur Freude einander zugedacht
507,7 wirst du mir einst geben des Himmels Wonn und Freud
521,6 du Freude der Engel, du himmlische Zier
522,3 o große Freud, o Seligkeit [...] stimm ein, o ganze Christenheit
524,4 Quelle aller Freuden [...] Trösterin in Leiden
528,3 ihn...auch unser Herz mit Freude fasst und Raum gibt seiner Liebe
531,2 die schönste aller Frauen, die Freude aller Welt
539,3 stets schauen sie dein Angesicht und freuen sich in deinem Licht
547,2 voll Freude zog sie mit dir ein zum königlichen Hochzeitsmahl
548,2 warst ihnen Trost [...] hast zur ewgen Freude sie gebracht
551,2.3 frohlockt dem Herrn, ihr Lande alle, voll Freunde singt und preist ihn laut [3] frohlocken werden alle Frommen, die Berge jubeln
553,4 angelanget bin im schönen Paradeis, von höchster Freud erfüllet
554,2.3 Zion hört die Wächter singen, das Herz tut ihr vor Freude springen [3] kein Aug hat je gespürt, kein Ohr hat mehr gehört solche Freude

KV 31,1selig der Mensch, der seine Freude hat an der Weisung des Herrn
KV 35,1 Ein Tag sagt es jubelnd dem andern
KV 56,1 (= 651,5) freut euch, wir sind Gottes Volk
KV 66,1 (=335) das ist der Tag, den der Herr gemacht; lasst uns frohlocken und seiner uns freuen

KV 74,1 wie könnte ich dich je vergessen, Jerusalem, du meine höchste Freude
KV 312,6 freudig lasst uns schöpfen lebendige Wasser
KV 327 du hast mein Klagen in Tanzen [...] mich mit Freude umgürtet
KV 365 meine Hoffnung und meine Freude (Taizé)
KV 432 der Herr hat Großes an mir getan, da waren wir fröhlich
KV 624,5 die Freude an Gott ist unsere Kraft
KV 625,2 mein Herz ist voll Freude über den Herrn
KV 633,8 dankt dem Vater mit Freude, er schenkt uns seinen Sohn
KV 635,7 der Himmel freue sich [...] denn der Herr ist uns erschienen
KV 643,3 jubelt dem Herrn, alle Lande [...] preist unsern Herrn
KV 654,2 freut euch mit Jerusalem, der heiligen Stadt
408 (Kanon) freuet euch seiner und dienet ihm gern

Freund
161 (Kyrie) du rufst uns, Herr [...] machst uns aus Knechten zu Freunden
251,2 Gott und der Sünder, die sollen zu Freunden nun werden
266,7 ihr wart eins Knechte, er macht euch zu Freunden
281,4 ich hab euch mein Wort gegeben, dass ihr meine Freunde seid
289,6 ich danke dir von Herzen, o Jesu, liebster Freund
358,2 ich will dich lieben, o mein Leben, als meinen allerbesten Freund
490,3 dass es [Kind] greifen lernt nach der Hand seiner Freunde
491,3 so leb ich nicht mehr mir allein, sein Freund und Jünger darf ich sein
542,1.5 ihr Freunde Gottes allzugleich
554,2 ihr Freund kommt vom Himmel prächtig

Freundlichkeit
144,6 er ist voll Güt und Freundlichkeit
218,5 zieh mit deiner Gnade ein, dein Freundlichkeit auch uns erschein
251,1 Gott will so freundlich und nah zu den Verlornen sich kehren
357,1.4 lieblich, freundlich [...] reich an Gnaden [4] freundlich tust anblicken [...] nimm mich freundlich in dein Arme
369,2 lass deine Lieb und Freundlichkeit zur Gegenlieb und Dankbarkeit
385,1.4 Dank und lobt den Herren, denn groß ist seine Freundlichkeit
392,3 der dir Gesundheit verliehen, dich freundlich geleitet
406 (Kanon) danket, danket dem Herrn, denn er ist so freundlich

Friede
100,2 lass deine Kirche mit Jesus wachen, und Menschen wirken, dass Friede sei
146,3 du schickst uns in die Welt. Dass alle deinen Frieden sehn, dazu sind wir bestellt. Herr, dein Wort ist die Kraft, die den Frieden schafft
160 (Kyrie) Gott des Vaters ewger Sohn – Friede, der zur Erde kam
163,6 (Kyrie) du bist unser Friede
216,1 im Frieden dein, o Herre mein, lass ziehn mich meine Straßen
221,2 er will lösen unsre Schuld, ewig soll der Friede währen
222,8 o Hoffnung aller Völker du, komm führ uns deinem Frieden zu
228,1.3 dein König kommt zu dir [...] Friedensfürst [3] Friedensthron
241,2 gehen wir mit ihnen, Friede soll uns werden

251,2 Friede und Freud wird uns verkündiget heut
266,3.6 als Gottes Kinder wirket seinen Frieden [6] stiftet Frieden
272,2 dein Reich des Friedens lass wachsen auf Erden
280,3 dessen Ruhm sollt ihr vermehren, da er euch den Frieden bringt
291,2 wollen wir Gott bitten, dass auf unsrer Fahrt Friede unsre Herzen
322,7 In ihre Mitte trat der Herr: »Der Friede sei mit euch« sagt er
329,5 singt dem Herrn das neue Lied, in aller Welt ist Freud und Fried
334,3 du Heil der Welt in Ewigkeit, voll Freuden und voll Frieden
342,5 die Macht des Bösen banne weit, schenk deinen Frieden allezeit
351,5 treib weit von uns des Feinds Gewalt,in deinem Frieden uns erhalt
360,1 seht ihn...Licht verbreiten...Leben, Fried und Wonne
362 Gott des Friedens, hör unser Flehn, schenk deinen Frieden allen
383,1-3 (Refr) Ehre sei Gott, und den Menschen Frieden [...] auf Erden
384,3 den sichern Weg des Friedens führt
387,7 mache mich...innig abgeschieden, sanft und still in deinem Frieden
389,3 du machst mich ganz neu und erfüllst mich mit deinem Frieden
403,4 er lasse seinen Frieden ruhn auf unserm Volk und Land
405,2 der ewigreiche Gott woll uns in unserm Leben ein immer fröhlich Herz und edlen Frieden geben
422,3 Wort [...] das mich führt in deinen großen Frieden
425,2 solang dein Wort zum Frieden ruft, solang hast du uns nicht verlassen
451,3 Frieden gabst du schon, Frieden muss noch werden, wie du ihn
452,1-7 (Refr) leuchten soll dir seines Friedens Licht [7] erfülle dich mit F
453,3 sei Hilfe, sei Kraft, die Frieden schafft, sei in uns, uns zu erlösen
455,3 Gott allein wird Frieden schenken
456,3 du schenkst mir den Frieden, du schenkst mir den Mut
458,4 selig seid ihr, wenn ihr Frieden macht
466,5 Lob dir von den Friedensstiftern
471,1-5 o ewger Gott, wir bitten dich, gib Frieden unsern Tagen
472,3 Waffen werden umgeschmiedet, und ein Friede ist da
475 verleih uns Frieden gnädiglich, Herr Gott, zu unsern Zeiten
478,3 wenn sie [Kirche] auf ihn nur schauet, wird sie im Frieden sein
487,2 der Frieden uns und Freude gibt, den Geist der Heiligkeit
500,1 nun lässest du [...] mich aus der Welt [...] in deinen Frieden gehen
506,3 nimm ihn auf in deinen Frieden, schenk ihm neues Leben
507,1 Christus, der ist mein Leben [...] mit Fried fahr ich dahin
510,2 mit Fried und Freud ich fahr dahin
521,6 erfleh uns das Heil und den Frieden der Welt
535,1 segne mich, dein Kind, dass ich hier den Frieden [...] find
544,2 (2) selig die keine Gewalt anwenden (3) die Frieden stiften
549,2.3 da wird niemand Waffen mehr tragen [...] Schwerter zu Pflugscharen [...] Gott wird seine Welt bewahren vor Rüstung, Spieß und Speer [3] den kommenden Frieden sehn
551,3 er kommt, den Frieden aufzurichten für alle Zeit und Ewigkeit

KV 47,1 in den Tagen des Herrn [...] Fülle des Friedens
KV 68,1 (=73,1) Friede sei in deinen Mauern
KV 263 seht unser König kommt, er bringt seinem Volk den Frieden
KV 310,2 ich lege mich nieder und ruhe in Frieden

KV 433,2 (Kanon) schweige und höre […] suche den Frieden
KV 473 da pacem, Domine, in diebus nostris
KV 475 verleih uns Frieden gnädiglich
KV 480 in den Tagen des Herrn […] Fülle des Friedens
KV 633,5 Frieden verkündet der Herr seinem Volk. Sein Heil ist nahe

fromm
81,7 du wirst kommen und all dein frommen […] gnädig dahin bringen
93,5 lass uns einfältig werden […] wie Kinder fromm und fröhlich sein
240,4 er ist zur Welt gekommen für die Sünder und die Frommen
294,5 starke Brücke, darüber alle Frommen wohl durch die Fluten kommen
322,4 Engel strahlt im Lichtgewand, den frommen Frauen macht bekannt
464,7 er wird wiederkommen […] nicht nur für die Frommen

Frucht ↗Saat
183 Dank für Wein und Brot, sie sind die Frucht der Erde
272,2 aus Glaube und Liebe zu handeln und so uns selbst und die Welt zu verwandeln
281,2 aus dem Weinstock Reben treibet, Früchte bringt zur rechten Zeit
291,1.6 [Kreuz] ward zum Baum des Lebens und bringt gute Frucht
425,1 solang die Erde Früchte trägt, solang bist du uns allen Vater
469,2 dass sie uns sprieße gute Saat […] von reifen Früchten schwer
481,5 lass reiche Frucht aufgehn, wo sie [Boten] unter Tränen sä'n
484,2 jedes Geschöpf lebt von der Frucht der Erde
493,1 er, die Frucht des edlen Schoßes, herrschet bis in Ewigkeit
523,3 Lob dem, der dich heimgesucht: Jesus, deines Leibes Frucht

Führung
96,5 wird neu der große Tag erglänzen, zu dem du alle Menschen führst
218,5 dein Heilger Geist uns führ und leit den Weg zur ewgen Seligkeit
222,2 umspannst des Weltalls Rund und alles lenkst mit Kraft und Rat
231,6 ach komm, führ uns mit starker Hand vom Elend zu dem Vaterland
257,1.6 führ uns dem Ziel entgegen [6] führe uns an deiner Hand
258,1-3 (Refr) der unser Leben trägt und lenkt
259,2.3 Gottes Stern zeige uns stets den Weg zum Leben [3] Gottes Geist ist uns geschenkt, der uns durch die Zeiten lenkt
261,1 leuchte du uns voran, bis wir dort sind
268,4 Geist, der mich den Weg des Lebens weist […] treibt zum Guten
269,2 führe auf den Weg zurück, die deine Langmut irren sah
271,4 führe zu den Brüdern mich aus dem Elend mich heim
273,1 führe selbst die Hand, mit der wir nach dir tasten
281,3 ich bin euer Weg geworden, der allein zum Heil euch führt
325,2 weit war der Weg […] du führtest uns bereits
342,5 erhalte uns auf rechter Bahn, dass Unheil uns nicht schaden kann
351,3 Finger Gottes, der uns führt
366,2 du nur kennst und führst die Deinen
370,2 in deinen Händen ruht der Menschen Schicksal, nichts kann auf Erden deiner Macht entgleiten

375,3 auch jeder Menschenseele Los fällt, Herr, von deinen Händen, und was da birgt der Zeiten Schoß, du lenkst es aller Enden
380,9 leit es [Volk] auf der rechten Bahn [...] führe es durch diese Zeit
383,2 ich lobe meinen Gott, der mir den neuen Weg weist, damit ich handle
384,3 der uns mit seinen starken Armen den sichern Weg des Friedens führt
389,1.2.4 du führst mich den Weg durch die Wüste [2] bleibst selbst, Herr, mein Begleiter [4] zeig mir den Weg [...] führ mich die Bahn
392,2.3 der dich auf Adelers Fittichen sicher geführet [3] geleitet
402,8 führte es mit starker Hand durch die Wüste in sein Land
405,1.3 der uns von Mutterleib und Kindesbeinen an unzählig viel zu gut bis hierher hat getan [3] uns bisher getragen und geführt
418,1.5 befiehl du deine Wege [...]Wege finden, die dein Fuß gehen kann [5] uns lass bis in den Tod uns...deiner...Treu empfohlen sein
421,2 auf rechte Bahn mich schicken [...] du wirst mich führen
422,3 Wort [...] das mich führt in deinen großen Frieden
428,5 leit mich auf ewgen Wegen bis an mein selig End
429,5 will dir zur Seite gehen und führt dich himmelan
435,1.2 väterlich führst du mich auf des Lebens Wegen, meinem Ziel entgegen [2] wirst mein Herz in deinem Licht durch die Zeit hin lenken
439,1 auf dich ich hoffend sehe, du lenkst und leitest mich
455,4 Gott allein will ich vertrauen [...] gib, o Jesu, dein Geleit (2x)
456,3.4 weil ich weiß, dass deine Hand mich immer führen wird [4] auf deinen Wegen führe uns zum Ziel
461,2 ich bin der Weg, ich weise wohl, wie man wahrhaftig wandeln soll
465,2 das Dunkle und das Helle, der Schmerz, das Glücklichsein nimmt alles seine Stelle in deiner Führung ein
470,5 wenn das Leid, das wir tragen, den Weg uns weist
478,5 sein wandernd Volk will leiten der Herr in dieser Zeit
479,3 Dank dem Vater, der uns zieht durch den Geist
539,6.7 sie weisen, wo kein Ausweg ist, sie retten aus Gefahr und Not [7] durch sie geleite Groß und Klein
540,2.3 er wird den Weg uns zeigen zum Berg des Herren hin [3] geleite himmelwärts [...] er als Weggefährte uns trage durch die Not
543,3 wenn du mich leitest, treuer Gott, so kann ich richtig gehen den Weg
615,5 Erlöser, der ins Licht uns führt und aller Finsternis entreißt

Fülle
423,3 des Lebens Fülle ist sein Teil
427,1 du öffnest deines Himmels Tor, da quillt dein Überfluss hervor
429,3 der Wunderbare, dem kein Geringstes fehlt
451,2 weil du reichlich gibst, müssen wir nicht sparen
521,6 du bist voll der Gnade, der Herr ist mit dir

KV 47,1 in den Tagen des Herrn [...] Fülle des Friedens
KV 480 in den Tagen des Herrn [...] Fülle des Friedens
KV 639,3 beim Herrn ist Barmherzigkeit [...] Erlösung in Fülle

Fundament ↗Fels
360,5 Tempel Gottes, sei gegründet

387,5 aller Dinge Grund und Leben
424,1 wer Gott dem Allerhöchsten traut, der hat auf keinen Sand
469,1 gabst der Erde festen Grund
478,3 die Kirche ist gegründet auf Jesus Christ allein […] lass fest auf diesem Grund uns stehn zu aller Stund
543,5 dein Wahrheit bleibt zu aller Zeit gleichwie der Grund der Erde

Furcht ↗Angst ↗Sorge
240,1 fürcht euch nicht, ihr Hirten alle
273,2 wir glauben deinem Wort und fürchten doch das Morgen
328,4 der Engel sprach: nun fürcht' euch nicht
365 Jesus, meine Zuversicht, auf dich vertrau ich und fürcht mich nicht
384,2 dass wir, von aller Furcht befreit, gerecht und heilig vor ihm leben
403,3 und werf all Angst, Furcht, Sorg und Schmerz in Meerestiefen hin
417,1.3 jemand, der leise spricht: Hab keine Angst, ich bin da [3] Botschaft des Neubeginns, nimmt mir die Furcht, macht frei
421,2 so fürcht ich dennoch nicht; ich weiß mit Zuversicht, du Herr
543,4 durch deinen Geist, herr, stärke mich […] von Herzen fürchte dich
KV 622,1 habt Mut, ihr Verzagten, und fürchtet euch nicht

Furcht Gottes ↗Ehrfurcht
463,6 alle Welt fürcht ihren Herrn und hoff auf ihn und dient ihm gern
KV 64,1 die ihr ihn fürchtet, vertraut auf den Herrn
KV 71,1 selig, wer Gott fürchtet und auf seinen Wegen geht

Fürsorge ↗Schutz
414,1.5 allzeit bist du um uns in Sorge [5] bleib gnädig so um uns in Sorge
424,1 wer nur den lieben Gott lässt walten […]wird er wunderbar erhalten
429,3 auch deines Hauptes Haare sind wohl von ihm gezählt
KV 41,1 der Herr sorgt für mich

Gabe ↗Heiliger Geist
259,3 Gottes Geist ist uns geschenkt
342,2 du Beistand, den der Vater schenkt
344,2.9 komm, der alle Armen liebt, komm der gute Gaben gibt [9] gib dem Volk, das dir vertraut […] deine Gaben zum Geleit
349,1 komm o Tröster, Heilger Geist… Quell, der uns mit Gaben speist
351,3 Geschenk vom Vater zugesagt
357,1 reich an Gaben, hoch und wunderbar erhaben
427,1 du öffnest deines Himmels Tor, da quillt dein Überfluss hervor
451,2 weil du reichlich gibst, müssen wir nicht sparen
491,1 Gott hat mir seinen Geist geschenkt, ich bin in Christus eingesenkt

Gaben (vgl. Gabenbereitung S.13)
143,1 in deinem Heiligtum, Herr, dir zum Lob mein Opfer bringen
183 dir Vater Lobpreis werde und Dank für Wein und Brot
184 Herr, wir bringen in Brot und Wein unsere Welt zu dir
185 du hast uns, Herr, dein Leben…heilges Fleisch und Blut

186 was uns die Erde Gutes spendet
187 wir weihn der Erde Gaben
188 nimm, o Gott, die Gaben, die wir bringen
240,3 mit den Hohen und Geringen wolln auch wir ihm Gaben bringen
245,3 selbst der Urquell aller Gaben leidet solche Dürftigkeit
248,5 so nimm unsre Herzen zum Opfer denn hin
268,6 nimm an, was ich zum Opfer bring
325,1 [Emmaus] sei unser Gast und teile Brot und Wein
387,2 vernimm unsre Stimm, da auch wir Geringen unsre Opfer bringen
437,1-4 meine Grenzen/Ohnmacht/Sehnsucht bringe ich vor dich

KV 189 siehe, wir kommen […] mit Jauchzen, unsere Gaben zu bringen

Gabriel ↗Engel
520,2 sumens illud Ave Gabrielis ore
521,2 für die Botschaft des Engels bereit
527,1 ich grüße dich zur Stund mit Gabrielis Mund
528,1-3 ein Bote kommt, der Heil verheißt und nie Gehörtes kündet
530,3 so trat der Engel bei dir ein: Gegrüßet seist du, Jungfrau rein
537,1-6 ave Maria, gratia plena, so grüßt der Engel die Jungfrau Maria

Gast ↗Pilgerschaft, irdische
216,2 mir armem Gast bereitet hast das reiche Mahl der Gnaden
325,1 bleib bei uns […] kehre bei uns ein. Sei unser Gast [Emmaus]
349,2 komm sei bei uns Armen Gast
449,1 dein Wort […] in dem du wie ein Gast bei uns weilest immerfort
505,1 wir sind nur Gast auf Erden und wandern ohne Ruh

KV 34,1 Herr, wer darf Gast sein in deinem Zelt

gebenedeit
3,5 Ave Maria [Text]
280,4 ihr Völker aller Zonen, singt: er sei gebenedeit
526,4 benedeie sie und freue dich ob ihrer Herrlichkeit
529 benedicta tu in mulieribus
530,2 sei benedeit, Gott ist mit dir

Gebet ↗Bitte
96,2.4 mit jedem, der da betend wacht [4] ein unaufhörliches Gebet
143,2 du hast auf mein Gebet gemerkt […] mein Herz gestillet
239,2.6 in seine Lieb versenken [6] knüpf zu das Band
274,1.2 die Ferne und die Nähe sind aufgelöset hier
348,3 bete du in uns, wo wir stumm bleiben
368,4 wer sich ganz in dich versenkt, verspürt, was deine Liebe schenkt
381,5 sei dir all mein Gebet […] mehr lieb als es gewesen
399,1 Gott loben in der Stille: mit Schweigen beten zu jeder Zeit
414,2 die zu dir beten, wissen, dass du sie nicht verlässt
418,2 lässt Gott sich gar nichts nehmen, es muss erbeten sein
422,3 du bist mein Atem, wenn ich zu dir bete
423,3 wer mich anruft, wird erhört

424,5 sing, bet und geh auf Gottes Wegen
439,1 erhör, o Gott, mein Flehen, hab auf mein Beten acht
638,2 jetzt soll sich unser ganzes Herz durch Fasten und Gebet erneun

KV 97 wie Weihrauch steige mein Gebet vor dir auf
KV 98 Herr, mein Beten steige zu dir auf wie Weihrauch
KV 286 bleibet hier und wachet mit mir; wachet und betet

Geborgenheit ↗Vertrauen
94,3 bleib bei uns Herr, bei dir sind wir geborgen
96,1 wir waren heut in deinen Händen, nimm uns jetzt in deine Hand
272,1 der uns befreit und Geborgenheit schafft
381,4 so bleib ich durch die Gnade dein in deinen guten Händen
382,3.4.5 auf unserm Haupt ein jedes Haar, er hat's gezählt, er nimmt sein wahr [4] lass allen Kummer fahren [...] dein Name steht in Gottes Hand [5] dich geben ganz in Gottes Hut, und sei gewiss, er meint es gut
414,1 allzeit bist du um uns in Sorge, in deiner Liebe birgst du uns
416,4 so wird Gott mich ganz väterlich in seinen Armen halten
417,2 Stimme, die alles trägt: Hab keine Angst, ich bin da
427,1 wir sind geborgen Tag und Nacht im Schatten deiner Flügel
428,2 du hieltest mich in Händen im Leben und im Tod
429,3 auch deines Hauptes Haare sind wohl von ihm gezählt
435,2 du hast mich in die Hand geschrieben, ewig mich zu lieben
437,4 meine tiefe Sehnsucht nach Geborgenheit bringe ich vor dich
439,2 ich weiche keinem Sturme, bei dir ist mir nicht bang
470,3 wenn die Hand, die wir halten, uns selber hält
478,1.5 o lass im Hause dein uns all geborgen sein
621,4 er nicht die Sünde strafen rächt, uns liebend vielmehr bei sich birgt
663,2 hüllt Schlaf die müden Glieder ein, lass uns in dir geborgen sein

KV 68,1(=73,1)Friede sei in deinen Mauern, Geborgenheit in deinen Häusern
KV 441 wie deines Auges Stern behüte mich; birg mich im Schatten deiner Flügel

Gebot ↗Gesetz ↗Tora ↗Weisung ↗Verheißung
146,3 wir hören, Herr, auf dein Gebot
222,3 du gabst dem Mose dein Gebot
273,3 wir kennen dein Gebot, einander beizustehen
399,4 handeln nach seinem Wort
449,2 lass dein Wort uns allezeit treu in Herz und Sinnen stehn
543,2.3 weil du mich lehrst die Rechte deiner Gerechtigkeit; die Gnad auch ferner mir gewähr, zu halten dein Gebote [3] wenn du mich leitest, treuer Gott, so kann ich richtig gehen den Weg deiner Gebot

KV 305,4 dies ist mein Gebot: Liebet einander, wie ich euch geliebt

Gebrechlichkeit
351,4 stärk unsres Leibs Gebrechlichkeit

Geburt Christi
159 (Kyrie) Licht, das uns erschien – Kind, vor dem wir knien
160 (Kyrie) Gott des Vaters ewger Sohn, der du kommst vom Himmelsthron
163,3 (Kyrie) du Sohn des ewigen Vaters – Kind der Jungfrau Maria
215,1-3 (Refr.) Herr du nahmest menschlichen Leib an, der aus deiner Mutter Maria kam
220,2 dem alle Engel dienen, wird nun ein Kind und Knecht
explizite Weihnachtslieder 236 bis 256
236 es kommt ein Schiff geladen
237 vom Himmel hoch, da komm ich her
238 o du fröhliche
239 zu Bethlehem geboren
240 hört, es singt und klingt mit Schalle
241 nun freut euch, ihr Christen / 242 adeste fideles
243 es ist ein Ros entsprungen
245 Menschen, die ihr wart verloren
246 als ich bei meinen schafen wacht
247 lobt Gott, ihr Christen alle gleich
248 ihr Kinderlein kommet
249 stille Nacht, heilige Nacht
250 Engel auf den Feldern singen
251 jauchzet ihr Himmel, frohlocket ihr Engel in Chören
252 gelobet seist du, Jesu Christ, dass du Mensch geboren bist
253 in dulci iubilo
254 du Kind, zu dieser heilgen Zeit gedenken wir auch an dein Leid
256 ich steh an deiner Krippe hier
266,1 der Sohn des Höchsten kam auf unsre Erde
267,1 von einer Jungfrau auserkorn ward er für uns ein Mensch geborn
280,1.2 sieh, dein König naht heran, der aus Davids Stamm geboren, Gottes Sohn von Ewigkeit [2] David sah im Geist entzücket den Messias schon von fern
357,2 wahr Gottes und Marien Sohn, ein König hochgeboren
364,1 schönster Herr Jesu [...] Gottes und Marien Sohn
372,1.4.5 Morgenstern der finstern Nacht, der die Welt voll Freuden macht [4] voller Pracht wird die Nacht, weil dein Glanz sie angelacht [5] schönster Stern ehrt man dich als Gott, den Herrn
378,2 Kind, das die Großen lenkt
384,1.3 heimgesucht sein Volk...aus Davids Stamm hat er erweckt [3] heimgesucht mit seinem Strahl das Licht, der Aufgang aus den Höhen
464,4 im Zenit der Zeiten kam sein Sohn zur Welt
493,2 uns geboren, ward er einer Jungfrau Kind (pange lingua)
500,2 vor aller Angesicht kam nun das wahre Licht, die Völker zu geleiten
523,3 Lob dem, der dich heimgesucht: Jesus, deines Leibes Frucht
526,3 gotterkoren hat geboren sie den Heiland aller Welt
527,2.3 des höchsten Sohn...in deinem keuschen Schoß getragen [3] Gottes Sohn zum heil geboren
530,1-4 Maria Mutter unsres Herrn [2] den Herrn geboren hast
648,1-4 du trugst den Schöpfer [...] uns nährtest ihn an deiner Brust [2] Himmel öffnet sich in dir [3] Pforte für den Königssohn [4] uns gebar

666,1 alma redemptoris mater
KV 55,1 jubelt,ihr Lande,dem Herrn;alle Enden der Erde schauen Gottes Heil
KV 255 das Wort wurde Fleisch und wohnte bei uns
KV 631,6 natus est nobis hodie Salvator, qui est Christus
KV 633,8 dankt dem Vater mit Freude, er schenkt uns seinen Sohn
KV 635,3 heute ist uns der Heiland geboren, Christus, der Herr
KV 635,4 heute erstrahlt ein Licht über uns, Christus, der Herr
KV 635,6 der Himmel freue sich [...] denn der Herr ist uns geboren
KV 636,1 das Licht leuchtet in der Finsternis
KV 636,5 Ehre sei Gott in der Höhe und Friede auf Erden
KV 643,3 jubelt dem Herrn, alle Lande [...] preist unsern Herrn
KV 649,7 gebenedeit bist du [...] gebenedeit ist die Frucht deines Leibes

Geduld
272,3 lehr uns Verzeihen, Vertrauen, Geduld
281,2 wie mit euch Geduld ich übe
297,3 dass wir im Kreuz geduldig sein
382,1 ganz ohne Maß ist seine Huld und allbarmherzige Geduld
416,2 so lass ich mir genügen an seiner Huld und hab Geduld, er wird
427,2 hilf uns, dass wir dich mit Geduld in deinem Tun erkennen
434,2 hab mit uns noch Geduld; wo wir versagen, irregehn
547,2 nach ihrem Vorbild lass auch uns in Treue warten und Geduld

Gefahr ↗Schutz ↗Rettung
439,2 mich hütet vor Gefahren dein schirmend Flügelpaar
521,5 hilf uns, deinen Kindern, in Not und Gefahr
534,4 dein Mantel über uns ausbreit [...] in aller G'fahr
539,6 sie weisen, wo kein Ausweg ist, sie retten aus Gefahr und Not

Gefangenschaft ↗Befreiung ↗Exodus ↗Rettung ↗Erlösung
82,4 es werde Trost in langen Stunden für alle, die gefesselt sind
100,2 lass Recht aufblühen [...] mach die Gefangnen der Willkür frei
222,5 o Schlüssel Davids, dessen Kraft befreien kann aus ewger Haft
230,2 da wir gefangen waren schwer und sollten gar des Todes sein
231,1.4 reiß ab, wo Schloss und Riegel für [4] tröst uns hier im Jammertal
233,3 deine Erlösung wird alles befrein
240,2 seht, ein Stern ist aufgegangen denen, die in Nacht gefangen
268,2 fremdes, mächtiges Gesetz trieb mich dem Bösen in das Netz
324,3 des Herren Sieg bricht in uns ein [...] da sprengt er Riegel, Schloss
338,3 befreit aus der Gefangenschaft folgt Jesus die erlöste Schar
360,2 frohe Schar, die lang in schweren Fesseln war, er hat sie freigegeben
383,1 ich lobe meinen Gott, der mir die Fesseln löst, damit ich frei bin
402,6 er hat Israel befreit aus Ägyptens Dienstbarkeit
422,2 mein Unvermögen hält mich ganz gefangen
438,1-5 wir, an Babels fremden Ufern, weit entfernt vom Heimatland
459,3 selig seid ihr, wenn ihr Fesseln sprengt
472,4 Sperren werden übersprungen, und ein Geist ist da

552,4 uns hält gefangen Irrtum, Schuld und Leid […] hat uns schon befreit
642,3.5 wir sind befreit aus harter Fron und von der Knechtschaft Pharaos [5] den Kerker hast du aufgesprengt, zu neuem Leben uns befreit

Gegenwart Gottes ↗eucharistische Gegenwart des Herrn
140,2 überall ist er und nirgends, Höhen, Tiefen, sie sind sein
146,4 du willst in jedem, der uns braucht, selbst gegenwärtig sein
148,1-3 [3] an des Herrn Gemeinschaft nimm teil, er will unter den Menschen sein [1-3] komm her, freu dich, der Herr will unter uns sein
184 [Gabenber] du schenkst uns dein Gegenwart im österlichen Mahl
216,3 bis nach der Zeit den Platz bereit an deinem Tisch wir finden
274,1 Ursprung, in den ich münde, du fern und nah bei mir
275,2.3 seine Jünger spüren Christi Liebe in seiner Nähe [3] durch seine Jünger spricht zu uns der Meister
347,1.4 der Geist des Herrn erfüllt das All [4] durchweht die Welt
360,1-5 [4] Tempel Gottes, sei gegründet
364,5 Herr Jesu, bei uns gegenwärtig durch dein Wort und Sakrament
368,4 wer sich ganz in dich versenkt, verspürt, was deine Liebe schenkt
380,3 Himmel, Erde, Luft und Meere sind erfüllt von deinem Ruhm
387,1-8 Gott ist gegenwärtig, lasset uns anbeten […] vor ihn treten [4] wie die Engel immer vor dir stehen und dich gegenwärtig sehen
395,2 barmherzig ist er allen, die ihm in Ehrfurcht nahn
414,1-5 Herr, unser Herr, wie bist du zugegen[…] unsagbar nah bei uns
417,1-4 Stimme, die Stein zerbricht, kommt mir im Finstern nah…ich bin da
423,3 ich bin ihm nah in jeder Not
424,5 denn welcher seine Zuversicht auf Gott setzt, den verlässt er nicht
425,5 du, Vater, bist in unsrer Mitte
428,3 wollt ich mich verhüllen in Finsternis und Nacht, du wirst sie ganz erfüllen mit deines Lichtes Pracht
429,1.2 Gott wohnt in einem Lichte, dem keiner nahen kann [2] und doch bleibt er nicht ferne, ist jedem von uns nah
439,4 vor Gottes Angesichte steh er in Ewigkeit
448,2.4 wir danken dir, dass du…bei uns bist [4] du bist uns nicht fern
449,1 dein Wort […] in dem du wie ein Gast bei uns weilest immerfort
464,3 Feuerschein und Wolke […] sagen seinem Volke: Gott ist in der Welt
470,1-3 (Refr) dann hat Gott unter uns schon sein Haus gebaut, dann wohnt er schon in unserer Welt
478,4 seht Gottes Zelt auf Erden, verborgen ist er da

KV 182 du bist bei uns in unsrer Mitte, sei du bei uns, Gott
KV 92 Herr, bleibe bei uns, Halleluja
KV 182 du sei bei uns, in unserer Mitte
KV 255 das Wort wurde Fleisch und wohnte bei uns
KV 285 (= 445) ubi caritas et amor, Deus ibi est
89 (Kanon) Herr, bleibe bei uns, denn es will Abend werden
557 Litanei von der Gegenwart Gottes

Geheimnis
245,2 welche Wunder reich an Segen stellt uns dies Geheimnis dar

251,4 Gott ist im Fleische, wer kann dies Geheimnis verstehen
325,3 weihe uns ganz in dein Geheimnis ein
352,5 Mensch, bet das Geheimnis an, das kein Verstand begreifen kann
353,1 unendliches Geheimnis du und tiefster Ursprung allen Seins
493,1 preise, Zunge, das Geheimnis: Christi Leib in Herrlichkeit
552,3 welch ein Geheimnis wird an uns geschehn

Gehorsam ↗hören
259,2 so machten sich die Weisen auf und folgten deinem Himmelslauf
339,4 er ward gehorsam bis zum Tod, erhöht hat ihn der starke Gott
366,3 lass uns deine Stimme hören, lass uns deine Wege gehen
543,1.3 nach seinem Worte handeln und leben allezeit [...] seiner Weisung folgen [3] mein Herz hängt treu und feste an dem, was dein Wort lehrt
KV 649,4 siehe, ich bin die Magd des Herrn, mir geschehe
KV 657,5 Christus war für uns gehorsam bis zum Tod

gelähmt ↗lahm
221,4 wie ein Hirsch die Lahmen springen
360,2 blind waren sie und sehen nun, lahm waren sie und gehen nun
378,3 Kraft, die die Lahmen stützt
↔ 81,3 dass unsre Sinnen wir noch brauchen können, und Händ und Füße, Zung und Lippen regen
↔ 418,1 der wird auch Wege finden, da dein Fuß gehen kann
437,2 meine ganze Ohnmacht, was mich beugt und lähmt, bringe ich

gelobtes Land
422,2.3 nimmst du mich auf in dein gelobtes Land [3] schließ auf das Land
438,4 doch wir können hier nicht singen, fern von Zion, ohne Land; wenn ich, Zion, dein vergäße, soll verdorren meine Hand
457,3 planen nd bauen, Neuland begehn
490,1.3.5 [3] dass es [Kind] greifen lernt nach [...] dem Land der Verheißung [5] dass es gehen lernt [...] in das Land der Verheißung
510,1 ich fahr dahin mein Straßen ins ewig Vaterland
544,2 (2) selig, die keine Gewalt anwenden; denn sie werden das Land erben
651,8 (2) selig, die keine Gewalt anwenden; denn sie werden das Land erben
KV 501 dass mein Erlöser lebt: er führt mich ins Land der Lebenden
KV 629,1 du führst mich hinaus ins Weite, du machst meine Finsternis hell

Gemeinschaft (communio) ↗Kirche ↗Gnade ↗Einssein
148,3 an des Herrn Gemeinschaft nimm teil, er will unter den Menschen
216,3 o Herr, verleih, dass Lieb und Treu in dir uns all verbinden
236,5.6 wer dies Kind mit Freuden umfangen, küssen will, muss vorher mit ihm leiden groß Pein und Marter viel [6] mit ihm auch sterben
251,4 gehet hinein, eins mit dem Kinde zu sein
271,4 führe zu den Brüdern mich aus dem Elend heim
325,3 lebend und sterbend bleiben wir in dir
368,1 meine höchste Freude ist, wenn du, o Jesus, bei mir bist
371,2 du bist die Sonne, wir der Schein, wir können ohne dich nicht sein

425,4 er ist das Brot, das uns vereint
429,5 in ihm leben […] darfst in ihm atmen, weben immer bei ihm sein
442,1.2 umschließt uns alle Christi Liebe [2] in einer Liebe uns vereinen
451,1(=4) nie sind wir allein, stets sind wir die Deinen
452,6 wir alle sind Geschwister, uns führt zusammen Jesu guter Geist
456,2 mit dem Vater und den Deinen bist du nun vereint
482,3 verbunden mit dem, der ist und war, hat selige Gemeinschaft mit der Erlösten Schar
491,3 so leb ich nicht mehr mir allein, sein Freund und Jünger darf ich sein
499,2 [Ehe] in nichts mehr ganz allein, vereint an Leib und Herzen
642,2 wer von seinem Blute trinkt, wird eins mit ihm und lebt mit ihm

KV 305,3 der Kelch, den wir segnen, gibt uns Anteil
KV 488,3 wir sind mit Christus gestorben, wir werden mit ihm leben

Gemüt
342,4 entflamme Sinne und Gemüt, dass Liebe unser Herz durchglüht
357,3 nach dir steht mir mein Gemüte, ewge Güte, bis es findet

Gerechtigkeit
100,2 lass Recht aufblühen, wo Unrecht umgeht
218,2 er ist gerecht, ein Helfer wert
222,6 du Sonne der Gerechtigkeit
258,1 du Sonne der Gerechtigkeit, die alle Nacht geendet
269,1 du Sonne der Gerechtigkeit, Christus, vertreib in uns die Nacht
290,4 die Schuld bezahlt der Herre, der Gerechte, für seine Knechte
381,3 dein Gesetz, Herr […] trostreich…gerecht…wahr
384,2 dass wir, von aller Furcht befreit, gerecht und heilig vor ihm leben
385,3 hoch tut euch auf, ihr heilgen Tore, ihr Tore der Gerechtigkeit
416,1 was Gott tut, das ist wohlgetan, es bleibt gerecht sein Wille
452,7 erfülle dich […] mit Gerechtigkeit
458,4 selig seid ihr, wenn ihr Unrecht spürt
470,1-4 Brot, das wir teilen [2] Not lindern [3]Kleid schenken [4]Trost geben
481,1 Sonne der Gerechtigkeit, gehe auf zu unsrer Zeit
543,2 dir sei Dank […] weil du mich lehrst die Rechte deiner Gerechtigkeit
544,2 (2) selig die hungern und dürsten nach der Gerechtigkeit (3) um der Gerechtigkeit willen verfolgt werden
551,1.3 Gerechtigleit ist aufgericht' als Zeichen seiner Huld uns Treue [3] er kommt, das Erdenrund zu richten, die Völker in Gerechtigkeit

KV 47,1 (=480) in den Tagen des Herrn sollen Gerechtigkeit blühen
KV 234 ihr Himmel, tauet den Gerechten

Gericht
84,4 Christus, wenn der Himmel brennt und dein Zeichen groß aufsteiget, führ uns heim aus dem Gericht in dein Licht
96.6 wissen weder Tag noch Stunde, wann du uns heimführst in dein Licht
160 (Kyrie) Aufgang des wahren Lichts – König des Weltgerichts
164 (Kyrie) der uns aufstrahlt im Gericht, der uns heimruft in sein Licht
220,5 als wollte er belohnen, so richtet er die Welt […] aus dem Gericht

230,5 der du zukünftig Richter bist
254,3 dein aber harret das Gericht [Pilatus]
271,1 was ich bin, das trage ich hin vor dein Gericht
274,3 Gericht und Gnad, die beiden bist du und immer du
288,4 Kaiphas richtet, es ist Nacht
291,4 streng ist seine Güte, gnädig sein Gericht
339,7 wann dereinst du wiederkehrst, in Wolken richtend niederfährst, lass richten uns an deiner Seit, herrschen mit dir ein Ewigkeit
355,4 kommt am Tag vorherbestimmt, da alle Welt ihr Urteil nimmt
370,2 du spricht das Urteil über alle Völker voll des Erbarmens
375,4 wenn du kommst zu dem Gericht, Christ, in dein Reich uns lade
377,2 meine Hoffnung bist du, Heiland des Gerichts
380,7 du wirst kommen zum Gericht, wenn der letzte Tag anbricht
429,4 er macht die Völker bangen vor Welt- und Endgericht
435,4 wachend…dir am End der Zeiten, Herr, entgegenschreiten
456,3 du nimmst alle Schuld von mir und verwirfst mich nie
540,4 er wird die Flügel breiten und uns aus dem Gericht in Frieden heimgeleiten vor Gottes Angesicht
551,3 er kommt, das Erdenrund zu richten […] den Frieden aufzurichten
621,1.4 eine helle Stimme ruft […] wacht auf […] am Himmel leuchtet Christus [4] im Licht er wiederkommt, sein Glanz die Welt mit Schrecken schlägt, er nicht die Sünde strafen rächt, uns liebend vielmehr bei sich birgt

KV 622,4 sieht, der Herr kommt in Herrlichkeit […] erstrahlen wird an jenem Tag ein großes Licht

Geschichte ↗Heilsgeschichte
430,4 wolln wir des Vergangenen gedenken, und dann gehört dir unser Leben ganz

Gesetz ↗Gebot ↗Tora ↗Weisung
220,2 Gott selber ist erschienen zur Sühne für sein Recht
222,3 du gabst dem Mose dein Gebot auf Sinai im Flammenschein
268,2 fremdes, mächtiges Gesetz trieb mich dem Bösen in das Netz
381,3 die Sonne ist des Himmels Ehr, doch dein Gesetz, Herr, noch viel mehr, das du uns hast gegeben…trostreich…gerecht…wahr
383,2 ich lobe meinen Gott, der mir den neuen Weg weist, damit ich handle
399,4 handeln nach seinem Wort
449,2 lass dein Wort uns allezeit treu in Herz und Sinnen stehn
543,1.2 nach seinem Worte handeln und leben allezeit…seiner Weisung folgen [2] weil du mich lehrst die Rechte deiner Gerechtigkeit; die Gnad auch ferner mir gewähr, zu halten dein Gebote

KV 31,1selig der Mensch, der seine Freude hat an der Weisung des Herrn
KV 447 öffne meine Augen, dass sie sehen die Wunder an deinem Gesetz

Gesicht ↗Angesicht
271,1 o Herr, aus tiefer Klage erheb ich mein Gesicht

Gesundheit
268,1 im Innersten mach mich gesund
344,6.7 ohne dein lebendig Wehn [...] kann nichts heil sein noch gesund [7] heile du, wo Krankheit quält
358,5 ich danke dir, du güldner Mund, dass du mich machst gesund
392,3 der dir Gesundheit verliehen, dich freundlich geleitet

Gewalt
230,4 gezeigt hat er sein groß Gewalt, dass es in aller Welt erschallt
347,4 der Geist des Herrn durchweht die Welt gewaltig und unbändig
351,5 treib weit von uns des Feinds Gewalt
427,2 nicht Gewalt und nicht Gefahr, nichts soll von dir uns trennen
544,2 (2) selig, die keine Gewalt anwenden
651,8 (2) selig, die keine Gewalt anwenden

Gewand ↗Kleid

Glanz ↗Licht ↗Herrlichkeit ↗Sonne
90 Christus, du bist der helle Tag, dein Glanz [...] Gott des Lichts
220,4 beglänzt von seinem Lichte, hält euch kein Dunkel mehr
222,6 o Aufgang, Glanz der Ewigkeit
227,4 Glanz strahlt von der Krippe auf, neues Licht entströmt der Nacht
258,3 er will als Bruder bei uns stehn, bis wir im Glanz ihn schauen
331,6 bedenk...dein Augenlicht, vor dieser Sonn besteht es nicht. Kein Mensch auf dieser Erde kann den Glanz der Gottheit schauen an
334,3 du Glanz des Herrn der Herrlichkeit
347,1 überströmt von Glanz und Licht erhebt die Schöpfung ihr Gesicht
352,3.4 Vater, du die Sonne bist, der Glanz dein Sohn...Jesus Christ
358,2.5.6 ich will dich lieben [...] solange mich dein Glanz bescheint [5] dass mir dein Glanz hat Licht gebracht [6] Himmelsglanz
372,3.4 deines Glanzes Herrlichkeit übertrifft die Sonne weit [4] voller Pracht wird die Nacht, weil dein Glanz sie angelacht
427,1.2 deine Güt ist unbegrenzt, sie reicht, soweit der Himmel glänzt [2] dein Glanz erweckt das Angesicht
428,1 das Gestern, Heut und Morgen wird hell in deinem Glanz
429,4 aus seinem Glanz und Lichte tritt er in deine Nacht
430,4 willst du uns noch einmal Freude schenken an [...] Sonne Glanz
436,3 ach bleib mit deinem Glanze bei uns, du wertes Licht
442,3 bis wir einst [...] mit den Selgen Christi Antlitz werden schauen, herrlich strahlend
466,3 stark ist unser Bruder Feuer [...] preist dich, Gott, mit seinem Glanz
497,3 einst am Kreuz verhüllte sich der Gottheit Glanz
552,2 Todes Schatten auf der Welt, aber dein Glanz die Finsternis erhellt
553,3 mit Klarheit hell umgeben, mit sonnenlichtem Strahl
621,4 im Licht er wiederkommt, sein Glanz die Welt mit Schrecken schlägt

Glaube
147,2 den Glauben mehr, stärk den Verstand, dass uns dein Nam wird wohlbekannt

161,2 (Kyrie) lass uns glauben an deine Liebe –
mit Vertrauen kommen zu dir
209,3 [Eucharistie] Herr, mach uns darin eins im Glauben
210,1-4 Geheimnis des Glaubens: im Tod ist das Leben
213,4 was wir hier schauen in Glauben und Vertrauen, das zeige uns im Licht [...] ewig wir dich sehen von Angesicht zu Angesicht
220,2.5 er soll errettet werden, wenn er dem Kinde glaubt [5] wer hier dem Sohn vertraute, kommt dort aus dem Gericht
227,4 neues Licht entströmt der Nacht [...] der Glaube trägt das Licht
230,5 lehr uns zuvor dein Willen tun und an dem Glauben nehmen zu
266,4 die Kraft des Geistes macht euch stark im Glauben
272,2 hilf unserm Glauben, wenn mutlos wir werden [...] lehr uns, aus Glaube und Liebe zu handeln
273,2 wir glauben deinem Wort und fürchten doch das Morgen
281,4 eines Glaubens seid im Leben, einer Hoffnung in der Zeit
322,11 glückselig alle, die nicht sehn und dennoch fest im Glauben stehn
329,4 sind die Glieder, er das Haupt; erlöst ist, wer an Christus glaubt
336,4 Seele...wenn sie gläubig zu ihm spricht: Herr, meine Zuversicht
342,6 lass gläubig uns den Vater sehn
348,1 nun bitten wir den Heiligen Geist um den rechten Glauben
352,1.2.5.6 allzeit sie bekenne dich als einen Gott dreieiniglich [2] begreift ein Mensch auf Erden nicht [5] bet das Geheimnis an, das kein Verstand begreifen kann [6] im Himmel sehn
353,4 was alle Einsicht übersteigt, bekennt der Glaube ehrfurchtsvoll
354 dies glaub ich und so leb ich
355,1-5 wir glauben Gott im höchsten Thron
377,2 all mein Glaube bist du, Ursprung allen Lichts
380,7 durch dich steht das Himmelstor allen, welche glauben, offen
414,3 du bist nicht sichtbar [...] wir aber ahnen dich und glauben
422,1 ich möchte glauben, komm mir doch entgegen
423,1.3 spricht...voll Zuversicht: Du meine Hoffnung und mein Licht [3] dies hat Gott uns zugesagt: Wer an mich glaubt, sei unverzagt
424,1 wer Gott, dem Allerhöchsten, traut, der hat auf keinen Sand gebaut
446,1.4 gib uns den Mut [...] voll Glauben [...] zu handeln
448,4 gib uns Mut zum Glauben an dich, den einen Herrn
456,4 Jesus, unser Retter, an dich glauben wir
457,1-3 miteinander glauben [2] aneinander [3]füreinander glauben
474,3.4 uns öffnen für den Herrn in dieser Zeit [4] glauben an Gottes Reich, das neues Leben bringt
481,5 gib den Boten Kraft und Mut, Glauben , Hoffnung, Liebesglut
482,2 ein Volk...ein Herr ist's und ein Glaube
484,1.5 Dank sei dir, Vater [...] für den Glauben, den du uns gegeben [5] in einem Glauben lass uns dich erkennen
485,3 [Geheilte] bekennen mögen frei, was ihres Herzens Glaube sei
487,4.5 dass über allem...ein Glaube sei [5] mache uns im Glauben treu
489,2.3 der im Glauben uns begründet, in der Liebe uns entzündet [3] lasst den Blinden uns und Tauben Herz und Zunge aus dem Glauben
492,1-2 Jesus, du bist hier zugegen, wie der Glaube fest bekennt

493,4.5 Ist's den Sinnen auch verborgen: es genügt der Glaub allein [5] was die Sinne nicht erreichen, nehme doch der Glaube an
497,4 »Du mein Herr und Gott«; tief und tiefer werde dieser Glaube mein
543,3.4 mein Herz hängt treu und feste an dem, was dein Wort lehrt [4] durch deinen Geist, Herr, stärke mich, dass ich dein Wort festhalte
546,3 durch ihre Predigt glauben wir [...] hilf uns, der Botschaft treu zu sein
552,6 mit allen Heilgen beten wir dich an; sie gingen auf dem Glaubensweg voran und ruhn in dir, der unsern Sieg gewann
628,4 wenn uns die Sonne untergeht [...] kennt unser Glaube keine Nacht

KV 623,5 bekehrt euch und glaubt an das Evangelium
KV 640,2 so sehr hat Gott die Welt geliebt [...] wer an ihn glaubt, hat das ewige Leben

Glieder
187,2 nimm uns als Christi Glieder mit ihm zum Opfer an
329,4 wir sind die Glieder, er das Haupt; erlöst ist, wer an Christus
477,2 ein Leib und viele Glieder in Christus, unserm Herrn
484,3 sind Christi leid, sind seines Leibens Glieder, Schwestern und Brüder

Glück ↗Freude ↗Seligpreisung
140,5 dieser Weg führt ins nichts, und wir finden nicht das Glück
280,2 Messias [...] der die ganze Welt beglücket [...] heut beglücket er dein Haus
344,5 komm, o du glückselig Licht
368,1.6 o lieber Jesu, denk ich dein, strömt Glück in meine Seele ein [6] du unser Glück in dieser Zeit
377,2 meine Liebe bist du, Trost und Seligkeit
403,4 er gebe Glück zu unserm Tun und Heil zu allem Stand
416,2 er wird mein Unglück wenden
418,2 dem Herren musst du trauen, wenn dir's soll wohlergehn
427,2 tränkst uns am Bach der Wonnen
465,2 der Schmerz, das Glücklichsein nimmt alles seine Stelle [...] ein
472,1 Stunden werden eingeschmolzen, und ein Glück ist da
509,1 sich das Herz von allem löste, was es an Glück und Gut umschließt
553,4 angelanget bin im schönen Paradeis, von höchster Freud erfüllet

KV 312,3 behüte mich, Gott [...] mein ganzes Glück bist du allein

Glut ↗Feuer
342,2.3 aus dir strömt Leben, Licht und Glut [3] Feuer [4] entflamme Sinne und Gemüt, dass Liebe unser Herz durchglüht
347,1 der Geist des Herrn erfüllt das All mit Sturm und Feuersgluten
348,4 du mächtger Hauch, unerschaffne Glut
349,3 Glut, die unser Herz durchdringt
351,2 du Lebensbrunn, Licht, Lieb und Glut
369,2 lass deine Flamm und starke Glut durch all mein Herze...dringen
479,3 Dank dem Vater, der uns zieht durch den Geist, der in dir glüht
481,5 gib den Boten Kraft und Mut, Glaube, Hoffnung, Liebesglut

Gnade ↗Großtat
81,5 gib, dass wir [...] überall in deiner Gnade stehen
101,2 ein andre Sonne [...] Jesus [...] gar hell in meinem Herzen scheint
142,1.2 lass leuchten, Herr, dein Angesicht, erfüll uns mit der Gnade Licht [2] ganz nahe lass dein Wort uns sein voll Wahrheit uns voll Gnade
143,3 du wirst nach deinem ewgen Rat, Herr, groß an Tat dein Werk vollenden
144,2.6 durch Gottes Gnad ein jeder Mensch sein Leben hat [6] sein Gnad währt immer, dort und hier, und seine Wahrheit für und für
149,2 wo nicht deines Geistes Hand uns mit hellem Licht erfüllet
213,1 wollst unsern Hunger stillen, mit Gnaden uns erfüllen
215,3 Gott geb uns allen seiner Gnade Segen
216,1.2 wie mir dein Mund gegeben kund, schenkst Gnad du ohne Maßen [2] mir armem Gast bereitet hast das reiche Mahl der Gnaden
218,4.5 gelobet sei mein Gott...voll Gnad [5] zieh mit deiner Gnade ein
236,5.6 muss vorher mit ihm leiden groß Pein und Marter viel [6] mit ihm auch sterben und geistlich auferstehn, das ewig Leben erben
239,4.6 dazu dein Gnad mir gebe [...] knüpf zu das Band
248,5 mache sie [unsre Herzen] heilig und selig wie deins
250,3 der Engel Dankeslieder künden uns die Gnadenzeit
251,7 süßer Immanuel, werd auch in mir nun geboren
252,4 das ewig Licht geht da herein [...] uns zu Lichtes Kindern macht
256,2 hast du schon bei dir bedacht, wie du mein wolltest werden
266,4 in der Taufe seid ihr neu geboren
268,5 was Großes du an mir getan, wie du mich nahmst in Gnaden an
269,2.4 du schenkst uns diese Gnadenzeit [4] lass uns durch deine Gnade
271,4 gib mir die Liebe wieder, lass blühn der Gnade Keim
272,2 Lichtblick und Freude erblühen aus dir
274,3 Gericht und Gnad, die beiden bist du und immer du
277,3.4 so tu Israels rechter Art, der aus dem Geist geboren ward [4] bei uns ist der Sünden viel, bei Gott ist viel mehr Gnade
289,4 gib mir, o mein Erbarmer, den Anblick deiner Gnad
295,6 wenn du willst nach deinem Tod Gottes Gnad empfinden
339,2.5-7 sein Werk auf Erden ist vollbracht [...] er hat die Welt mit Gott versöhnt [5] dir, unserm Haupte, jubeln wir, Mittler beim Vater für uns für [6] zieh uns immerdar zu dir [7] lass richten uns an deiner Seit
344,5 komm o du glückselig Licht, fülle Herz und Angesicht
346,1-3 atme in uns, Heiliger Geist, brenne in uns...wirke in uns
347,1 überströmt von Glanz und Licht erhebt die Schöpfung ihr Gesicht
348,2.3 lass uns Gott erkennen, ihn Vater nennen, und von Christus uns nimmermehr trennen [3] Geist des Herrn, der in uns lebt und schafft, wohne du uns inne [...] bete du in uns
351,1.2 erfüll uns all mit deiner Gnad [2] Gnadenpfand
355,2.5 Geist [...] fährt, wohin er will [5] lässt Christen Christi Kirche sein
357,1 wie schön leuchtet der Morgenstern, voll Gnad und Wahrheit
360,1 ein König ists, der Einzug hält, umglänzt von Gnad und Wahrheit
368,3.6 dich finden, welche Seligkeit [6] du unser Glück in dieser Zeit, du Sonne unsrer Ewigkeit

369,2 lass deine Lieb [...] zur Gegenlieb und Dankbarkeit mich armen Sünder bringen
375,4 sei uns nah mit deinem Licht, mit deiner reichen Gnade
380,6.7.9.10 du, des Vaters ewger Sohn, hast die Menschheit angenommen [...] hast uns Gottes Gnad gebracht [7] durch dich steht das Himmelstor allen, welche glauben, offen [9] sieh dein Volk in Gnaden an [10] rett aus Sünden, rett aus Tod, sei uns gnädig, Herre Gott
381,4.5 so bleib ich durch die Gnade dein in deinen guten Händen [5] Thron der Gnade [...] durch deine Gnad erlösen
382,2.4 wie er dich erhob [4] dein Name steht in Gottes Hand
385,1.4 seine Gnad und Güte währen von Ewigkeit zu Ewigkeit
393,2 sein Erbarmen, sein Gnad er über uns gebreitet hat
395,3 sein Volk mit mächtgen Armen gehoben aus der Nacht
405,2 und uns in seiner Gnad erhalten fort und fort
409,2 täglich neu ist seine Gnad über uns und allen
418,3 dein ewge Treu und Gnade, o Vater, weiß und sieht, was gut sei
422,2 hast du mit Namen mich in deine Hand, in dein Erbarmen fest mich eingeschrieben
424,3 wie unsres Gottes Gnadenwille, wie sein Allwissenheit es fügt
429,5 nun darfst du in ihm leben und bist nie mehr allein, darfst in ihm atmen, weben immer bei ihm sein
435,4 und das Licht der Gnaden treu durch mein Leben trage
436,1.4 ach bleib mit deiner Gnade bei uns, Herr Jesu Christ [4] dein Gnad und alls Vermögen in uns reichlich vermehrt
439,3 mein Bitten hast erhöret, mein Gott, in Gnaden du
442,1-3 wo die Güte und die Liebe wohnt, dort nur wohnt der Herr
455,1 alles meinem Gott zu Ehren [...] gib, o Jesu, Gnad dazu
469,3 des Herzens Erdreich ist versengt: im Tau der Gnade schaff es neu
474,1-5 (Refr) Jesus Christ, du erneuerst unsre Welt [1] wenn alle, die uns sehen, wissen: hier lebt Gott [2] erkennt: in uns wird Gott lebendig sein
479,2 durch dein Tor lass uns herein und in dir geboren sein
481,7 in dir bleiben allezeit
482,2.3 ein heilges Mahl [...] teilt sie [Kirche] kraft seiner Gnadenwahl [3] verbunden mit dem, der ist und war
485,2.5 lass alle, die im Finstern gehen, die Sonne deiner Gnade sehn und wer den Weg verloren hat, den suche du mit deiner Gnad [5] wir...hier zeitlich und dort ewiglich für solche Gnade preisen dich
487,2 der Frieden uns und Freude gibt, den Geist der Heiligkeit
491,1.2 Gott hat mir seinen Geist geschenkt, ich bin in Christus eingesenkt [2] aus Wasser und dem Heilgen Geist bin ich nun neu geboren
492,1 deine Gnade, dein Erbarmen sei gepriesen ohne End
497,3 wie der Schächer ruf ich, Herr, um Gnad zu dir
503 wer ist, der uns Hilfe bringt, dass wir Gnad erlangen
521,1.5 dir wurde die Fülle der Gnaden verliehn [5] Mutter der Gnaden
523,1 o Maria sei gegrüßt, die du voll der Gnade bist
526,1 ihre Gnaden, ihre Taten ehr, o Christ mit Herz und Sinn
527,1 ave, die du bist voll der Gnaden
528,3 Maria, du hast ja gesagt zu Gottes Ruf und Gnade

543,1.3 die recht von Herzen suchen Gott [...] sind stets bei ihm in Gnad [3] tu bei mir das Beste, sonst ich zuschanden werd
552,3.4 welch ein Geheimnis wird an uns geschehn [4] deine Treue hat uns schon befreit
554,2 ihr Freund kommt vom Himmel prächtig, von Gnaden stark
642,2 wer von seinem Blute trinkt, wird eins mit ihm und lebt mit ihm

KV 56,1 (= 651,5) wir sind Gottes Volk, erwählt durch seine Gnade
KV 65,1 seine Gnade währet durch alle Zeit
KV 305,3 der Kelch, den wir segnen, gibt uns Anteil
KV 312,5 aus der Tiefe zogst du mich empor
KV 625,2 mein Herz ist voll Freude über den Herrn, er erniedrigt und er erhöht

Golgotha ↗Passion
225,3 draußen stirbt auf dem Schädelfeld

Gott allein ↗Gottesliebe ↗Hingabe
387,3 du allein sollst es sein
455,1 meinem Gott nur will ich geben Leib und Seel, mein ganzes Leben
456,3 nichts in diesem Leben trennt mich mehr von dir
503 wer ist, der uns Hilfe bringt [...] das bist du, Gott, alleine
542,5 o Schar der Jungfraun [...] die ihr geweiht dem Herrn allein

KV 312,3 behüte mich, Gott [...] mein ganzes Glück bist du allein

Gott suchen
273,1 führe selbst die Hand, mit der wir nach dir tasten
357,2 Herr, dich such ich
368,3 dich suchen nimmt von uns das Leid, dich finden, welche Seligkeit
543,1 die recht von Herzen suchen Gott und seiner Weisung folgen

KV 616,1 Gott, du mein Gott, dich suche ich, meine Seele dürstet nach dir
447,2 (Kanon) die Gott suchen, denen wird das Herz aufleben

Götter, fremde
140,4 wir erfinden neue Götter und vertrauen ihnen blind
471,1 es ist kein andrer Gott, der für uns streitet in der Not als du...alleine
475 es ist ja doch kein andrer nicht, der für uns könnte streiten, denn du, unser Gott, alleine

Gottesbeweis
463,5 Mensch [...] ist sich ein täglicher Beweis von deiner Güt und Größe

Gottesknecht ↗Knecht
292,1-3 fürwahr, er trug unsre Krankheit

Gottesliebe ↗Liebe ↗Hingabe ↗Gott allein
357,1 mein König und mein Bräutigam, du hältst mein Herz gefangen
358,1-7 ich will dich lieben, meine Stärke
361,1.3 dich will ich lassen walten [3] du bist nun mein und ich bin dein

368,4 wer sich ganz in dich versenkt, verspürt, was deine Liebe schenkt
369,1.2 mein Herze [...] hat seine höchste Lust an dir [2] ergreif mein Herz und schließ es ein
387,3.5.6.7.8 dir zum Eigentum ergeben; du allein sollst es sein [5] ich senk mich in dich hinunter; ich in dir, du in mir [6] lass dein schönstes Lichte...berühren mein Gesichte [7] reinen Herzens [8] komm in mir wohnen...dass ich dich stets lieb und ehre
399,2 Gott lieben ohne Ende: hat er uns doch zuerst geliebt
542,5 o Schar der Jungfraun [...] die ihr geweiht dem Herrn allein

Grab ↗Tod ↗Grab, leeres
140,5 dieser Weg führt ins Nichts [...] graben unsre eignen Gräber
254,3 vor deiner Krippe gähnt das Grab
271,2 mein Wesen ist am Ende und trauert wie im Grab
295,1 Gott des Vaters einigs Kind wird zu Grab getragen
322,4.5 der liebste Jünger, Sankt Johann [...] kam früher bei dem Grabe an
334,1.3 du Funke aus des Grabes Stein [3] Licht...das allem, was im Grabe lag, den Sieg des Lebens kündet
337,5 Christ, nun feste Hoffnung hab...du wirst gehn aus deinem Grab
338,2 des Todes Drache unterliegt, der Held aus Juda siegt mit Macht [...] die Toten aus den Gräbern ruft
465,4 dein Tun hat Morgenschimmer, das unsre sinkt ins Grab
504,2 unser Bemühen ist am Grab zu Ende; komm und vollende
522,1 er lässt im Grab die Mutter nicht

Grab, leeres ↗Auferstehung Christi
322,2.3.4.6 wo Jesus Christ begraben lag
328,2.3.4.5 [2] des Morgens früh am dritten Tag [3] der Stein ist fort
331,1 ist das der Leib, Herr Jesu Christ, der tot im Grab gelegen ist
337,2 drei Tage nur hielt ihn das Grab
338,5 dem Herrn sei Preis [...] der aus dem Grabe auferstand
642,6.7 erstanden ist der Herr vom Grab [7] aus dem Grabe auferstand

Greis ↗Zeit
82,4 es werde Trost [...] für Mann und Frau, für Greis und Kind
374,3 da preist der greise Simeon, als er das Kind im Arme hält
467,5 ihr Kinder und Greise [...] den gütigen Vater, den wollen wir loben

Großmut ↗Hingabe ↗Barmherzigkeit
268,4 der mich treibt zum Guten hin, zu Großmut und beständgem Sinn
452,7 Gott erfülle dich mit Frieden, mit Lebensmut und mit Gerechtigkeit; er öffne dir das Herz und auch die Hände
461,4 wohlgemut, getrost und gern in allen Leiden stehen

Großtat ↗Heilsgeschichte ↗Gnade ↗Neuschöpfung
143,3 du wirst nach deinem ewgen Rat, Herr, groß an Tat dein Werk vollenden
209,3 das ist mein Blut, für euch geflossen, im Tod [...] Werk vollbracht
216,3 bis nach der Zeit den Platz bereit an deinem Tisch wir finden

218,2 mein Heiland groß von Tat
252,7 das hat er alles uns getan, sein groß Lieb zu zeigen an
268,5 dann tu ich allen Menschen kund, was Großes du an mir getan
322,9 Thomas, sieh die Seite an […] und glaube doch, was Gott getan
326,1.2.3 wir wollen alle fröhlich sein […] denn unser Heil hat Gott bereit [2] erstanden [3] zerstört der Höllen Pfort, die Seinen all herausgeführt und uns erlöst vom ewgen Tod
329,1 das ist der Tag, den Gott gemacht
338,2 des Todes Drache unterliegt, der Held aus Juda siegt mit Macht
339,2.3.5-7 sein Werk auf Erden ist vollbracht […] er hat die Welt mit Gott versöhnt [3] Wunder mit der Welt geschehn: sie lag im Tod, nun ist sie frei [5] dir, unserm Haupte, jubeln wir, Mittler beim Vater für uns für [6] zieh uns immerdar zu dir [7] lass richten uns an deiner Seit
355,1-5 wir glauben Gott im höchsten Thron
384,1-3 aus Davids Stamm hat er erweckt den Retter, den er uns verheißen [2] der seinen Bund von alters her auf ewig stiftet
385,2 drum rühm ich Gottes Taten gern […] Gott schafft den Sieg mit seiner Rechten
395,1.3 an mir und meinem Stamme hat Großes er vollbracht [3] der uns das Heil verheißen, hat eingelöst sein Wort
402,1-12 danket Gott, denn er ist gut; groß ist alles, was er tut
403,2 der seine Wunder überall und große Dinge tut
405,1 der große Dinge tut an uns und allen Enden
418,2 auf sein Werk musst du schauen, wenn dein Werk soll bestehn
425,5 du, Vater, bist in unsrer Mitte, machst deinem Wesen uns verwandt
427,2 hilf uns, dass wir dich mit Geduld in deinem Tun erkennen
500,3 des große Wundertat dein Volk gewürdigt hat, dich seinen Herrn zu nennen

KV 69,1 (=631,3) der Herr hat Großes an uns getan, sein Name sei gepriesen
KV 312,4 (=KV 624,2) dem Herrn will ich singen, machtvoll hat er sich kundgetan
KV 404 danket dem Herrn […] großes hat er an uns getan
KV 432 der Herr hat Großes an mir getan, da waren wir fröhlich
KV 312,2 (=645,3) sende aus deinen Geist, und das Antlitz der Erde wird neu
KV 645,5 alle wurden erfüllt mit Heiligem Geist und kündeten Gottes große Taten

Gut/gut
149,2 Gutes denken, tun und dichten musst du selbst in uns verrichten
185,1 für uns dahingegeben als unser höchstes Gut
213,2 wer preist mit würdgem Danke dies unschätzbare ewge Gut
216,2 ob solchem Gut jauchzt Sinn und Mut
239,5 darum ich fest mich binde an dich, mein höchstes Gut
252,2 in unser armes Fleisch und Blut verkleidet sich das ewig Gut
266,3.6 suchet das Gute und lasst ab vom Bösen [6] tut Gutes allen
268,4 der mich treibt zum Guten hin
277,4 er ist allein der gute Hirt
281,3 ich bin euer weg geworden […] und bin euch der Gute Hirt

Güte

427,1 Herr, deine Güt ist unbegrenzt
436,2 bleib mit deinem Worte bei uns […] dein Güt und Heil beschert
442,1-3 wo die Güte und die Liebe wohnt, dort nur wohnt der Herr
452,1-7 (Refr) der Herr wird dich mit seiner Güte segnen
458,2 selig seid ihr, wenn ihr Güte wagt
463,3.5 Gott, deine Güte reicht so weit, so weit die Wolken reichen
471,2 o gütger Gott, wir bitten dich, gib Frieden unserm Leben
487,1 Vater, Sohn und Geist […] sich gütig uns erweist
505,5 stell ein Licht uns aus, o Gott in deiner Güte, dann finden wir
530, 4 o Mutter, reich an Güt und Huld
663,1.3 behüte uns in dieser Nacht durch deine große Güt [3] Dank dir, o Vater […] der über uns voll Güte wacht

KV 61,1 selig der Mensch, der gütig und zum Helfen bereit ist
KV 305,5 wo die Güte und die Liebe wohnt, dort nur wohnt der Herr
KV 442 wo die Güte und die Liebe wohnt / 445 ubi caritas et amor
KV 558,1 danket dem Herrn, denn er ist gütig
406 (Kanon) seine Güt uns Wahrheit währet ewiglich

Guter Hirte ↗Hirt

Haare
249,1 holder Knabe im lockigen Haar
382,3 auf unserm Haupt ein jedes Haar, er hat's gezählt, er nimmt sein wahr
429,3 auch deines Hauptes Haare sind wohl von ihm gezählt

Hand des Herrn ↗Rechte des Herrn ↗Macht
231,6 ach komm, führ uns mit starker Hand
257,6 führe uns an deiner Hand, damit wir sicher schreiten
268,3 berühre mich mir deiner Hand
272,1 komm uns zu Hilfe mit göttlicher Kraft
273,1 führe selbst die Hand, mit der wir nach dir tasten
277,4 sein Hand zu helfen
297,3 behüt uns […] und reich uns dein allmächtig Hand
355,4 erhöht zu Gottes rechter Hand
360,5 lasst uns auf seine Hände schaun
378,3 Hand, die die Schwachen schützt
381,4 so bleib ich durch die Gnade dein in deinen guten Händen
382,5 gib dich in seine Hand mit innigem Vertrauen
384,3 der uns mit seinen starken Armen den…Weg des Friedens führt
385,2 Gott schafft den Sieg mit seiner Rechten
402,8 führte es mit starker Hand durch die Wüste in sein Land
409,2 Führt auch unser Weg durch Nacht, bleibt doch seines Armes Macht über unserm Wallen
416,2 er wird mein Unglück wenden, es steht in seinen Händen
422,2 hast du mit Namen mich in deine Hand […] eingeschrieben
423,1.2 wer auf die Hand des Vaters schaut, sich seiner Obhut anvertraut [2] er weiß, dass Gottes Hand ihn hält
428,2 du hieltest mich in Händen im Leben und im Tod

430,3 reichst du uns den schweren Kelch [...] nehmen wir ihn dankbar [...] aus deiner guten und geliebten Hand
434,3 der du die Zeit in Händen hältst, sei gnädig
435,2 du hast mich in die Hand geschrieben, ewig mich zu lieben
452,1.3 geschrieben stehen wir in Gottes Hand [3] schütze dich mit seinen guten Händen
456,1.3 mit dir hab ich keine Angst, gibst du mir die Hand [3] weil ich weiß, dass deine Hand mich immer führen wird
463,5 der Mensch, ein Leib, den deine Hand, so wunderbar bereitet
478,1 ein Haus voll Glorie [...] erbauet von Gottes Meisterhand
510,1 mein Leib und Leben legen in Gottes gnädig Hand
539,5 groß ist in ihnen deine Kraft; dein Arm sind sie, der Wunder schafft
615,1 der ausgespannt das Sternenzelt und der es hält mit starker Hand

KV 308,1 Vater, in deine Hände empfehle ich meinen Geist

Hand des Menschen
248,3 erhebet die Hände und danket wie sie
257,4 und doch strömt deiner Gnade Born in unsre leeren Hände
271,2 es fielen Herz und Hände von deiner Liebe ab
405,1 nun danket alle Gott mit Herzen, Mund und Händen
418,5 stärk unsre Füß und Hände [...] deiner...Treu empfohlen
422,1 ich steh vor dir mit leeren Händen, Herr
438,4 wenn ich, Zion, dein vergäße, soll verdorren meine Hand
452,7 er öffne dir das Herz und auch die Hände
468,3 Gott gab uns Hände, damit wir handeln
470,3 wenn die Hand, die wir halten, uns selber hält

KV 85,1 (Kanon) füll du uns die Hände
KV 98 Herr, mein Beten steige zu dir auf wie Weihrauch, wie das Opfer am Abend, wenn ich meine Hände erhebe

Harfe ↗Lied, neues ↗Jubel
357,6 stimmt die Saiten der Kithara und lasst die süße Musica ganz freudenreich erschallen
392,1 kommet zuhauf, Psalter und Harfe, wacht auf
438,2 lassen unsrer großen Sehnsucht, unsern Tränen freien Lauf und hängen unsre Harfen in den Weidenbüschen auf
553,5 mit Jubelklang, mit Instrumenten schön, in Chören ohne Zahl
554,3 Gloria sei dir gesungen [...] mit Harfen und mit Zimbeln schön

Hass
288,4 Nacht voll Sünde und voll Hass
371,3 lass uns den Hass, das bittre Leid, fortlieben aus der dunklen Zeit
384,1 dass uns der Feinde Hass nicht schreckt
442,2 dass kein Hass die Eintracht trübe, lasst uns wachen

Haus des Herrn ↗Kirche
143,1 und will in deinem Heiligtum, Herr, dir zum Ruhm mein Opfer
144,4 kommt, geht zu seinen Toren ein [...] zu seinem Hause mit Gesang

216,3 bis nach der Zeit den Platz bereit an deinem Tisch wir finden
218,4 eur Herz zum Tempel zubereit
360,5 die ihr von Christi Hause seid, kommt schließet nun […] den Bund
371,2 wer liebt, der kehrt zu dir nach Haus
374,1.2 der jedes Dunkel wenden kann, er zieht ins Haus des Vaters ein [2] zu seinem Tempel kommt der Herr
381,1 dein Lob Herr ruft der Himmel aus, das blaue, lichterfüllte Haus
385,4 gesegnet seid ihr allzusammen, die ihr von Gottes Hause seid
387,8 lass mein Geist auf Erden dir ein Heiligtum noch werden
421,4 dass ich im Hause dein fest möge wohnhaft sein zu ewiglichen Zeiten
439,2 in deinem Zelt bewahren willst du mich immerdar
442,1-3 wo die Güte und die Liebe wohnt, dort nur wohnt der Herr
452,3 er schütze dich […] sei das Haus, das bergend dich umgibt
470,1-3 (Refr) dann hat Gott unter uns schon sein Haus gebaut
478,1 lass im Hause dein uns all geborgen sein [1] ein Haus voll Glorie schauet [2] Gottes heilge Stadt [5] am Ziel der Zeiten…sein Haus
505,4.5 dass wir nicht verlieren den Weg zum Vaterhaus

KV 34,1 Herr, wer darf Gast sein in deinem Zelt
KV 70,1 baut der Herr nicht das Haus, mühn sich umsonst
KV 442 wo die Güte und die Liebe […] dort nur wohnt der Herr
KV 651,7 (= 653,3) selig, die bei dir wohnen, Herr

Haus der Menschen
261,4 Stern über Bethlehem, schein auch zu Haus
262,2 Menschen ohne Haus und Habe
280,2 Messias […] der die ganze Welt beglücket […] heut beglücket er dein Haus
374,4 dir sei jedes Haus geweiht
382,5 sollst nicht auf eitel Sand, auf echten Felsen bauen
383,1-3 (Refr) Ehre sei Gott […] in allen Straßen und Häusern
424,1 wer Gott, dem Allerhöchsten, traut, der hat auf keinen Sand gebaut
466,3 stark ist unser Bruder Feuer, macht das Haus uns warm und hell
535,2 segne alle Herzen, segne jedes Haus

KV 68,1 (=73,1) Friede sei in deinen Mauern, Geborgenheit in deinen Häusern

Heil
83,4 wir loben den Vater und preisen im Geiste die Sonne des Heils
93,5 Gott, lass dein Heil uns schauen
99,10 was du, als ich den Weg nicht sah, zu meinem Heil ersehen
145,4 zu mir, ihr Kummervollen, zu mir, ich will euch laben, euch nehmen Angst und Not. Heil mir! Ich bin erquicket
158 (Kyrie) Tau aus Himmelshöhn – Heil, um das wir flehn
185,2 dass du der Erde wieder mögst Heil und Mittler sein
218,1.4 Heiland aller Welt […] der Heil und Leben mit sich bringt
220,3 macht euch zum Stalle auf! Ihr sollt das Heil dort finden
221,1-5 (Refr) allen Menschen wird zuteil Gottes Heil

222,1,9 [4] Zeichen…das allen Völkern Heil verspricht
233,1 Herr, wenn du kommst, wird die Welt wieder neu
240,4 für die Sünder […] hat uns alle angenommen uns zum Heil
251,7 süßer Immanuel, werd auch in mir nun geboren
252,4 das ewig Licht geht da herein […] uns zu Lichtes Kindern macht
259,3 durch Jesu Kreuz […] ist Gottes Heil an uns vollbracht
267,1 den Toten er das Leben gab, nahm vielen ihre Krankheit ab
268,5 dass, wer dir fern ist, sich bekehrt und so in dir auch Heil erfährt
280,1.3 uns zum Heiland auserkoren [3] er hat allen wohlgetan
281,3 ich bin euer Weg geworden, der allein zum Heil euch führt
324,4 nun jauchzt und jubelt überall, die Welt steht auf von ihrem Fall
326,1 wir wollen alle fröhlich sein […] denn unser Heil hat Gott bereit
329,1-5 das ist der Tag, den Gott gemacht [2] verklärt ist alles Leid
334,2.3 o Licht der lichten Ewigkeit, das unsre Welt getroffen [3] du Heil der Welt in Ewigkeit
339,6 o zieh uns immerdar zu dir
344,6.9 ohne dein lebendig Wehn […] kann nichts heil sein noch gesund [9] lass es [Volk] in der Zeit bestehn, deines Heils Vollendung sehn
347,2 der das Erbarmen Gottes weist und Heil in tiefsten Nöten
358,1-7 [4] nun aber ists durch dirch geschehn
360,2.4 blind waren sie und sehen nun, lahm waren sie und gehen nun […] walten seine Heilsgedanken [4] die Wüste wird zum Paradies
366,2 Strom des Heiles […] führst die Deinen in das Leben aus dem Tod
384,1.3 hoch sei gepriesen […] auf dass sein Heil das Herz erfreue [3] der uns mit seinen starken Armen den Weg des Heiles führt
395,1-3 [3] der uns das Heil verheißen, hat eingelöst sein Wort
402,1-12 danket Gott, denn er ist gut; groß ist alles, was er tut
403,4.5 er gebe Glück zu unserm Tun und Heil zu allem Stand [5] sei er stets unser Heil
419,1 tief im Schoß meiner Mutter gewoben […] dem Licht zugedacht
421,4 dass ich im Hause dein fest möge wohnhaft sein zu ewiglichen Zeiten
423,3 des Lebens Fülle ist sein Teil, und schauen wird er einst mein Heil
425,5 du, Vater, bist in unsrer Mitte, machst deinem Wesen uns verwandt
429,4 Aus seinem Glanz und Lichte tritt er in deine Nacht
430,2.4 gib unsern aufgeschreckten Seelen das Heil, für das du uns geschaffen hast [4] wolln wir des Vergangenen gedenken, und dann gehört dir unser Leben ganz
435,1 dein ist ja mein Leben, mir zum Heil […] hast du mir's gegeben
436,2 bleib mit deinem Worte bei uns […] dein Güt und Heil beschert
449,1 wir hören auf dein Wort, das du uns gegeben hast
465,4 gib […] dass jeder zu dir findet und durch dich auferstehet
497,6 [Blut Christi] bringt der ganzen Erde Gottes Heil und Huld
498,1 das Heil der Welt, Herr Jesus Christ, wahrhaftig hier zugegen ist
500,2 meine Augen sahn, was deine Huld getan, das Heil uns zu bereiten
521,6 erfleh uns das Heil und den Frieden der Welt
528,1 ein Bote kommt, der Heil verheißt und nie Gehörtes kündet
543,3.4 tu bei mir das Beste, sonst ich zuschanden wird [4] will ich Zeugnis geben von dir, mein Heil und Hort
546,1 du hast durch der Apostel Wort der ganzen Welt das Heil geschenkt

551,1.2 er ließ sein Heil uns schaun aufs neue [2] macht Gottes Heil den Menschen kund
552,3.4 welch ein Geheimnis wird an uns geschehn [4] schon befreit
638,1 nun ist sie da, die rechte Zeit [...] nun ist er da, der Tag des Heils

KV 38,1 der Herr ist mein Licht und mein Heil
KV 55,1 alle Enden der Erde schauen Gottes Heil
KV 296 (=563,1) im Kreuz ist Heil [...] Leben [...] Hoffnung
KV 305,1 wir rühmen uns [...] in ihm ist uns Heil
KV 623,6 im Kreuz Jesu Christi finden wir Heil
KV 633,5 Frieden verkündet der Herr seinem Volk. Sein Heil ist nahe
KV 639,7 durch Christi Wunden sind wir geheilt
KV 651 ich suchte den Herrn [...] all meinen Ängsten hat er
558 Litanei vom Heilswirken Gottes

Heiland
211,3 du Heiland, der Labung den Dürstenden gibt
216,1 hast mein Gesicht das selge Licht, den Heiland, schauen lassen
218,1.2.5 Heiland aller Welt [...] der Heil und Leben mit sich bringt [2] Heiland groß von Tat [5] komm, o mein Heiland
227,1 komm, du Heiland aller Welt
231,1 o Heiland, reiß die Himmel auf
246,2 er sprach: der Heiland Jesu Christ zu Bethlehem geboren ist
251,1.7 singet dem Herren, dem Heiland der Menschen, zu Ehren [7] komm doch, mein Heiland, denn ohne dich bin ich verloren
280,1.3 uns zum Heiland auserkoren [3] er hat allen wohlgetan
337,7 so wirst zum Leben du erstehn [...] deinen Heiland ewig sehn
339,6 nach dem zu trachten, was dort ist, wo du, Gott, Herr und Heiland bist
359,1 Heiland der Welt, Herr Jesus Christ
377,2 meine Hoffnung bist du, Heiland des Gerichts
509,2 komm Heiland, der uns mild verbindet, die Wunden heilt, uns trägt
521,3 von Gott ausersehen, dem Heiland auf Erden zur Seite zu stehen
526,3 Gotterkoren hat geboren sie den Heiland aller Welt
527,2 Schoß getragen: den Heiland Jesus Christ, der unser Retter ist

KV 635,3 heute ist uns der Heiland geboren, Christus, der Herr

Heilige, Gemeinschaft der Heiligen ↗Heiligkeit ↗Gnade
81,7 Herr, du wirst kommen und alle deine Frommen [...] gnädig dahin bringen, da alle Engel ewig, ewig singen: Lobet den Herren
163,7 (Kyrie) du bist verherrlicht in deinen Heiligen
380,2.4.5.9 alles, was dich preisen kann [4] Apostel...Propheten... Blutzeugen [5] Große...Kleine...heilige Gemeinde [9] Volk
384,2 dass wir, von aller Furcht befreit, gerecht und heilig vor ihm leben
413,1 Ehre, Ehre sei Gott in der Höhe, singet der Himmlischen selige Schar
439,4 vor Gottes Angesichte steh er in Ewigkeit
442,3 bis wir einst [...] mit den Selgen Christi Antlitz werden schauen
482,3 [Kirche] hat selige Gemeinschaft mit der Erlösten Schar [...] mit ihnen dich preisen für und für

542,1-6 ihr Freude Gottes allzugleich, verherrlicht hoch im Himmelreich [2] Maria...Engel [3] Patriarchen...Propheten [4] Apostel [5] Jungfraun
543,1 wohl denen, die da wandeln vor Gott in Heiligkeit
546,1-4 [Apostel; Zeugen]
547,1-3 du Herr hast sie für dich erwählt [Jungfrauen]
548,1-5 für alle Heilgen in der Herrlichkeit [4] mach uns alle eins in dir – sie schon vollendet, angefochten wir [...] dich lobend dort und hier [5] die Heilgen sind bereit, geben dem Volk der Zeugen das Geleit
552,6 mit allen Heilgen beten wir dich an; sie gingen auf dem Glaubensweg voran und ruhn in dir, der unsern Sieg gewann, halleluja,
553,1-5 Jerusalem [2] was für ein edle Schar kommt dort gezogen [...] sie sind die Kron [3] Propheten groß und Patriarchen [...] mit Klarheit hell umgeben [4] das halleluja reine man spielt in Heiligkeit [5] Freudensaal

KV 622,4 sieht, der Herr kommt in Herrlichkeit, und mit ihm seiner Heil'gen Schar
556 Allerheiligen-Litanei

Heiliger Geist ↗Dreifaltigkeit
weitere Fundstellen in Doxologie, Gloria und Credo
82,3 du wirst uns einen Engel schicken, den Hauch von deines Geistes Wind
147,1 Herr Jesu Christ [...] dein Heilgen Geist du zu uns send
149,2 wo nicht deines Geistes Hand uns mit hellem Licht erfüllet. Gutes denken [...] musst du selbst in uns verrichten
163,5 (Kyrie) erhöht zur Rechten – sendest den Geist der Wahrheit
165 (Kyrie) send uns deines Geistes Kraft, der die Welten neu erschafft
185,2 send uns den Geist hernieder, zu wandeln Brot und Wein
188,3 neu und ganz geheiligt von deinem Geist zu sein
218,5 dein Heilger Geist uns führ und leit
227,2 durch des Geistes Hauch kommt das Wort in unser Fleisch
236,2 das Segel ist die Liebe, der Heilig Geist der Mast
259,3 Gottes Geist ist uns geschenkt, der uns durch die Zeiten lenkt
266,4 die Kraft des Geistes macht euch stark im Glauben
267,1 den Toten er das Leben gab, nahm vielen ihre Krankheit ab
268,4 Herr, nimm von mir nicht deinen Geist
272,1 Feuer des Heiligen Geistes uns sende
275,4 hilf uns, im Geiste ihm den Weg bereiten als deine Boten
277,3 so tu Israels rechter Art, der aus dem Geist geboren ward
280,2 David sah im Geist entzücket den Messias schon von fern
281,3 bleibt geeint in meinem Geist
319 Christ fuhr gen Himmel [...] er sandte uns den Heilgen Geist
329,3 uns ist geschenkt sein Heilger Geist
341 veni creator Spiritus
342 komm Heilger Geist, der Leben schafft
343 veni Sancte Spiritus (Sequenz)
344 komm herab, o Heilger Geist (Sequenz)
345 veni Sancte Spiritus (Berthier)
346 atme in uns, Heiliger Geist
347 der Geist des Herrn erfüllt das All

348 nun bitten wir den Heiligen Geist
349 komm o Tröster, Heilger Geist
350 Geist der Zuversicht (Kanon)
351 komm Schöpfer Geist, kehr bei uns ein
352,3.4 Wärme ist des Geistes Bild, der alle Welt mit Leben füllt [4] der Heilge Geist von beiden geht, wie Wärm aus Sonn und Glanz entsteht
353,5 Ruhm und Preis [...] dem Geist, der unser Beistand ist
354 der Geist uns auserwählt
355,2.5 Tröster..fährt, wohin er will [5] lässt Christen Christi Kirche sein
357,4 dein Wort, dein Geist, dein Leib und Blut mich innerlich erquicken
380,5 ehrt den Heiligen Geist, der uns seinen Trost erweist
387,7 dass ich deine Klarheit schauen mag in Geist und Wahrheit
389,3 du sendest den Geist und du machst mich ganz neu
452,6 wir alle sind Geschwister, uns führt zusammen Jesu guter Geist
453,4 dein Heiliger Geist, der Leben verheißt, sei um uns auf unsern Wegen
456,4 Geist der Liebe, atme du in uns
471 durch Jesus Christus, unsern Herr, im Heilgen Geist wir das begehrn
474,1.2 wenn alle, die uns sehen, wissen: hier lebt Gott [2] wenn man erkennt: in uns wird Gott lebendig sein
477,3 neu schafft des Geistes Wehen das Angesicht der Welt und lässt ein Volk erstehen
479,3 Dank dem Vater, der uns zieht durch den Geist, der in dir glüht
482,2, ein Geist, der sie [Kirche] beseelt
483,1 ihr seid getauft durch den Geist zu einem Leib
484,4 führ auch uns [...] durch deinen Geist zu einem Volk zusammen
487,1.2 nun singe Lob [...] dem Vate, Sohn und Geist [2] der Frieden uns und Freude gibt, den Geist der Heiligkeit
491,1.2 Gott hat mir seinen Geist geschenkt, ich bin in Christus eingesenkt [2] aus Wasser und dem Heilgen Geist bin ich nun neu geboren
509,1 komm Tröster, Heilger Geist, und tröste, der du aus Gottes Herzen
521,1 du Jungfrau, auf dich hat der Geist sich gesenkt
528,1 die neue Welt aus Gottes Geist wird in der Welt gegründet
537,4 der Heil'ge Geist soll über dich kommen
543,4 durch deinen Geist, Herr, stärke mich, dass ich dein Wort festhalte
KV 312,2 (=645,3) sende aus deinen Geist, und das Antlitz der Erde wird neu
KV 645,5 alle wurden erfüllt mit Heiligem Geist und kündeten Gottes große Taten
KV 646,2 den Geist seines Sohnes hat Gott in unser Herz gesandt
KV 658,1 in manus tuas, pater, commendo spiritum meum
565 Heilig-Geist-Litanei mit Anrufungen:
565,11 befreie uns, Heiliger Geist
565,12 komm, Heiliger Geist
617,4 Herr, sende uns deinen Geist

Heiligkeit vgl. Sanctus-Akklamation S.14
188,3 neu und ganz geheiligt von deinem Geist zu sein
218,2 sein Königskron ist Heiligkeit

237,4 er bringt euch alle Seligkeit, die Gott der Vater hat bereit'
248,5 mache sie [unsre Herzen] heilig und selig wie deins
346,2 komm du Geist der Heiligkeit
348,5 durch Jesum Christum, der uns macht heilig durch sein Priestertum
380,2.3 heilig, heilig, heilig [3] heilig Herr Gott Zebaoth, heilig Herr [...] Himmel, Erde...erfüllt von deinem Ruhm
384,2 dass wir, von aller Furcht befreit, gerecht und heilig vor ihm leben
388 heilig, heilig, heilig ist nur er
395 heilig ist sein Name, gewaltig seine Macht
487,2 der Frieden uns und Freude gibt, den Geist der Heiligkeit
492,2 voll Freude singen dir: heilig, heilig, heilig bist du
539,4 ein großes Lob ertönt im Chor: ihr »heilig, heilig« steigt empor
553,4 das halleluja reine man spielt in Heiligkeit, das hosianna feine

KV 488,2 Gott, du bist herrlich und heilig

Heiligtum ↗Haus des Herrn ↗Tempel ↗Kirche
143,1 und will in deinem Heiligtum, Herr, dir zum Ruhm mein Opfer
387,8 lass mein Geist auf Erden dir ein Heiligtum noch werden

Heilsgeschichte
220,3 ihr sollt das Heil dort finden, das [...] von Anfang an verkündet, seit eure Schuld geschah
230,3 die Welt zum Abend wandt, der Bräutgam Christus ward gesandt
250,3 der Engel Dankeslieder künden uns die Gnadenzeit
257,5 Tage...die wir in Schuld verbringen; nach ihnen sei die Zeit gezählt
259,2 Gottes Sohn ein Menschenkind: Eine neue Zeit beginnt
355,1-5 wir glauben Gott im höchsten Thron
360,4 dein Herz voll Liebe wird nicht ruhn, bis alles ist vollendet: Die Wüste wird zum Paradies
384,2 der seinen Bund von alters her auf ewig stiftet mit uns Armen
419,1 tief im Schoß meiner Mutter gewoben [...] dem Licht zugedacht
425,4 gibst deinen Sohn in unsre Hände
428,4 hast mir bestimmt mein Los [...] wollt ich [...] deine Pläne fassen
430,2.4 gib unsern [...] Seelen das Heil, für das du uns geschaffen hast [4] wo lln wir des Vergangenen gedenken, und dann gehört dir unser Leben ganz
435,2 du hast mich in die Hand geschrieben, ewig mich zu lieben
464,3-7 Feuerschein und Wolke und das heilge Zelt sagen seinem Volke: Gott ist in der Welt [4] im Zenit der Zeiten kam sein Sohn zur Welt [5] Sterben [6] Christus ist erstanden [7] wiederkommen
474,5 loben Jesus Christ, der für uns Menschen starb und auferstanden ist
528,1 die neue Welt aus Gottes Geist wird in der Welt gegründet
539,7 durch sie geleite Groß und Klein, bis wir mit ihnen dort im Licht einst stehn vor deinem Angesicht
558 Litanei vom Heilswirken Gottes

Heilswille ↗Vorsehung
99,10 was du [...] zu meinem Heil ersehen
246,3 das Kindlein liegt in einem Stall und will die Welt erlösen all

416,2 er wird mein Unglück wenden, es steht in seinen Händen
422,1 mein Los ist Tod, hast du nicht andern Segen
424,3 wie unsres Gottes Gnadenwille, wie sein Allwissenheit es fügt
425,3 du machst ein Ende meinem Sorgen, hast alle Tage schon bedacht
435,2 du hast mich in die Hand geschrieben, ewig mich zu lieben
464,7 nicht nur für die Frommen, nein, für alle Welt
558 Litanei vom Heilswirken Gottes

Heilung ↗Krankheit ↗Gesundheit
145,1 du heilest jeden Schmerz
216,2 das Lebensbrot […] heilt meiner Seele Schaden
221,4 Blinde / Stumme / Taube / Lahme
233,3 das Leid wird von all deiner Klarheit durchstrahlt
267,1 den Toten er das Leben gab, nahm vielen ihre Krankheit ab
268,1 mach rein mich bis zum Herzensgrund […] mach mich gesund
323 Klagen in Tanzen […] hast mich geheilt und mit Freude umgürtet
344,6.7 ohne dein lebendig Wehn […] kann nichts heil sein noch gesund [7] heile du, wo Krankheit quält
355,2 stark macht, was daniederlag
358,5 ich danke dir, du güldner Mund, dass du mich machst gesund
360,2 blind waren sie und sehen nun, lahm waren sie und gehen nun […] allen Kranken walten seine Heilsgedanken
451,2 wo wir alles teilen, schlimmen Schaden heilen, lieben und verzeihn
459,1 selig seid ihr, wenn ihr Wunden heilt
485,3 den Tauben öffne das Gehör, die Stummen richtig reden lehr
504,1 sieh unsre Trauer, teile unsre Schmerzen, heile die Herzen
506,1 schenk ihm jenseits unsrer Stunden Heilung aller Wunden
509,2 komm Heiland, der uns mild verbindet, die Wunden heilt, uns trägt
582,6 (Kyrie) du bist vom Vater gesandt zu heilen, was verwundet ist

Heimkehr
266,7 kehrt heim zum Vater, kommt zum Mahl der Freude
271,3.4 lass mich heimwärts finden wie den verlornen Sohn [4] führe zu den Brüdern mich aus dem Elend mich heim
371,2 wer liebt, der kehrt zu dir nach Haus
402,8 führte es mit starker Hand durch die Wüste in sein Land
435,3 nach des Himmels Herrlichkeit herzlich heimzustreben
437,4 tiefe Sehnsucht nach Geborgenheit […] wandle sie in Heimat
438,1 wir, an Babels fremden Ufern, weit entfernt vom Heimatland
465,4 gib […] dass jeder zu dir findet und durch dich aufersteht
485,4 bring heim, die sich von dir getrennt
505,1.4.5 wir sind nur Gast auf Erden und wandern […] der ewigen Heimat zu [4] Weg zum Vaterhaus [5] finden wir nach Haus
510,1 ich fahr dahin mein Straßen ins ewig Vaterland
540,4 er wird die Flügel breiten und uns aus dem Gericht in Frieden heimgeleiten vor Gottes Angesicht
648,2 der Himmel öffnet sich in dir, zur Heimkehr steht der Weg uns frei
656,2 dein Schöpfung neigt sich zum Tode, hole sie heim

Heimsuchung
84,2 such uns heim mit deinem Licht
384,1.3 der heimgesucht sein Volk in Treue [3] hat heimgesucht mit seinem Strahl das Licht, der Aufgang aus den Höhen
523,2 Lob dem, der dich heimgesucht, Jesus, deines Leibes Frucht

Herrlichkeit
83,3.4 im Glanze der strahlenden Kraft des kommenden Christus [4] den herrlichen Christus
90,1.6 Christus, du bist der helle Tag, dein Glanz [...] Gott des Lichts [6] führ uns ins Licht der Herrlichkeit
101,4 wird Christus mir anlegen den Rock der Ehr und Herrlichkeit
143,1 Anbetung, Ehr und Herrlichkeit bin ich bereit, dir, Gott, zu geben
149,3 o du Glanz der Herrlichkeit, Licht vom Licht, aus Gott geboren
163,2.8 (Kyrie) du wirst wiederkommen in Herrlichkeit
187,2 durch Kreuz und Tod eingehen in deine Herrlichkeit
211,5 nun reichst du den Becher der Herrlichkeit
218,1 es kommt der Herr der Herrlichkeit
233,3 das Leid wird von all deiner Klarheit durchstrahlt
258,2 da er aus seiner Herrlichkeit eintrat ins Erdenleben
281,4 wie der Vater mich gekrönet, eins mit mir in Herrlichkeit
324,2 die ganze Erde staunt und bebt, weil Gottes Herrlichkeit anhebt
325,3 Herr, deine Herrlichkeit erkennen wir
334,3 du Glanz des Herrn der Herrlichkeit
336,3 nichts soll mich von Jesus scheiden [...] keine Herrlichkeit
338,4.5 er triumphiert in Herrlichkeit [...] weithin spannt sich seine Macht [5] dem Herrn sei Preis und Herrlichkeit
363,1-3 Herr, nimm auch uns zum Tabor mit, um uns dein Licht zu zeigen [2] lass leuchten deine Herrlichkeit [3] Ostermorgen
368,6 in dir erstrahlt der Gottheit Schein, lass uns mit dir verherrlicht sein
372,3 deines Glanzes Herrlichkeit übertrifft die Sonne weit
374,3.4 Erleuchtung für die ganze Welt [4] öffne du auch uns den Sinn für dich und deine Herrlichkeit
377,2 all mein Leben bist du, Gott der Herrlichkeit
385,3 lasst danken uns [...] dem großen Herrn der Herrlichkeit
428,3 wollt ich mich verhüllen in Finsternis und Nacht, du wirst sie ganz erfüllen mit deines Lichtes Pracht
435,3 nach des Himmels Herrlichkeit herzlich heimzustreben
442,3 bis wir einst [...] mit den Selgen Christi Antlitz werden schauen, herrlich strahlend
463,3 o Gott der Macht und Herrlichkeit
479,1 große Stadt ersteht [...] Jesus Christus ist ihr Licht, ihre Herrlichkeit
481,6 lass uns deine Herrlichkeit sehen auch in dieser Zeit
493,1 preise, Zunge, das Geheimnis: Christi Leib in Herrlichkeit
506,3 schenk ihm neues Leben in der Herrlichkeit deiner Ruhe
526,4 benedeie sie und freu dich ob ihrer Herrlichkeit
542,1 ihr Freude Gottes allzugleich, verherrlicht hoch im Himmelreich
553,1-5 Jerusalem [3] mit Klarheit hell umgeben, mit sonnenlichtem Strahl [5] mit Jubelklang [...] in Chören ohne Zahl [...] das große Himmelsheer

KV 35,1 herrlich ist Gott
KV 264,2 du bist das Licht [...] du deines Volkes Herrlichkeit
KV 488,2 Gott, du bist herrlich und heilig
KV 622,4 sieh, der Herr kommt in Herrlichkeit
412 (Kanon) die Herrlichkeit des Herrn bleibe ewiglich

Herrschaft ↗Königsherrschaft Gottes

Herz des Menschen ↗Seele
90,4 (Abend) die müden Glieder ruhn, bleib unser Herz dir zugewandt
101,2 ein andre Sonne [...] Jesus [...] gar hell in meinem Herzen scheint
142 zu dir, o Gott, erheben wir die Seele voll vertrauen
143,1 mein ganzes Herz erhebet dich, vor dir will ich mein Loblied
147,2 tu auf den Mund zum Lobe dein, bereit das Herz zur Andacht fein
148,2 öffne dem Herrn dein Herz, deinem Nächsten öffne das Herz und erkenne in ihm den Herrn
149,1.3 dass die Herzen von der Erden ganz zu dir gezogen werden [3] öffne Herzen, Mund und Ohren
218,4.5 eur Herz zum Tempel zubereit [5] meins Herzens Tür dir offen
223,4 auf, auf, ihr Herzen und werdet licht
239,2.4.6 mein Herz will ich ihm schenken [6] Herz zum Pfand
246,5 Kind zu mir die Äuglein wandt, mein Herz gab ich in seine Hand
266,2 in rechter Buße wandelt eure Herzen
268,1.3.6 mach rein mich bis zum Herzensgrund [...] schuldig ist mein Herz [3] ein reines Herz erschaff in mir [6] Herz zerschlagen und gering
269,1.2 dass mit dem Licht des neuen Tags auch unser Herz sich neu erhellt [2] gib auch ein reuevolles Herz
271,2 es fielen Herz und Hände von deiner Liebe ab
277,3 mein Herz an Gottes Macht verzweifeln nicht noch sorgen
282,4 ein Herz, ihm ganz ergeben, zum Dankesopfer weihn
291,2 wollen wir Gott bitten, dass auf unsrer Fahrt Friede unsre Herzen
295,6 o steinern Herz, steh ab von deinen Sünden
322,7 den Jüngern war das Herz so schwer. In ihre Mitte trat der Herr
323 dir singt mein Herz und will nicht verstummen
328,7 mache unser Herz bereit, damit von Sünden wir befreit, dir singen
342,2.4 Tröster, der die Herzen lenkt [4] Liebe unser Herz durchglüht
344,2.3.5 komm, der jedes Herz erhellt [3] Gast, der Herz und Sinn erfreut [5] fülle Herz und Angesicht
349,3 Glut, die unser Herz durchdringt
351,1 besuch das Herz der Kinder dein
357,1.3 mein König und mein Bräutigam, du hältst mein Herz gefangen
358,1 ich will dich lieben, schönstes Licht, bis mir das Herze bricht
361,1 dich will ich lassen walten [...] in meinem Herzen halten
369,1.2 mein Herze [...] hat seine höchste Lust an dir [2] ergreif mein Herz und schließ es ein
371,3 Herz Jesu [...] mach unser Herz zu deinem
372,1 Jesu mein, komm herein, leucht in meines Herzens Schrein
384,1 hoch sei gepriesen [...] auf dass sein Heil das Herz erfreue
387,7 mach mich reinen Herzens

389,5 öffne du mir das Herz, deine Liebe, Herr, zu schenken
400,1.2 ich lobe meinen Gott von ganzem Herzen
403,3 er gebe uns ein fröhlich Herz, erfrische Geist und Sinn
405,1.2 nun danket alle Gott mit Herzen, Mund [2] fröhlich Herz
418,1 befiehl du deine Wege und was dein Herze kränkt
421,3 den Hirtenstab erheben […] dem Herzen Trost zu geben
430,2 noch will das Alte unsre Herzen quälen
435,2 wirst mein Herz in deinem Licht durch die Zeit hin lenken
442,1 die Last des Andern tragen guten Herzens
449,2 lass dein Wort uns allezeit treu in Herz und Sinnen stehn
452,7 er öffne dir das Herz und auch die Hände
469,3 des Herzens Erdreich ist versengt: im Tau der Gnade schaff es neu
471,4.5 mach uns von allen Sünden rein, so wird das Herz recht friedlich sein in dir [5] gib Frieden unsern Herzen
485,3 [Geheilte] bekennen mögen frei, was ihres Herzens Glaube sei
489,3 lasst den Blinden uns und Tauben Herz und Zunge aus dem Glauben
492,2 lass die Herzen uns erheben und voll Freude singen dir
504,1 sieh unsre Trauer, teile unsre Schmerzen, heile die Herzen
509,1-3 nun sich das Herz von allem löste [3] Herz zu dir erhoben
528,3 dass ihn, den du empfangen hast, auch unser Herz mit Freude fasst
535,2 segne alle Herzen, segne jedes Haus
540,3 dass er ein jedes Herz […] geleite himmelwärts
543,1.2.3 die recht von Herzen suchen Gott [2] von Herzensgrund ich spreche [3] mein Herz hängt treu und feste
553,1 Jerusalem […] mein sehnend Herz so groß Verlangen hat
628,3 in Liebe sucht dich unser Herz
638,2 jetzt soll sich unser ganzes Herz durch Fasten und Gebet erneun

KV 50,1 dann gewinnen wir ein weises Herz
KV 53,1 verschließt ihm nicht das Herz
KV 276 erschaffe mir ein reines Herz
KV 301 ein reines Herz erschaffe mir, o Gott
KV 433,2 (Kanon) schweige und höre, neige deines Herzens Ohr
KV 625,2 mein Herz ist voll Freude über den Herrn
KV 646,2 den Geist seines Sohnes hat Gott in unser Herz gesandt
KV 649,5 mein Herz ist bereit, o Gott, ich will dir singen und spielen
Kanon 447,2 die Gott suchen, denen wird das Herz aufleben

Herz Jesu
248,5 mache sie [unsre Herzen] heilig und selig wie deins und mach sie auf ewig mit deinem nur eins
251,5 du willst dich selber, dein Herze der Liebe, mir schenken
289,5 von dir will ich nicht gehen, wenn dir dein Herze bricht
359,3.4 der Stoß der Lanze trifft dein Herz, und Blut und Wasser bricht hervor [4] der uns sein Herz geöffnet hat
360,4 dein Herz voll Liebe wird nicht ruhn, bis alles ist vollendet
369,1.2 o Herz des Königs aller Welt
371,1-3 Herz Jesu, Gottes Opferbrand

247,1.4 schließt auf sein Himmelreich und schenkt uns seinen Sohn
248,1.2 Vater im Himmel für Freude uns macht
252,5.6 macht uns zu Erben in seinm Saal [6] in dem Himmel mache reich
281,1.3.4 gehet hin, mein Werk vollendet, eins zu sein in meinem Reich [3] schloss euch auf des Himmels Pforten [4] eins mit mir in Herrlichkeit
291,5 doch der Himmel fragt uns: warum zweifelst du
326,3 der uns erkauft das Paradeis
337,7 so wirst zum Leben du erstehn [...] deinen Heiland ewig sehn
338,4 er eint den Himmel und die Welt zum Reich, in dem er ewig
339,6 hilf uns mit heiliger Begier, nach dem zu trachten, was dort ist
344,9 deines Heils Vollendung sehn und der Freuden Ewigkeit
352,6 was wir auf Erden nicht verstehn, lass uns dereinst im Himmel sehn
353,2 dich rühmt des Himmels hehre Schar
354 dass ich in meinem Leibe soll meinen Gott anschaun
355,5 bis wir, von Sünd und Fehl befreit, ihn selber schaun in Ewigkeit
357,5.7 himmlisch Leben wird er geben mir dort oben [7] dass mein nun ist das A und O, der Anfang und das Ende...aufnehmen in das Paradeis
363,2 mach uns für Gottes Reich bereit, wo alle Mühen münden
370,4 König aller Zeiten [...] thronend im Himmel
372,2 dein Himmel ist in mir, er begehrt dich, seine Zier
380,3.7.8 Himmel, Erde, Luft und Meere sind erfüllt von deinem Ruhm [7] durch dich steht das Himmelstor allen, welche glauben, offen [8] nimm uns nach vollbrachtem Lauf zu dir in den Himmel auf
381,1 dein Lob, Herr, ruft der Himmel aus
392,4 der aus dem Himmel mit Strömen der Liebe geregnet
396,4 einst kommt die Zeit, wo wir auf tausend Weisen...dich unsern Vater preisen von Ewigkeit zu Ewigkeit
411,1 Himmel alle, singt zum Schalle dieses Liedes jauchzend mit
418,5 so gehen unsre Wege gewiss zum Himmel ein
421,4 dass ich im Hause dein fest möge wohnhaft sein zu ewiglichen Zeiten
422,2 nimmst du mich auf in dein gelobtes Land
424,5 trau des Himmels reichem Segen
425,5 du, Vater, bist in unsrer Mitte, machst deinem Wesen uns verwandt
427,1 deine Güt ist unbegrenzt, sie reicht, soweit der Himmel glänzt
428,2 wenn ich zum Himmel flöge, ich könnt dir nicht entfliehn
429,1.2.5 Gott wohnt in einem Lichte, dem keiner nahen kann [2] und doch bleibt er nicht ferne, ist jedem von uns nah [5] nun darfst du in ihm leben und bist nie mehr allein [...] immer bei ihm sein
435,3 nach des Himmels Herrlichkeit herzlich heimzustreben
439,4 vor Gottes Angesichte steh er in Ewigkeit
442,3 bis wir einst [...] mit den Selgen Christi Antlitz werden schauen [...] Freude wird uns Gott bereiten unermesslich durch des Lebens Ewigkeiten
456,2 einmal kommst du wieder [...] um uns allen dein Reich zu geben
462,4 im Himmel, sollt ihr sehn, da tanzen die Engel Reigen
467,1 erfreue dich Himmel, erfreu dich Erde
479,1.2 eine große Stadt ersteht, die vom Himmel niedergeht
491,1 in Christus eingesenkt...in sein Reich erhoben, um ewig ihn zu loben
498,3 das wahre Manna, das ist hier, davor der Himmel beugt die Knie
507,7 wirst du mir einst geben des Himmels Wonn und Freud

527,4 nach diesem Leid die ewig Himmelsfreud durch dich, Maria, uns
535,1 segne mich [...] dass ich hier den Frieden, dort den Himmel find
540,1 er schaut in ewgen Freuden das abendlose Licht
542,1 ihr Freude Gottes allzugleich, verherrlicht hoch im Himmelreich
547,3 zum Mahl der Hochzeit öffne uns die Pforten deiner Ewigkeit
548,2 warst ihnen Trost [...] hast zur ewgen Freude sie gebracht
553,5 mit Jubelklang [...] in Chören ohne Zahl [...] sich regt der Freudensaal
615,1 du Licht des Himmels, großer Gott
648,2 der Himmel öffnet sich in dir, zur Heimkehr steht der Weg uns frei

KV 40,1 bis in den Himmel reicht deine Liebe, Herr
KV 79,1 der Name des Herrn ist erhaben, seine Hoheit strahlt über Erde und Himmel

Himmelfahrt Christi ↗erhöhter Herr ↗Herrlichkeit
163,5 (Kyrie) auferstanden von den Toten – erhöht zur Rechten des Vaters
319 Christ fuhr gen Himmel
339,1-7 ihr Christen, hoch erfreuet euch, der Herr fährt auf zu seinem Reich
347,3 als Sieger fährt er jauchzend heim und ruft den Geist
355,4 der niederfuhr und auferstand, erhöht zu Gottes rechter Hand
370,4 Christus du Herrscher [4] thronend im Himmel

KV 340 Gott steigt empor, Erde jauchze

himmlisches Hochzeitsmahl ↗Vollendung ↗Anschauung Gottes ↗eucharistisches Mahl
216,3 bis nach der Zeit den Platz bereit an deinem Tisch wir finden
221,5 und zum Mahl der Seligkeit ziehen die vom Herrn Erlösten
233,4 dein Fest ohne Ende steht für uns bereit
247,4 heut schließt er wieder auf die Tür zum schönen Paradeis
252,5 macht uns zu Erben in seinm Saal
266,7 kehrt heim zum Vater, kommt zum Mahl der Freude
357,2.7 himmlisch Manna [7] mein nun ist das A und O
452,2 vollenden möge er [...] wenn er zum Mahl des Gottesreiches lädt
491,2 von ihm bin ich geladen zum Gastmahl seiner Gnaden
547,2.3 Hochzeitsmahl [3] zum Mahl der Hochzeit öffne uns die Pforten
553,5 mit Jubelklang [...] in Chören ohne Zahl [...] sich regt der Freudensaal
554,2 wir folgen all zum Freudensaal und halten mit das Abendmahl
630,2 denn gekommen ist die Hochzeit des Lammes (Offb 19,1.2.5-7)
638,3 dass wir den Übergang bestehn zum Pascha, das kein Ende kennt
642,1 zum Mahl des Lammes schreiten wir mit weißen Kleidern angetan

Hingabe
86,3.4 (Morgen) ihm hab ich heimgestellt mein Leib, mein Seel, mein Leben [...] er mach's, wie's ihm gefällt [4] darauf so sprech ich »Amen
90,4 (Abend) die müden Glieder ruhn, bleib unser Herz dir zugewandt
91,2 (Abend) den Leib und alles Gut ich dir befehle
149,2 wo nicht deines Geistes Hand uns mit hellem Licht erfüllet. Gutes denken [...] musst du selbst in uns verrichten
210,2 so gab der Herr sein Leben, verschenkte sich wie Brot

218,4 eur Herz zum Tempel zubereit
239,1-6 [2] in sein Lieb versenken [4] dir allein ich lebe [5] mich binde
245,3 welche Liebe muss der haben, der sich euch so ganz geweiht
246,5 Kind zu mir die Äuglein wandt, mein Herz gab ich in seine Hand
248,5 so nimm unsre Herzen zum Opfer denn hin
251,4.5.6.7 eins mit dem Kinde zu sein [5] du willst dich selber, dein Herze der Liebe mir schenken [6] den ich erwähle allein [7] wohne in mir, mach mich ganz eines mit dir, der du mich liebend erkoren
256,1 ich komme, bring und schenke dir, was du mir hast gegeben
282,4 Leben […] ein Herz, ihm ganz ergeben, zum Dankesopfer weihn
357,2 dein ewig Evangelium, das hab ich mir erkoren
361,1.3 dich will ich lassen walten [3] du bist nun mein und ich bin dein
364,1.2 dich will ich lieben, dich will ich ehren, meiner Seele Freud und Kron [2] keiner soll immer lieber mir werden als du, liebster Jesu mein
367,1 Jesus, dir leb ich…dir sterb ich…dein bin ich im Leben und im Tod
368,4 wer sich ganz in dich versenkt, verspürt, was deine Liebe schenkt
371,3 Herz Jesu […] mach unser Herz zu deinem
372,1 Jesu mein, komm herein, leucht in meines Herzens Schrein
378,3 Brot, das sich selbst verteilt
382,5 gib dich in seine Hand mit innigem Vertrauen […] dich geben ganz in Gottes Hut
387,3.5.6.7.8 da liegt unser Wille […] dir zum Eigentum ergeben [5] Meer ohn Grund und Ende […] ich senk mich in dich hinunter; ich in dir, du in mir, lass mich ganz verschwinden, dich nur sehn und finden [6] deine Strahlen fassen und dich wirken lassen [7] in dir nur leben [8] komm in mir wohnen, lass mein Geist auf Erden dir ein Heiligtum noch werden
389,6 und ich schenke dir mein Leben
399,3 Gott leben alle Tage […] tun, was er zu tun begann
400,2 ich lobe Jesus Christ in meinem Leben
416,1-4 wie er fängt seine Sachen an, will ich ihm halten stille […] drum lass ich ihn nur walten
424,1.5 wer nur den lieben Gott lässt walten
428,1 Herr, dir ist nichts verborgen, du schaust mein Wesen ganz
430,4 wolln wir des Vergangenen gedenken […] gehört dir unser Leben
434,1-4 (Refr.) dir leben wir, dir sterben wir
435,1 Herr, ich bin dein Eigentum, dein ist ja mein Leben
439,3 schenke langes Leben dem, der sich dir geweiht
440,1-5 hilf, Herr, meines Lebens
455,1-4 alles meinem Gott zu Ehren [1] meinem Gott nur will ich geben Leib und Seel, mein ganzes Leben [2] seinem Willen mich ergeben [4] der dem Himmel uns geweiht
460,1.4 wer leben will wie Gott […] muss sterben wie ein Weizenkorn
465,1 wachsen auf dich hin
471,1 gib, dass wir stets einmütiglich nach deinem Willen fragen
483,3 gehet nicht auf in den Sorgen dieser Welt, suchet zuerst Gottes Herrschaft, und alles andere erhaltet ihr dazu
491,1 ich bin getauft und Gott geweiht [3] erwählt, ihm soll ich fortan leben
497,1 mit ganzem Herzen schenk ich dir mich hin
502,4 weih ich mich dir aufs neu vor deinem Thron, baue mein Bet-El dir

507,1-7 Christus, der ist mein Leben […] ihm will ich mich ergeben
509,3 nun sich das Herz zu dir erhoben und von dir gehalten weiß
510,1 mein Leib und Leben legen in Gottes gnädig Hand
521,2 dein Herz war der liebe des Höchsten geweiht
528,3 dass ihn, den du empfangen hast, auch unser Herz mit Freude fasst und Raum gibt seiner Liebe
537,5 ich bin die Magd des Herren, nach deinem Wort geschehe mir
542,4.5 ihr Heilgen, die dem höchsten Gut, ihr alles schenktet, selbst das Blut [5]o Schar der Jungfraun, licht und rein […] geweiht dem Herrn allein
642,2 am Kreuze gab er seinen Leib für alle Welt zum Opfer hin

KV (Kanon) 85,1 Ausgang und Eingang […] liegen bei dir, Herr
KV 308,1 Vater, in deine Hände empfehle ich meinen Geist
KV 616,1 Gott, du mein Gott, dich suche ich, meine Seele dürstet nach dir
KV 649,5 mein Herz ist bereit, o Gott, ich will dir singen und spielen
KV 658,1 in manus tuas, Pater, commendo spiritum meum

Hirsch
221,4 wie ein Hirsch die Lahmen springen
KV 312,8 wie der Hirsch verlangt nach frischem Wasser

Hirt
144,3 als guter Hirt ist er bereit, zu führen uns auf seine Weid
277,4 er ist allein der gute Hirt, der Israel erlösen wird
281,3 und bin euch der Gute Hirt
290,4 der gute Hirte leidet für die Schafe
366,1 Jesus Christus, guter Hirte
384,3 hoch sei gepriesen unser Hirt
421,1-4 mein Hirt ist Gott, der Herr
455,3 hilf, o Jesu, guter Hirt
477,3 dass einig werde dein Volk […] ein Hirt und eine Herde
481,2.3 deine Stimme hört, sich zu deinem Wort bekehrt [3] sammle, großer Menschenhirt, alles, was sich hat verirrt
485,1.2 erleuchte, die dich kennen nicht, und bringe sie zu deiner Herd [2] wer den Weg verloren hat, den suche du mit deiner Gnad
487,4 du guter Hirt, Herr Jesu Christ, steh deiner Kirche bei

KV 37,1 der Herr ist mein Hirt

Hirten
237,5.6 [5.: Verkündigung an die H] [6] mit den Hirten gehen hinein
240,1 fürcht euch nicht, ihr Hirten alle […] geht hin zum Stalle
241,2 die Hirten eilen von den Herden und suchen das Kind
246,1 als ich bei meinen Schafen wacht
248,2.3 die redlichen Hirten knien betend davor [3] beugt wie die Hirten anbetend die Knie
249,2 stille Nacht, heilige Nacht, Hirten erst kundgemacht
250,2.4 sagt mir, Hirten…wem das Lied der Engel [4] verlasst die Herden
251,2 freuet euch, Hirten und Herden

Hitze ↗Glut
344,4 in der Unrast schenkst du Ruh, hauchst in Hitze Kühlung zu
497,7 stille mein Verlangen, das mich heiß durchglüht

Hochzeit ↗Bräutigam ↗Braut ↗Ehe ↗himmlisches Hochzeitsmahl
604 Feier der Trauung
357,1-7 [5] er hat mich ganz sich angetraut
364,1.2 dich will ich lieben, dich will ich ehren, meiner Seele Freud und Kron [2] keiner soll immer lieber mir werden als du, liebster Jesu mein
491,3 sein bleib ich ewig. Amen.
547,2.3 Hochzeitsmahl [3] zum Mahl der Hochzeit öffne uns die Pforten
553,5 mit Jubelklang [...] in Chören ohne Zahl [...] sich regt der Freudensaal
554,1 macht euch bereit zu der Hochzeit, ihr müsset ihm entgegengehn
630,2 denn gekommen ist die Hochzeit des Lammes (Offb 19,1.2.5-7)

Hoffnung
94,1 bleib bei uns, Herr, du Hoffnung, Weg und Leben
163,1 (Kyrie) du Hoffnung der ganzen Erde
222,8 o Hoffnung aller Völker du
231,4 Trost der ganzen Welt, darauf sie ganz ihr Hoffnung stellt
262,1 Hoffnung auf ein neues Leben hat er in die Welt gebracht
266,5 bringt neue Hoffnung auf die ganze Erde
270,2 statt der Angst und Mühe ist nun Hoffnungszeit
272,2 Lichtblick und Freude erblühen aus dir
275,3 spendet Licht und Hoffnung
277,2 auf Gott will hoffen ich, auf mein Verdienst nicht bauen
281,4 eines Glaubens seid im Leben, einer Hoffnung in der Zeit
299,5 O heilges Kreuz, sei uns gegrüßt, du einzge Hoffnung dieser Welt
329,4 wir schauen auf zu Jesus Christ, zu ihm, der unsre Hoffnung ist
334,2 der Menschen Schuld und Leid darf Auferstehung hoffen
337,5 Christ, nun feste Hoffnung hab...du wirst gehn aus deinem Grab
347,2 seht, aus der Nacht Verheißung blüht, die Hoffnung hebt sich
363,1 lass unsre Hoffnung [...] mit dir zu Gott aufsteigen
365 meine Hoffnung und meine Freude
377,2 meine Hoffnung bist du, Heiland des Gerichts
378,1 Brot, das die Hoffnung nährt
380,7.11 du stellst uns dem Vater vor, wenn wir kindlich auf dich hoffen [11] auf dich hoffen wir allein
400,2 durch ihn ist den Menschen Hoffnung geschenkt
423,1 spricht...voll Zuversicht: Du meine Hoffnung und mein Licht
424,1 wer nur den lieben Gott lässt walten und hoffet auf ihn allezeit
438,5 Jesu Kreuz sei meine Hoffnung
439,1 auf dich ich hoffend sehe, du lenkst und leitest mich
446,3 gib uns den Mut, voll Hoffnung [...] heute von vorn zu beginnen
457,1 suchen und fragen, hoffen und sehn, miteinander glauben
470,4 der Schmerz, den wir teilen, zur Hoffnung wird
481,5 gib den Boten Kraft und Mut, Glauben , Hoffnung, Liebesglut
497,4 Glaube [...] fester lass die Hoffnung, treu die Liebe sein
506,4 wir vertraun dir diesen Menschen an [...] hoffen auf das neue Leben

536,3 du unsre Hoffnung, sei gegrüßt, o Maria
621,2 dies ist der Hoffnung lichte Zeit […] neuer Stern geht strahlend auf
KV 296 (=563,1) im Kreuz ist Heil […] Leben […] Hoffnung
KV 365 meine Hoffnung und meine Freude (Taizé)
Kanon 450 Gottes Wort ist wie Licht in der Nacht…Hoffnung gebracht

Hoheit ↗Königsherrschaft Gottes ↗Allmacht ↗Macht
268,6 dich den Herrn, den Höchsten, nennt
370,4 Abglanz des Vaters, Spiegel seiner Hoheit
KV 79,1 der Name des Herrn ist erhaben, seine Hoheit strahlt

Hoherpriester ↗Priestertum Christi

Hölle ↗Böse ↗Verderben ↗Unterwelt
231,6 hier leiden wir die größte Not, vor Augen steht der ewig Tod
326,3 er hat zerstört der Höllen Pfort, die Seinen all herausgeführt
338,3 was mit Gewalt der Tod geraubt, gibt jetzt die Unterwelt zurück
471,3.5 dass wir nicht verderben [5] wehr ab der Hölle Schmerzen
642,5 Opferlamm, durch das der Hölle Macht zerbrach

Hören ↗Ohr ↗Gehorsam
83,2 wir horchen, verlangend zu folgen dem Ruf des Kyrios Christus
221,4 Tauben öffnet sich das Ohr
417,4 wird es dann wieder leer […] seh dich nicht, hör nichts mehr
448,1 Herr, gib uns Mut zum Hören auf das, was du uns sagst
449,1 wir hören auf dein Wort, das du uns gegeben hast
468,2 Gott gab uns Ohren, damit wir hören
481,2 dass sie deine Stimme hört, sich zu deinem Wort bekehrt
485,3 den Tauben öffne das Gehör
490,2 segne dieses Kind […] dass es hören lernt mit seinen eignen Ohren
554,3 kein Aug hat je gespürt, kein Ohr hat mehr gehört solche Freude
KV 53,1 hört auf die Stimme des Herrn
KV 433,2 (Kanon) schweige und höre, neige deines Herzens Ohr

Huld
81,4 lass doch ferner über unsrem Leben […] dein Huld und Güte schweben
99,8 zu kummerlosem, tiefem Schlaf in deine Huld mich bette
220,4 wandert nun mit allen der Stern der Gotteshuld
221,2 Gott naht sich mit neuer Huld
382,1 ganz ohne Maß ist seine Huld und allbarmherzige Geduld
384,2 gepriesen unser Herr […] der uns erwiesen sein Erbarmen
402,1-12 (Refr) seine Huld währt alle Zeit, waltet bis in Ewigkeit
416,2 so lass ich mir genügen an seiner Huld und hab Geduld, er wird
498,2 nimmt hinweg der Sünden Schuld…schenkt uns wieder Gottes Huld
500,2 meine Augen sahn, was deine Huld getan, das Heil uns zu bereiten
510,3 der für mich ist gestorben, des Vaters Huld erworben
551,1 Gerechtigleit ist aufgericht' als Zeichen seiner Huld uns Treue
638,1 nun ist sie da, die rechte Zeit, die Gottes Huld uns wieder schenkt

KV 401 lobet den Herrn, preist seine Huld und Treue
KV 558,1 danket dem Herrn […] denn seine Huld währt ewig

Hunger ↗Sehnsucht ↗Verlangen ↗Durst
211,2 du sättigst […] was hungernd zu dir seine Hände erhebt
213,1 o heilge Seelenspeise […] wollst unsern Hunger stillen
216,2 das Lebensbrot stillt Hungers Not
395,2 es werden satt aufstehen, die arm und hungrig sind
459,2 selig seid ihr, wenn ihr […] Hunger und Durst füreinander stillt
498,3 hier ist das rechte Himmelsbrot, das wendet unsres Hungers Not

hypostatische Union ↗Inkarnation ↗Sohn Gottes
243,3 wahr Mensch und wahrer Gott
357,2 wahr Gottes und Marien Sohn
456,2 Jesus, unser Bruder, du bist unser Herr; ewig wie der Vater, doch auch Mensch wie wir
497,3 Gottheit Glanz […] hier ist auch verborgen deine Menschheit ganz; beide sieht mein Glaube in dem Brote hier

Ikone ↗Bild ↗Abglanz
241,3 der Abglanz des Vaters […] ist heute erschienen in unserm Fleisch
342,6 lass gläubig uns den Vater sehn, sein Ebenbild, den Sohn, verstehn
352,2.3 Gleichnis deiner Wesenheit [3] Glanz…Jesus Christ
353,2 dir jubelt deine Schöpfung zu, der du dein Bildnis aufgeprägt
370,4 Abglanz des Vaters, Spiegel seiner Hoheit
499,1 Gott, der nach seinem Bilde, aus Staub den Menschen macht

Immanuel [= Gott inmitten von uns] ↗Gegenwart Gottes
140,2.3 er ist Gott, Gott für uns [3] ja er heißt »Gott für uns«
222,1-9 Refr. freu dich, freu dich, o Israel, bald kommt zu dir Immanuel [8] o Gott mit uns, Immanuel
251,7 süßer Immanuel, werd auch in mir nun geboren

in-sein ↗Einwohnung ↗communio-Gemeinschaft ↗Gnade
251,7 süßer Immanuel, werd auch in mir nun geboren
325,3 lebend und sterbend bleiben wir in dir
342,1.6 erfülle uns mit deiner Kraft [6] dir vertraun, der uns durchdringt
344,5 fülle Herz und Angesicht, dring bis auf der Seele Grund
346,1-3 atme in uns, Heiliger Geist, brenne in uns…wirke in uns [1] durchdringe uns […] kehr bei uns ein […] belebe uns
348,2.3 lass uns Gott erkennen, ihn Vater nennen, und von Christus uns nimmermehr trennen [3] Geist des Herrn, der in uns lebt und schafft, wohne du uns inne […] bete du in uns
387,5.6.7 Meer ohn Grund und Ende […] ich senk mich in dich hinunter; ich in dir, du in mir, lass mich ganz verschwinden, dich nur sehn und finden [6] du durchdringest alles [7] in dir nur leben
414,4 du bist in allem ganz tief verborgen […] in den Menschen willst du wohnen
429,5 in ihm leben […] darfst in ihm atmen, weben immer bei ihm sein

442,2 in uns wohne mitteninne Christ, der Herre
453,3 sei Hilfe, sei Kraft, die Frieden schafft, sei in uns, uns zu erlösen
456,4 Geist der Liebe, atme du in uns
481,7 in dir bleiben allezeit
491,1 Gott hat mir seinen Geist geschenkt, ich bin in Christus eingesenkt
507,7 in dir, Herr, lass mich leben und bleiben allezeit
553,1-5 Jerusalem, du hochgebaute Stadt, wollt Gott, ich wär in dir
663,2 hüllt Schlaf die müden Glieder ein, lass uns in dir geborgen sein

Inkarnation ↗Geburt Christi
160 (Kyrie) Friede, der zur Erde kam – Wort, das unser Fleisch annahm
215,1-3 (Refr) Herr du nahmest menschlichen Leib an, der aus deiner Mutter Maria kam
220,3.5 nun hat sich euch verbündet, den Gott selbst ausersah [5] Gott will im Dunkel wohnen
227,1-3 also will Gott werden Mensch [2] durch des Geistes hauch kommt das Wort in unser Fleisch [3] wesenhaft ganz Gott und Mensch
230,1.3 der für uns Mensch geworden ist [3] gesandt…aus seiner Mutter
236,1.3 des Vaters ewigs Wort [3] das Wort will Fleisch uns werden
237,5 dich wahren Gott ich finde in meinem Fleisch und Blut
240,1.4 Gott ward Mensch [4] er ist zur Welt gekommen
241,1.3 Christus […] stieg zu uns hernieder [3] erschienen in unserm Fleisch
245,1-3 heut ward er den Menschen gleich [2] Wunder…Geheimnis [3] selbst der Urquell aller Gaben leidet solche Dürftigkeit
247,1-3 schenkt uns seinen Sohn [2] kommt aus seines Vaters Schoß [3] entäußert sich… wird niedrig und gering…Knechtsgestalt
251,3.4.6 wie tief sich der Höchste hier beuget […] Gott wird ein Kind [4] Gott ist im Fleische, wer kann dies Geheimnis verstehen [6] aus Liebe geworden zum Kinde
252,1-6 [2] ewgen Vaters einig Kind jetzt man in der Krippe […] in unser armes Fleisch…verkleidet sich [3] aller Welt Kreis nie beschloss, der liegt in Marien Schoß [5] Gast in der Welt [6] auf Erden kommen arm
258,2 da er aus seiner Herrlichkeit eintrat ins Erdenleben
266,1 der Sohn des Höchsten kam auf unsre Erde
267,1 derhalb Christus seins Vaters Schoß verließ und kam auf Erden
355,1.3.4 aus Gott geboren vor der Zeit [3] annimmt unsre Not [4] niederfuhr
357,2 wahr Gottes und Marien Sohn, ein König hochgeboren
364,1 schönster Herr Jesu […] Gottes und Marien Sohn
380,6 du, des Vaters ewger Sohn, hast die Menschheit angenommen, bist vom hohen Himmelsthron zu uns auf die Welt gekommen
399,2 hat er uns doch zuerst geliebt, der seinen Sohn uns zur Seite gibt
400,2 er ist gekommen auf unsre Erde und ist ein Mensch geworden
429,3 den keine Meere fassen, und keiner Berge Grat, hat selbst sein Reich verlassen, ist dir als Mensch genaht
456,2 Jesus, unser Bruder, du bist unser Herr; ewig wie der Vater, doch auch Mensch wie wir
457,2 auf unsre Armut lässt Gott sich ein
464,4 im Zenit der Zeiten kam sein Sohn zur Welt
482,1 vom Himmel kam er nieder und wählte sie [Kirche] zur Braut

493,4 Wort ist wahres Fleisch geworden
521,1.2 du Jungfrau, auf dich hat der Geist sich gesenkt [2] du sprachst »mir geschehe wie du es gesagt«
528,1.2 Gott selber kommt [...] das Wort wird unser Bruder [2] das helle Licht der Ewigkeit trifft unsre Dunkelheiten [...] Angelpunkt der Zeiten; Gott teilt mit uns ein Menschenlos
530,2 ein Staunen die Natur erfasst, dass du den Herrn geboren hast
537,4 der Heilge Geist soll über dich kommen...also will Gott geboren sein
621,3 vom Himmel wird als Lamm gesandt, der alle Sünde auf sich nimmt

Invitatorium
614 Herr, öffne meine Lippen
KV 141 auf, lasst uns jubelt dem Herrn, vor sein Angesicht kommen

Isai
222,4 o Wurzel Jesse, Jesu Christ

Israel ↗Volk Gottes
222,1-9 Refr. freu dich, freu dich, o Israel [8] Fürst des Hauses Israel
231,2 ihr Wolken, brecht und regnet aus den König über Jakobs Haus
277,3.4 so tu Israels rechter Art, der aus dem Geist geboren ward [4] er ist allein der gute Hirt, der Israel erlösen wird
357,1 du Sohn Davids aus Jakobs Stamm
384,1 aus Davids Stamm hat er erweckt den Retter
395,3 jetzt hat er sein Erbarmen an Israel vollbracht
402,6 er hat Israel befreit aus Ägyptens Dienstbarkeit
422,2 nimmst du mich auf in dein gelobtes Land
542,3 ihr Patriarchen... ihr Propheten...der Herr hat euch das Reich bereit'
KV 49,1 jauchzt dem Gott Jakobs
KV 63,1 tanze, du Erde, vor dem Antlitz des Gottes Jakobs
KV 330 tanze, du Erde, vor dem Antlitz des Gottes Jakobs
KV 653,5 der Herr der Scharen [...] der Gott Jakobs ist unsre Burg

Ja
360,5 sein Wort ist Ja und Amen
417,2 sprach schon [...] vor meinem Nein und Ja
457,1-3 (Refr) so spricht Gott sein Ja, so stirbt unser Nein
528,3 Maria, du hast ja gesagt zu Gottes Ruf und Gnade
537,5 ich bin die Magd des Herren, nach deinem Wort geschehe mir

Jahr
237,7 des freuet sich der Engel Schar und singet uns solch neues Jahr
257,1-5 der du die Zeit in Händen hast
258,1-3 lobpreiset all zu dieser Zeit, wo Sonn und Jahr sich wendet
429,2 zählt dir Tag und Jahr
430,1 und mit euch gehen in ein neues Jahr
439,3 schenke langes Leben dem, der sich dir geweiht; wollst Jahr um Jahr ihm geben

465,1-4 das Jahr steht auf der Höhe [3] das Jahr lehrt Abschied nehmen

KV 45,1 der Herr krönt das Jahr mit seinem Segen

Jahwe [Ich-bin-da] ↗Gegenwart Gottes
417,1-4 jemand, der leise spricht: Hab keine Angst, ich bin da

Jakob ↗Israel
231,2 ihr Wolken, brecht und regnet aus den König über Jakobs Haus
357,1 du Sohn Davids aus Jakobs Stamm
502,2-4 bricht mir, wie Jakob...Nacht herein...Traum [3] schmale Bahn...himmelan...Engel [3] weih ich mich dir...baue mein Bet-El dir
542,3 ihr Patriarchen... ihr Propheten...der Herr hat euch das Reich bereit'
553,3 Propheten groß und Patriarchen hoch [...] schau ich in Ehre schweben

KV 49,1 jauchzt dem Gott Jakobs
KV 63,1 tanze, du Erde, vor dem Antlitz des Gottes Jakobs
KV 330 tanze, du Erde, vor dem Antlitz des Gottes Jakobs
KV 653,5 der Herr der Scharen [...] der Gott Jakobs ist unsre Burg

Jammertal ↗Pilgerschaft, irdische
101,3 wenn mich wird heißen gehen mein Gott aus diesem Jammertal
252,5 führt uns aus dem Jammertal
231,4 komm, tröst uns hier im Jammertal
384,3 uns alle, die im finstern Tal in Nacht und Todesschatten
542,1-6 (Refr) helft uns in diesem Erdental
552,3.4 Geschrei und Schmerz muss dann vergehn [4] schon befreit
553,2 entgegen hat gesandt, da ich noch war so ferne in meinem Tränenland

Jerusalem ↗Stadt, heilige
228,1 Tochter Zion, freue dich, jauchze laut, Jerusalem
280,2.3 Tochter Zion, streu ihm Palmen [3] sieh, Jerusalem, dein König
338,1 Jerusalem, du neue Stadt
360,3 wann wird der Völker volle Zahl [...] zu deinem Tempel wallen
366,3 Wort des Vaters, offne Türe, Licht der Stadt Jerusalem
438,3.4 fordern frech von uns ein Lied: Singt ein Lied von Zions Liedern [4] wir können hier nicht singen, fern von Zion, ohne Land
478,2 auf Zion hoch gegründet steht Gottes heilge Stadt
479,1.2 eine große Stadt ersteht, die vom Himmel niedergeht
553,1 Jerusalem, du hochgebaute Stadt, wollt Gott, ich wär in dir
554,1.2 wachet auf, ruft uns die Stimme [...] wach auf du Stadt Jerusalem

KV 74,1 wie könnte ich dich je vergessen, Jerusalem
KV 78,1 (=150)Jerusalem, rühme den Herrn, lobsinge, Zion, deinem Gott
KV 260 werde Licht, Jerusalem [...] dein Licht ist uns erschienen
KV 284 Jerusalem, Jerusalem, bekehre dich zum Herrn
KV 625,6 du bist der Ruhm Jerusalems, du bist Israels Freude
KV 631,2 auf, werde Licht, Jerusalem, halleluja
KV 654,2 freut euch mit Jerusalem, der heiligen Stadt

Jesaja
243,2 das Röslein, das ich meine, davon Jesaja sagt
542,3 ihr Patriarchen… ihr Propheten…der Herr hat euch das Reich bereit'
553,3 Propheten groß und Patriarchen hoch […] schau ich in Ehre schweben

Joch ↗Last
295,5 wie schwer ist doch der Sünden Joch, weil es tut unterdrücken
553,3 alle, die einst trugen des Kreuzes Joch und der Tyrannen Pein

Johannes, Jünger ↗Apostel ↗Jünger
322,4 der liebste Jünger Sankt Johann, er eilt dem Petrus schnell voran
521,4 er hat dir den Jünger als Sohn anvertraut

Johannes der Täufer
275,4 hilf uns, im Geiste ihm den Weg bereiten als deine Boten
KV 226 bereitet den Weg des Herrn, machet eben seine Pfade

Josef
91,3 (Abend) auch schütze mich, Sankt Josef, väterlich

Jubel ↗Lobpreis ↗Freude
144 nun jauchzt dem Herren alle Welt
145,4 mit Dank und Preis und Jubel mich freun in meinem Gott
241,1 nun freut euch ihr Christen, singet Jubellieder
248,2.3 hoch oben schwebt jubelnd der Engelein Chor [3] Jubel der Engel
250,1-5 Freude…Jubel (Refr.) Glo-o-o-ria
253,1 in dulci jubilo – nun singet und seid froh
324,4 nun jauchzt und jubelt überall, die Welt steht auf von ihrem Fall
347,1.2 er [Heiliger Geist] krönt mit Jubel Berg und Tal […] frohlockend: halleluja [2] und jubelt: halleluja
353,2 dich rühmt des Himmels hehre Schar […] dir jubelt deine Schöpfung
357,6 jubilieret, triumphieret, dankt dem Herren
385,3 lasst jauchzen uns und fröhlich singen
395,1 den Herren will ich loben, es jauchzt in Gott mein Geist
411,1-4 Erde singe […] laut und stark dein Jubellied
442,1 lasst uns jauchzen und mit Schalle ihm frohlocken
493,6 Freudenruf und Jubellieder, Ruhm und Segen allezeit
551,2.3 frohlockt dem Herrn, ihr Lande alle […] alle Welt im Jubelschalle [3] frohlocken werden alle Frommen, die Berge jubeln
553,4.5 Mund voll Lob und Preis [5] Jubelklang […] hunderttausend Zungen
554,3 solche Freude, des jauchzen wir und singen dir das halleluja für

KV 141 auf, lasst uns jubelt dem Herrn, vor sein Angesicht kommen
KV 443 im Jubel ernten, die mit Tränen säen
KV 643,3 jubelt dem Herrn, alle Lande […] preist unsern Herrn
KV 654,2 freut euch mit Jerusalem […] alle […] sollen jubeln

Judas (Iskariot)
288,2 Judas geht, und es ist Nacht, Nacht voll Sünde und Verrat

Jugend ↗Kind
364,4 schöner sind die Menschen in der frischen Jugendzeit
396,1 lobt froh den Herrn, ihr jugendlichen Chöre

Jünger ↗Nachfolge ↗Berufung ↗Erwählung ↗Sendung ↗Verkündigung
266,5 als Jesu Jünger seig ihr nun gesendet […] kündet seine Botschaft
275,2.3 seine Jünger spüren Christi Liebe in seiner Nähe [3] durch seine Jünger spricht zu uns der Meister
322,3 die Jünger früh am dritten Tag sehn ängstlich an der Stätte nach
491,3 so leb ich nicht mehr mir allein, sein Freund und Jünger darf ich sein
521,4 er hat dir den Jünger als Sohn anvertraut
542,4 Apostel Christi, hoch gestellt, zu leuchten durch die ganze Welt

Jungfrau ↗Maria
542,5 o Schar der Jungfraun, licht und rein, die ihr geweiht dem Herrn allein
547,1-3 du Herr hast sie für dich erwählt, in Treue folgte sie dem Ruf
554,1.2 wachet auf, ruft uns die Stimme […] wo seid ihr klugen Jungfrauen […] steht auf, die Lampen nehmt [2] wir folgen all zum Freudensaal
621,1 eine helle Stimme ruft […]wacht auf […] am Himmel leuchtet Christus

jüngster Tag ↗Gericht ↗Apokalypse ↗Vollendung ↗Ziel ↗Himmel ↗Neuschöpfung ↗himmlisches Hochzeitsmahl

Kaiphas
288,4 Kaiphas richtet, es ist Nacht

Kälte
93,7 kalt ist der Abendhauch
289,6 und wenn ich einst erkalte, in dir mein Ende sei
343,3 dulce refrigerium [Heiliger Geist]
344,8 wärme du, was kalt und hart

Kampf, Lebenskampf ↗Pilgerschaft, irdische
91,1.3 hilf mir im letzten Streit, in Todsgefahren [3] Schutzengel streit für
461,4 wer nicht gekämpft, trägt…die Kron des ewgen Lebens nicht davon
471,2 verleih uns Hilfe gnädiglich, dem Feind zu widerstreben
478,4 in Drangsal mach uns frei und steh im Kampf uns bei
539,6 sie kämpfen wider Stolz und List

Keim ↗Weizenkorn
271,4 gib mir die Liebe wieder, lass blühn der Gnade Keim
347,3 als Sieger fährt er jauchzend heim und ruft den Geist, dass jeder Keim aufbreche

Kelch
209,4 du schenkst uns ein […] den Kelch mit bittersüßem Wein

211,5 du trankest den Kelch voller Ängste und Leid
421,4 den Kelch mir eingeschenkt, hoch voll zur Lust der Seele
430,3 reichst du uns den schweren Kelch, den bittern, des Leids gefüllt
KV 305,3 der Kelch, den wir segnen, gibt uns Anteil

Kerze ↗Licht ↗Glanz
430,5 lass warm und still die Kerzen heute flammen
547,1 es brannte hell in ihrer Hand die Lampe ihrer Wachsamkeit
554,1 wohlauf, der Bräutgam kommt; steht auf, die Lampen nehmt

Kind (≠ Geburt Christi)
93,5 lass uns einfältig werden […] wie Kinder fromm und fröhlich sein
101,6 breit aus die Flügel […] nimm dein Küchlein ein […] dies Kind soll unverletzet sein
145,3 mit kindlichem Vertrauen eil ich in Vaters Arme
252,4 und uns zu Lichtes Kindern macht
266,3 als Gottes Kinder wirket seinen Frieden
294,10 damit wir, Gottes Kinder […] sterben als seines Reiches Erben
351,1 besuch das Herz der Kinder dein
378,2 Kind, das die Großen lenkt
380,7 du stellst uns dem Vater vor, wenn wir kindlich auf dich hoffen
419,1 tief im Schoß meiner Mutter gewoben
422,3 lass mich unter deinen Kindern leben
430,6 jenen vollen Klang der Welt, die unsichtbar sich um uns weitet, all deiner Kinder hohen Lobgesang
462 (Refr) tanzen vor dem Herrn […] denn uns, seine Kinder, hat er gern
467,5 ihr Kinder und Greise […] den gütigen Vater, den wollen wir loben
479,2 Gott heißt Tochter, Sohn und Kind, wer dich Mutter nennt
490,1-5 segne dieses Kind und hilf uns, ihm zu helfen
491,2 Gott, der die ewge Liebe heißt, hat mich zum Kind erkoren
521,5 hilf uns, deinen Kindern, in Not und Gefahr
535,1 segne du, Maria, segne mich, dein Kind
KV 72,1 wie ein gestilltes Kind bei seiner Mutter

Kirche ↗Volk Gottes
96,2 die Kirche Tag und Nacht dir dankt für deinen Schutz und Segen
100,2 lass deine Kirche mit Jesus wachen
163,1 (Kyrie) du Herr deiner Kirche
188,4 lass uns alle […] eine Opfergabe als deine Kirche sein
216,3 o Herr, verleih, dass Lieb und Treu in dir uns all verbinden
233,1 heute schon baust du dein Reich unter uns
275,1 selig, wem Christus auf dem Weg begegnet, um ihn zu rufen […] und in seiner Kirche für ihn zu wirken
281,1.3 also sprach beim Abendmahle Jesus als sein Testament: seid geeint und liebt euch alle, dass mich diese Welt erkennt [3] bleibt in dem, was ich verkündet, was euch meine Kirche weist
339,5.7 Beschirmer deiner Christenheit bist du, Herr Christ, in Ewigkeit; dir, unserm Haupte, jubeln wir [7] herrschen mit dir in Ewigkeit

346,3 komm du Geist, mach du uns eins
347,4 wohin sein Feueratem fällt, wird Gottes Reich lebendig. Da schreitet Christus durch die Zeit in seiner Kirche Pilgerkleid
348,2.4 lass uns Gott erkennen, ihn Vater nennen, und von Christus uns nimmermehr trennen [4] Geist des Herrn, gib du uns neuen Mut, dass wir Gottes Liebe den Menschen künden und als Schwestern und Brüder
355,5 den Geist, der heilig insgemein lässt Christen Christi Kirche sein
357,3 gib, dass ich an deinem Leib, dem auserwählten Weinstock bleib
380,5 deinem eingebornen Sohn singt die heilige Gemeinde
385,4 gesegnet seid ihr allzusammen, die ihr von Gottes Hause seid
442,1.2 umschließt uns alle Christi Liebe [2] da wir nun in einer Liebe uns vereinen
451,1(=4) nie sind wir allein, stets sind wir die Deinen
452,6 wir alle sind Geschwister, uns führt zusammen Jesu guter Geist
456,2 mit dem Vater und den Deinen bist du nun vereint
457,1-3 suchen und fragen, hoffen und sehn, miteinander glauben [2] aneinander [3] füreinander glauben und sich verstehn
459,4 selig seid ihr, wenn ihr [...] Stütze und Halt aneinander seid
474,1-5 wenn alle, die uns sehen, wissen: hier lebt Gott [2] wenn man erkennt: in uns wird Gott lebendig sein [3] uns öffnen für den Herrn in dieser Zeit, Wege ihm bahnen [4] die Liebe leben [5] loben Jesus Christ
477,1-3 Gott ruft sein Volk zusammen rings auf dem Erdenrund, eint uns in Christi Namen zu einem neuen Bund. Wir sind des Herrn Gemeinde [2] ein Leib und viele Glieder in Christus [3] Volk...das er sich auserwählt
478,1-5 ein Haus voll Glorie schauet [2] Gottes heilge Stadt [3] Kirche ist erbauet auf Jesus Christus [4] Gottes Zelt auf Erden [5] wandernd Volk
479,1.2 eine große Stadt ersteht, die vom Himmel niedergeht [2] Gott heißt Tochter, Sohn und Kind, wer dich Mutter nennt
481,1-4.7 brich in deiner Kirche an, dass die Welt es sehen kann [2] weck die tote Christenheit aus dem Schlaf der Sicherheit [3] Zertrennung [4] Boten [7] lass uns eins sein, Jesu Christ, wie du mit dem Vater bist
482,1-3 die Kirche steht gegründet allein auf Jesus Christ...erneute Schöpfung...Braut [2] aus allen Völkern, doch als ein Volk [3] verbunden mit dem, der ist und war...selige Gemeinschaft...Erlösten Schar
483,1.5 ihr seid das Volk, das der Herr sich ausersehn...getauft durch den Geist zu einem Leib [5] so wie die Körner, auf Feldern weit verstreut, zu einem Brote [...] so führt der Herr die zusammen, die er liebt
484,3-6 sind seines Leibes Glieder [4] aus vielen Körnern...ein Brot...Volk
485,1 erleuchte, die dich kennen nicht, und bringe sie zu deiner Herd
487,2.3 der uns als seine Kirche liebt, ihr Einigkeit verleiht [3] er lasse uns Geschwister sein, der Eintracht uns erfreun [...] die Christenheit erneun
552,6 mit allen Heilgen beten wir dich an; sie gingen auf dem Glaubensweg voran und ruhn in dir, der unsern Sieg gewann

KV 80,1 singt, singt, singt dem Herrn [...] in der Gemeinde sein Lob
KV 305,3 der Kelch, den wir segnen, gibt uns Anteil
KV 550 Ströme lebendigen Wassers erquicken die Gottesstadt
KV 651,7 (= 653,3) selig, die bei dir wohnen, Herr, die ich loben allezeit

Klage
271,1 o Herr, aus tiefer Klage erheb ich mein Gesicht
283,1 aus der Tiefe rufe ich zu dir: Herr, höre meine Klagen
323 du hast mein Klagen in Tanzen verwandelt
424,2 was hilft es, dass wir alle Morgen beseufzen unser Ungemach
457,2 Klagende hören, Trauernde sehn
504,1 Vater im Himmel, höre unser Klagen
509,3 zum Loben wird unser Klagen. Dir sei Preis
KV 327 du hast mein Klagen in Tanzen verwandelt

Klarheit ↗Verklärung ↗Sonne
83,3 im Glanz der strahlenden Klarheit und Kraft des kommenden Christus
93,1 der Mond ist aufgegangen […] am Himmel hell und klar
230,3 aus seiner Mutter Kämmerlein ging er hervor als klarer Schein
231,5 o klare Sonn, du schöner Stern
233,3 das Leid wird von all deiner Klarheit durchstrahlt
331,2 der Leib ist klar, klar wie Kristall
352,4 nie war ohn Glanz die Sonne klar, nie ohne Sohn der Vater war
360,1 wer von der Sünde sich gewandt […] der siehet seine Klarheit
381,3 so licht und mehr als sonnenklar erhellt es unser Leben
387,7 mach mich reinen Herzens, dass ich deine Klarheit schauen mag in Geist und Wahrheit
421,1 wird mich immerdar an Wassern still und klar erfrischen und beleben
553,3 [Heilige] mit Klarheit hell umgeben, mit sonnenlichtem Strahl

Kleid
101,4 wird Christus mir anlegen den Rock der Ehr und Herrlichkeit
470,3 und das Kleid, das wir schenken, auch uns bedeckt
642,1 mit weißen Kleidern angetan, Christus, dem Sieger singen wir
KV 488,1 die ihr auf Christus getauft seid, habt Christus angezogen

Klugheit
222,2 komm, weise uns der Klugheit Pfad
554,1.2 wachet auf, ruft uns die Stimme […] wo seid ihr klugen Jungfrauen

Knecht ↗Sklave ↗Gefangenschaft
161 (Kyrie) du rufst uns, Herr […]du machst uns aus Knechten zu Freunden
220,2 dem alle Engel dienen, wird nun ein Kind und Knecht
247,3 nimmt an eines Knechts Gestalt, der Schöpfer aller Ding
266,7 ihr wart eins Knechte, er macht euch zu Freunden
290,4 die Schuld bezahlt der Herre […] für seine Knechte
292,1-3 fürwahr, er trug unsre Krankheit [Gottesknecht]
402,6 er hat Israel befreit aus Ägyptens Dienstbarkeit
642,3 wir sind befreit aus harter Fron und von der Knechtschaft Pharaos

Kommen [= Anrufung »Komm«] ↗Advent ↗Wiederkunft des Herrn ↗Maranatha

158 (Kyrie) Tau aus Himmelshöhn – komm vom Himmelsthron
222,4 eil uns zu Hilfe, säume nicht
227,1 komm, du Heiland aller Welt
231,1-6 o Heiland, reiß die Himmel auf
233,1-4 o Herr, wir warten auf dich
344,1.2 komm herab, o Heilger Geist
346,1-3 komm du Geist
349 komm, o Tröster, Heilger Geist
351 komm Schöpfergeist, kehr bei uns ein
357,7 säum nicht lange, deiner wart ich mit Verlangen
360,4 wir harren dein, du wirst es tun
372,2 säume nicht, o mein Licht, komm, komm, eh der Tag anbricht
451,1(=4) komm Herr, segne uns, dass wir uns nicht trennen
504,2 unser Bemühen ist am Grab zu Ende; komm und vollende
547,1-3 Wachsamkeit [2] Hochzeitsmahl [3] der du kommen wirst…öffne
551,3 es kommt der Herr, der Herr wird kommen

KV 634,6 komm, Herr Jesus, maranatha
KV 232 dein Reich komme, maranatha
KV 307,5 meine Hilfe und mein Retter […] säume doch nicht
565,12 komm, Heiliger Geist
634,2 (Kanon) ostende nobis, Domine […] maranatha

Komplet
662-665

Könige, drei ↗Magier ↗Epiphanie ↗Mächtige dieser Welt

Königsherrschaft Gottes
143,3 ob den Himmeln thronst du […] und siehest doch die Tiefgebeugten
211,1 wir rühmen dich, König der Herrlichkeit
218,1.2.3.4 ein König aller Königreich [2] Königskron…Szepter [3] wohl der Stadt, so diesen König bei sich hat…König ziehet ein [4] kommt der König auch zu euch
222,7 König, Sehnsucht aller Welt […] Herrscher mild
228,1.3 sieh, dein König kommt zu dir [3] König mild…Friedensthron
231,2 ihr Wolken, brecht und regnet aus den König über Jakobs Haus
241,1-4 (Refr) kommt lasset uns anbeten den König, den Herrn [3] Herr der Herren alle
250,2 kommt ein König, dass die Weite so von Jubel ist erfüllt
251,6 König der Ehren, aus Liebe geworden zum Kinde
279 (Kyrie) hosanna dem Sohne Davids […] du König deines Volkes
280,1.4 singt dem König Freudenpsalmen […] sieh, dein König naht heran…aus Davids Stamm [4] mögen Welten einst vergehen, ewig fest besteht sein Thron
299,3.4 erfüllt ist nun, was David einst…prophezeit: vom Holz herab herrscht unser Gott [4] von königlichem Purpur rot
324,3.4 des Herren Sieg bricht in uns ein […] in uns will Christus Sieger sein [4] Gott herrscht in uns, er herrscht im All

336,2 Ihm ist das Reich über alle Welt gegeben
338,4 er triumphiert in Herrlichkeit […] weithin spannt sich seine Macht […] Reich, in dem er ewig herrscht
339,1-4.7 der Herr fährt auf zu seinem Reich [2] Gott hat ihn mit Ehr gekrönt [3] Christi Sieg [4] es ruft das All: Du bist der Herr [7] lass richten uns an deiner Seit, herrschen mit dir in Ewigkeit
355,4 niederfuhr und auferstand, erhöht zu Gottes rechter Hand
357,1.2.6 du Sohn Davids aus Jakobs Stamm, mein König [2] wahr Gottes und Marien Sohn, ein König hochgeboren [6] groß ist der König der Ehren
360,1 macht weit die Pforten in der Welt, ein König ists, der Einzug hält
364,1 schönster Herr Jesu, Herrscher aller Herren
369,1 o Herz des Königs aller Welt, des Herrschers
370,1-5 Christus, du Herrscher Himmels und der Erde [3] deine Herrschaft ist von Gott verliehen [4] Herrscher der Herren, König aller Zeiten
375,1-4 gelobt seist du, Herr Jesu Christ, ein König aller Ehren (Refr.) Christkönig, Halleluja
385,3.4 hoch tut euch auf, ihr heilgen Tore […] dem großen Herrn der Herrlichkeit [4] er, der da kommt in Gottes Namen
387,4 majestätisch Wesen, möchte ich recht dich preisen
389 (Refr) dass du mich einstimmen lässt in deinen Jubel…großer König
392,1.2 lobe den Herren, den mächtigen König der Ehren [2] der alles so herrlich regieret
402,2 preiset Gott und gebt ihm Ehr, er ist aller Herren Herr
429,1 gewaltig […] will König tausendfaltig, Herr aller Herren sein
455,3 alles meinem Gott zu Ehren, dessen Macht die Welt regiert
483,3 gehet nicht auf in den Sorgen dieser Welt, suchet zuerst Gottes Herrschaft, und alles andere erhaltet ihr dazu
493,1 unser König hat vergossen Blut, das alle Welt befreit […] herrschet
547,2 zog sie mit dir ein zum königlichen Hochzeitsmahl
551,2 dass alle Welt im Jubelschalle Gott, unsern Herrn und König, schaut
554,2 kommt vom Himmel prächtig […] von Wahrheit mächtig

KV 52,1 Herr, du bist König über alle Welt
KV 176,4 Ruhm und Preis und Ehre sei dir […] Herr und König
KV 263 seht unser König kommt, er bringt seinem Volk den Frieden
KV 560 (=629,5) Christus Sieger, Christus König, Christus Herr in Ewigkeit
KV 569,1 Christus ist Sieger, Christus ist König, Christus ist Weltenherr
KV 584,9 Lob dir, Christus, König und Erlöser
KV 622,4 sieh, der Herr kommt in Herrlichkeit
KV 633,3 hebt euch, ihr Tore, unser König kommt

Kraft Gottes ↗Macht
146,1-4 Herr, dein Wort ist die Kraft, die das Neue/Versöhnung/den Frieden/die Liebe schafft
222,2.5 umspannst des Weltalls Rund und alles lenkst mit Kraft und Rat
230,6 Lob, Preis sei, Vater, deiner Kraft
266,4 die Kraft des Geistes macht euch stark im Glauben
272,1 komm uns zu Hilfe mit göttlicher Kraft
294,9 [Kreuz] zeig deine Kraft und Stärke

342,1.4 komm Heilger Geist,der Leben schafft, erfülle uns mit deiner Kraft [4] unser schwaches Fleisch und Blut in deiner Kraft das Gute tut
348,3.4 du stille Macht, du verborgne Kraft [4] du mächtger Hauch
351,4 stärk unsres Leibs Gebrechlichkeit mit deiner Kraft
378,3 Kraft, die die Lahmen stützt
414,4 in den Menschen willst du wohnen mit ganzer Kraft uns zugetan
453,3 sei Hilfe, sei Kraft, die Frieden schafft, sei in uns, uns zu erlösen
479,3 der durch seines Kreuzes Kraft uns zum Gottesvolk erschafft
491,1 ich bin getauft und Gott geweiht durch Christi Kraft und Zeichen
539,5 groß ist in ihnen deine Kraft; dein Arm sind sie, der Wunder schafft
615,4 Gott, mit seiner Allmacht Kraft die tote Welt zum Leben bringt

KV 33,1 wie gewaltig ist dein Name auf der ganzen Erde
KV 48,1 biete deine Macht auf
KV 49,1 jubelt Gott zu, der unsre Stärke ist

Kraft des Menschen
211,7 [Eucharistie] der Müden Labsal, der Kranken Kraft
342,2.4 aus dir strömt Leben [...] du gibst uns Schwachen Kraft und Mut [4] dass Liebe unser Herz durchglüht
368,5 du Quell, aus dem uns Kraft entspringt
421,3 Tisch...bereitet, der mir die Kräfte schenkt, wann mich der Feind bedrängt
434,3 sei gnädig, gib die Kraft, der Todesnot zu widerstehn
456,3 du bist meine Freiheit, du bist meine Kraft
481,5.6 gib den Boten Kraft und Mut [6] mit unsrer kleinen Kraft suchen, was den Frieden schafft
507,4 wenn meine Kräfte brechen [...] Herr, nimm mein Seufzen auf

KV 624,5 die Freude an Gott ist unsere Kraft

Krankheit
602 Feier der Krankensalbung
82,4 es werde Trost [...] für alle, die [...] an Krankheit [...] gebunden
93,7 und lass uns ruhig schlafen und unsern kranken Nachbarn auch
211,7 [Eucharistie] der Müden Labsal, der Kranken Kraft
267,1 den Toten er das Leben gab, nahm vielen ihre Krankheit ab
292,1-3 fürwahr, er trug unsre Krankheit
344,6.7 ohne dein lebendig Wehn [...] kann nichts heil sein noch gesund [7] heile du, wo Krankheit quält
358,5 ich danke dir, du güldner Mund, dass du mich machst gesund
360,2 blind...lahm...tot...allen Kranken walten seine Heilsgedanken
378,3 Kraft, die die Lahmen stützt
418,1 befiehl du deine Wege und was dein Herze kränkt
423,2 dass nicht sein Fuß an einen Stein anstoße und verletzt mög sein
638,2 durch Entsagung werde stark, was müde ist und schwach und krank

Kreuz
163,1 (Kyrie) du hast für uns getragen Kreuz und Leiden
254,2 Urteilsspruch ist längst gefällt, das Kreuz ist dir schon aufgestellt

267,1 trüg unsrer Sünden schwere Bürd am Kreuz nach Gottes Willen
270,1-3 Kreuz, auf das ich schaue, steht als Zeichen da
290,2 du wirst […] ans Kreuz gehenket
291,1.6 Holz auf Jesu Schulter […] Baum des Lebens
292,2 gekreuzigter Gott
294,1-10 o du hochheilig Kreuze
295,2.5 dass der Mensch sein Schöpfer sollt an das Kreuz aufhenken [5] als er das Kreuz trug auf seinem Rücken
297,3.4 dass wir im Kreuz geduldig sein, getröstet [4] dass wir durchs Kreuz ins Leben gehen
299,1-6 der König siegt, sein Banner glänzt (Hymnus Karwoche)
325,2 weit war der Weg, wir flohen fort vom Kreuz
326,2 es ist erstanden Jesus Christ, der an dem Kreuz gestorben ist
347,3 er stirbt, erhöht am Kreuzesthron, und bricht die Macht des Bösen
363,3 sei uns Weg und Wanderstab durchs Kreuz zum Ostermorgen
366,1.2 für das Lamm, das sich verirrte, starbst du an dem Kreuzesstamm [2] Baum des Lebens, Strom des Heiles
424,2 wir machen unser Kreuz und Leid nur größer durch die Traurigkeit
438,5 Jesu Kreuz sei meine Hoffnung
461,1.3.4 nehmt euer Kreuz und Ungemach auf euch, folgt meinem Wandel
479,3 der durch seines Kreuzes Kraft uns zum Gottesvolk erschafft
497,3 einst am Kreuz verhüllte sich der Gottheit Glanz
498,2 hier ist das wahre Osterlamm, das für uns starb am Kreuzesstamm
507,3 ich hab nun überwunden Kreuz, Leiden, Angst und Not
521,4 du hast unterm Kreuze auf Jesus geschaut
532,1 Christi Mutter stand mit Schmerzen bei dem Kreuz
548,3 in deinem Kreuz den Kranz des Lebens sehn, halleluja, halleluja
553,3 alle, die einst trugen des Kreuzes Joch und der Tyrannen Pein
642,2 am Kreuze gab er seinen Leib für alle Welt zum Opfer hin

KV 296 (=563,1) im Kreuz ist Heil […] Leben […] Hoffnung
KV 305,1 wir rühmen uns im Kreuz unseres Herrn Jesus Christus
KV 308,2/3 ecce lignum crucis / seht das Holz des Kreuzes
KV 300 Hágios ho Theós (Kreuzverehrung)
KV 308,5 heiliger Gott, heiliger starker (Kreuzverehrung)
KV 308,4 sei uns gegrüßt, du heiliges Kreuz
KV 310,8 du hast uns erlöst durch dein Kreuz und dein Blut
KV 623,6 im Kreuz Jesu Christi finden wir Heil
KV 657,5 Christus war für uns gehorsam […] bis zum Tod am Kreuze
563 Litanei vom Leiden Jesu

Krippe ↗Stall
225,3 der draußen eine Krippe wählt und draußen stirbt
227,4 Glanz strahlt von der Krippe auf
236,4 zu Bethlehem geboren im Stall ein Kindelein
237,5 so merket nun das Zeichen recht: die Krippe […] das Kind gelegt
240,1 fürcht euch nicht, ihr Hirten alle […] geht hin zum Stalle
241,3.4 Gott ist geboren als ein Kind im Stalle [4] auf Stroh gebettet
247,2 liegt dort elend, nackt und bloß in einem Krippelein

248,1-4 ihr Kindelein kommet […] zur Krippe her kommet [4] ach hier in der Krippe schon Armut und Not
252,2 des ewgen Vaters einig Kind jetzt man in der Krippe findt
253,1 unsres Herzens Wonne liegt in praesepio
254,3 vor deiner Krippe gähnt das Grab
256,1 ich steh an deiner Krippe hier
261,1.3 führ uns zur Krippe hin, zeig, wo sie steht [3] arme Stall

Kristall ↗Klarheit
331,2 der Leib ist klar, klar wie Kristall, Rubinen gleich die Wunden all

Krone
281,4 wie der Vater mich gekrönet, eins mit mir in Herrlichkeit
289,1 o Haupt, zum Spott gebunden mit einer Dornenkron
290,2 du wirst gegeißelt und mit Dorn gekrönet
292,1 verleugnet, verspottet, mit Dornen gekrönt
218,2 sein Königskron ist Heiligkeit
357,2.7 du meine Perl, du werte Kron [7] Freudenkrone
358,7 ich will dich lieben, meine Krone
364,1 dich will ich lieben, dich will ich ehren, meiner Seele Freud und Kron
461,4 wer nicht gekämpft, trägt…die Kron des ewgen Lebens nicht davon
522,2 ihr Kleid die Sonn […] ihr Schuh der Mond, zwölf Stern ihr Kron

Kummer
162 (Kyrie) ich gieße vor ihm meinen Kummer aus
382,4 wirf die Sorge weg, lass allen Kummer fahren
502,1 drückt mich auch Kummer hier […] Losung…näher mein Gott zu dir

Kunst
93,4 wir spinnen Luftgespinste und suchen viele Künste
392,3 lobe den Herren, der künstlich und fein dich bereitet
KV 44,1 spielt ihm ein kunstvolles Lied

Labsal
145,3 ich will euch laben, eucvh nehmen Angst und Not
211,3.7 Labung den Dürstenden [7] der Müden Labsal, der Kranken Kraft
344,3 Gast, der Herz und Sinn erfreut, köstlich Labsal in der Not

Lachen
93,3 so sind wohl manche Sachen, die wir getrost belachen
249,3 o wie lacht Lieb aus deinem göttlichen Mund
372,4 weil dein Glanz sie angelacht
383,3 ich lobe meinen Gott, der meine Tränen trocknet, dass ich lache
451,1(=4) Lachen oder Weinen wird gesegnet sein
457,1 lachen, sich öffnen, tanzen

lahm ↗gelähmt
221,4 wie ein Hirsch die Lahmen springen

360,2 blind waren sie und sehen nun, lahm waren sie und gehen nun
378,3 Kraft, die die Lahmen stützt
418,1 der wird auch Wege finden, da dein Fuß gehen kann
437,2 meine ganze Ohnmacht, was mich beugt und lähmt, bringe ich

Lamm vgl. Agnus Dei S.14; vgl. Gloria S.10
292,1.2 Lamm auf der Schlachtbank
320,2 agnus redemit oves (Ostersequenz)
358,2 ich will dich lieben, Gottes Lamm
366,1 Christus, guter Hirte...Osterlamm, für das Lamm, das sich verirrte
498,2 hier ist das wahre Osterlamm
562,2 (1) wir beten an den heiligsten Leib Christi, das Lamm Gottes
621,3 vom Himmel wird als Lamm gesandt, der alle Sünde auf sich nimmt
642,1.4.5 Mahl des Lammes [4] Christus ist unser Osterlamm [5] Opferlamm
653,8 würdig ist das Lamm, das gerschlachtet ist (Offb 4)
KV 653,7 würdig ist das Lamm, Macht zu empfangen

Last
100,1 der Lärm verebbt, und die Last wird leichter
222,1 zu tilgen unsrer Sünden Last
236,2 das Schiff geht still im Triebe, es trägt ein teure Last
257,1 nimm auch dieses Jahres Last und wandle sie in Segen
267,1 trüg unsrer Sünden schwere Bürd
273,1.4 o Herr, nimm unsre Schuld, mit der wir uns belasten
289,4 was du, Herr, hast erduldet, ist alles meine Last
295,5 wie schwer ist doch der Sünden Joch
322,7 den Jüngern war das Herz so schwer, in ihre Mitte trat der Herr
349,2 komm und lindre unsre Last
360,2 die frohe Schar, die lang in schweren Fesseln war
424,2 was helfen uns die schweren Sorgen
430,2 noch drückt uns böser Tage schwere Last
442,1 die Last des Andern tragen guten Herzens
452,5 der Herr hat dich von aller Last befreit
453,2 sei nahe in schweren Zeiten
458,1 selig seid ihr, wenn ihr Lasten tragt
483,2 dnen, die suchen, macht hell den schweren Weg
500,1 nun lässest du, o Herr, mich aus der Welt Beschwer in deinen Frieden
505,1 wir sind nur Gast auf Erden [...] mit mancherlei Beschwerden

lau
481,2 weck die tote Christenheit aus dem Schlaf der Sicherheit

Leben
81,2 der unser Leben, das er uns gegeben
94,1.3 bleib bei uns, Herr, du Hoffnung, Weg und Leben [3] du bist das Licht, das niemals mehr erlischt
101,4 wird Christus mir anlegen den Rock der Ehr und Herrlichkeit

103,1.2.3 Morgenlicht will von seinem Leben zeugen, das die Todesnacht durchbricht [2] [eucharistisches] Auferstehn [3] Tag der Tage / Sonntag
143,1 dein Name strahlt [...] durch dein Wort wird hell das Leben
144,2 durch Gottes Gnad ein jeder Mensch sein Leben hat
209,1.2 Brot, dass wir das Leben darin fänden, das überwindet...den Tod [2] das ist mein Leib, das ist mein Leben, das bin ich selbst
211,8.9 In dir ist das Leben durch ewige Zeit, du Manna der Unsterblichkeit [9] du Strom, der ins ewige Leben fließt
215,2 dein heilger Leib ist in den Tod gegeben, dass wir alle dadurch leben
218,1.4 Heiland aller Welt [...] der Heil und Leben mit sich bringt
237,4 dass ihr mit uns im Himmelreich sollt leben nun und ewiglich
256,1.3 ich steh an deiner Krippe hier, o Jesu du mein Leben
259,2 Gottes Stern zeige uns stets den Weg zum Leben
262,3 weil wir neues Leben suchen, darum folgen wir dem Stern
267,1 den Toten er das Leben gab, nahm vielen ihre Krankheit ab
268,4 Geist, der mich den Weg des Lebens weist
294,4.8 du bist die sichre Leiter, darauf man steigt zum Leben
297,4 ganz treulich bei uns stehn, dass wir durchs Kreuz ins Leben gehn
322,11 glückselig alle, die nicht sehn und dennoch fest im Glauben stehn; sie werden mit ihm auferstehn
325,3 lebend und sterbend bleiben wir in dir
329,2.3 der Herr erstand in Gottes Macht, hat neues Leben uns gebracht [3] Leben, das kein Tod entreißt
336,1-4 Jesus lebt, mit ihm auch ich. Tod, wo sind nun deine Schrecken [4] nun ist der Tod mir der Eingang in das Leben...Trost in Todesnot
337,7 so wirst zum Leben du erstehn [...] deinen Heiland ewig sehn
339,7 wann dereinst du wiederkehrst [...] herrschen mit dir ein Ewigkeit
342,1.2.6 komm Heilger Geist, der Leben schafft [2] aus dir strömt Leben [6] uns das Leben Gottes bringt
344,6 ohne dein lebendig Wehn kann im Menschen nichts bestehn [7] Dürrem gieße Leben ein
346,1 komm du Geist, belebe uns
348,3 Geist des Herrn, der in uns lebt und schafft, wohne du uns inne
349,5 Hauch, der Leben uns verleiht [...] führ uns hin zur Seligkeit
351,2 du Lebensbrunn, Licht, Lieb und Glut
352,3 Wärme ist des Geistes Bild, der alle Welt mit Leben füllt
357,5 himmlisch Leben wird er geben mir dort oben
358,2 ich will dich lieben, o mein Leben
359,2 du gibst das Leben uns zurück, das Adams Sünde uns geraubt
360,1.2 seht ihn ...] Licht verbreiten [...] Leben, Fried und Wonne [2] tot waren sie und leben
362 (Refr) Jesus Christ, you are my life
366,2 Baum des Lebens [...] führst die Deinen in das Leben aus dem Tod
367,1 Jesus, dir leb ich...dir sterb ich...dein bin ich im Leben und im Tod
369,1 zu retten aus der Todesnot mich und mein armes Leben
377,1 o Jesu, all mein Leben bist du
383,1 ich lobe meinen Gott, der aus der Tiefe mich holt, damit ich lebe
385,2 nicht sterben wird ich, sondern leben
387,5.7 aller Dinge Grund und Leben [7] lass mein Herz...in dir nur leben

389,6 und ich schenke dir mein Leben
400,2 ich lobe Jesus Christ in meinem Leben
402,11 er speist alles, was da lebt
403,5 solange dieses Leben währt, sei er stets unser Heil, und wenn wir scheiden von der Erd
405,2 ewigreiche Gott woll uns in unserm Leben ein immer fröhlich Herz
411,2 er haucht ja allein Leben ein
416,3 was Gott tut, das ist wohlgetan, er ist mein Licht und Leben
419,1.2 deine Liebe formte mein Leben [2] Licht, das mein Leben besonnte
421,4 durch des Lebens Zeit mich immer treu begleiten
422,2 von Zweifeln ist mein Leben übermannt
423,3 des Lebens Fülle ist sein Teil
425,4.5 du bist das Licht, schenkst uns das Leben [5] darum muss jeder zu dir rufen, den deine Liebe leben lässt
427,2 bei dir, Herr, ist des Lebens Quell
428,2 du hieltest mich in Händen im Leben und im Tod
434,1-4 (Refr.) dir leben wir, dir sterben wir [1] den Atem schenkst
435,1.4 Herr, ich bin dein Eigentum, dein ist ja mein Leben [4] das Licht der Gnaden treu durch mein Leben trage
439,3 schenke langes Leben dem, der sich dir geweiht
440,1-5 hilf, Herr, meines Lebens, dass ich nicht vergebens hier auf Erden [2] hilf Herr meiner Tage [3] meiner Stunden
442,3 Freude wird uns Gott bereiten unermesslich durch des Lebens Ewigkeiten ohne Ende
452,1.7 er erschuf das Universum, er hauchte Leben ein in Meer und Land [7] erfülle dich…mit Lebensmut
453,4 dein Heiliger Geist, der Leben verheißt, sei um uns auf unsern Wegen
455,1 meinem Gott nur will ich geben Leib und Seel, mein ganzes Leben
456,1.2.3.4 Herr, du bist mein Leben [2] durch den Tod in ein neues Leben [3] nichts in diesem Leben trennt mich…von dir [4] Vater unsres Lebens
460,1.3.5 wer leben will wie Gott […] muss sterben wie ein Weizenkorn [5] den gleichen Weg ist unser Gott gegangen […] das Leben selbst geworden
461,2.4 ich bin der Weg, ich weise wohl, wie man wahrhaftig wandeln soll [4] wer nicht gekämpft, trägt…die Kron des ewgen Lebens nicht davon
464,6 Christus ist erstanden, Leben für die Welt
468,1.3 Gott gab uns Atem, damit wir leben [3] können neu ins Leben gehn
470,5 der Tod, den wir sterben, vom Leben singt
471,2 o ewger Gott, wir bitten dich, gib Frieden unserm Leben
474,1.2 wenn wir das Leben teilen wie das täglich Brot [2] Blut des Lebens
484,2 hast du vom Himmel Speise uns gegeben zum ewgen Leben
489,1.2 Gott, den Herrn, der uns erhoben […] mit dem neuen Leben weihte [2] dass wir…durch ihn zum Leben kamen, unvergänglich, wunderbar
492,2 Jesus, unser Trost und Leben, wahrhaft gegenwärtig hier
503 mitten wir im Leben sind mit dem Tod umfangen
504,2 lass aus dem Tod ein neues Leben reifen
506,3 nimm ihn auf in deinen Frieden, schenk ihm neues Leben
507,1-7 Christus, der ist mein Leben, Sterben ist mein gewinn
508,1 weise uns, eh wir gehen müssen, zum Leben die Brücke
510,2 mein Zeit ist nun vollendet, der Tod das Leben endet

546,3 durch ihre Predigt glauben wir, dass du der Weg zum Leben bist
548,3 in deinem Kreuz den Kranz des Lebens sehn, halleluja, halleluja
552,2 dein Lebenshauch bewegt das Totenfeld, halleluja, halleluja
615,4 Gott, der mit seiner Allmacht Kraft die tote Welt zum Leben bringt
656,2 du hast ins Leben alles gerufen

KV 42,1 nach Gott, dem Lebendigen, dürstet meine Seele
KV 67,1 der Herr behütet dich vor allem Bösen, er behüte dein Leben
KV 214 dies Brot ist mein Leib für das Leben der Welt
KV 296 (=563,1) im Kreuz ist Heil [...] Leben [...] Hoffnung
KV 305,1 wir rühmen uns [...] in ihm ist uns Leben
KV 305,2 Christus Erlöser, Christus Befreier, Leben in Ewigkeit
KV 312,7 (=584,4) Herr, du hast Worte ewigen Lebens
KV 373 du bist Licht und du bist Leben
KV 433,1 (Kanon) Ich will dir danken [...] Gott meines Lebens
KV 488,3 wir sind mit Christus gestorben, wir werden mit ihm leben
KV 501 [...] er führt mich ins Land der Lebenden
KV 517 der Herr vergibt die Schuld und rettet unser Leben
KV 629,1 du führst mich hinaus ins Weite, du machst meine Finsternis hell
KV 629,3 ich gehe meinen Weg vor Gott im Lande der Lebenden
KV 640,2 so sehr hat Gott die Welt geliebt [...] wer an ihn glaubt, hat das ewige Leben
KV 652,2 ich bin das Licht der Welt; wer mir nachfolgt, hat das Licht des Lebens

Leere ↗Sünde ↗nichts
184,2 unsere Hände und Becher sind leer
257,4 strömt deiner Gnade Born in unsre leeren Hände
322,6 bleibt nicht beim leeren Grabe stehn
417,4 wird es dann wieder leer, teilen die Leere wir
422,1 ich steh vor dir mit leeren Händen, Herr
656,3 schenke im Ende auch die Vollendung; nicht in die Leere falle

Lehre ↗Glaube ↗Verkündigung ↗Wort Gottes
142,2 zeige uns die Wege dein und lehr uns deine Pfade
149,1 lenke Sinnen und Begier hin zu deinen Himmelslehren
230,5 lehr uns zuvor dein willen tun und an dem Glauben nehmen zu
272,2.3 lehr uns, aus Glaube und Liebe zu handeln [3] lehr uns Verzeihen, Vertrauen, Geduld
351,6 den Vater auf dem ewgen Thron lehr uns erkennen und den Sohn
435,3 lehr mich, in der erdenzeit als ein Fremdling leben
455,2 weiß ich doch, Gott wird mich lehren, was mir dient zur Seligkeit
465,3 das Jahr lehrt Abschied nehmen
485,3 die Stummen richtig reden lehr
543,2.3.4 weil du mich lehrst die Rechte deiner Gerechtigkeit [3] mein Herz hängt treu und feste an dem, was dein Wort lehrt [4] lehr mich nach deinem Wort, so will ich Zeugnis geben von dir

Leib
86,3 ihm hab ich heimgestellt mein Leib, mein Seel, mein Leben
90,3 lass nicht zu, dass Geist und Leib vor deinem Auge schuldig wird
91,2 den Leib und alles Gut ich dir befehle
101,4 der Leib eilt nun zur Ruhe
215,1-3 (Refr) Herr, du nahmest menschlichen Leib an [2] dein heilger Leib ist in den Tod gegeben
289,3 so bist du gekommen von deines Leibes Kraft
299,2 geschunden hängt der heilge Leib
322,10 am achten Tag er vor ihm stand, an Jesu Leib die Male fand
331,1-5 ist das der Leib, Herr Jesu Christ
351,4 stärk unsres Leibs Gebrechlichkeit
357,3 gib, dass ich an deinem Leib, dem auserwählten Weinstock bleib
358,6 erleucht mir Leib und Seele ganz, du starker Himmelsglanz
387,3 da liegt unser Wille, Seele, Leib und Leben dir zum Eigentum ergeben
455,1 meinem Gott nur will ich geben Leib und Seel, mein ganzes Leben
463,5 der Mensch, ein Leib, den deine Hand so wunderbar bereitet
466,5 Bruder Tod, dem kein Leib entgehen kann
477,2 ein Leib und viele Glieder in Christus, unserm Herrn
483,1 ihr seid getauft durch den Geist zu einem Leib
484,3 wir, die wir alle essen von dem Mahle […] sind Christi Leib

Leib Christi ↗eucharistischer Leib

Leid ↗Passion
220,4 noch manche Nacht wird fallen auf Menschenleid und –schuld
221,5 Gott wird wenden Not und Leid
236,5.6 wer dies Kind mit Freuden umfangen, küssen will, muss vorher mit ihm leiden groß Pein und Marter viel [6] mit ihm auch sterben
243,3 hilft uns aus allem Leide, rettet von Sünd und Tod
275,2 schenkt ihm durch Leiden Anteil an der Freude
329,2 verklärt ist alles Leid der Welt, des Todes Dunkel ist erhellt
331,3 der Leib empfindet nimmer Leid, bleibt unverletzt in Ewigkeit
334,2 der Menschen Schuld und Leid darf Auferstehung hoffen
344,4 spendest Trost in Leid und Tod
371,3 lass uns den Hass, das bittre Leid, fortlieben aus der dunklen Zeit
377,1 meine Freude bist du, ohne dich nur Leid
416,3 ihm will ich mich ergeben in Freud und Leid
418,2 Mit Sorgen und mit Grämen und mit selbsteigner Pein
424,2 wir machen unser Kreuz und Leid nur größer durch die Traurigkeit
430,3 reichst du uns den schweren Kelch, den bittern, des Leids gefüllt
453,2 sei mit uns in allem Leiden […] sei nahe in schweren Zeiten
455,2.4 alles meinem Gott zu Ehren, alle Freude, alles Leid [4] der […] unser Leben will verklären nach den Leiden dieser Zeit
458,3 selig seid ihr, wenn ihr Leiden merkt
461,4 mit unserm Kreuz nachgehen […] getrost…in allen Leiden stehen
465,2 der Schmerz, das Glücklichsein nimmt alles seine Stelle […] ein
470,2.5 wenn das Leid jedes Armen uns Christus zeigt [5] wenn das Leid, das wir tragen, den Weg uns weist

502,1 soll doch trotz Kreuz und Pein […] näher mein Gott zu dir
507,3 ich hab nun überwunden Kreuz, Leiden, Angst und Not
509,2 sich das Herz in alles findet, was ihm an Schwerem auferlegt
521,4 du Mutter der Schmerzen, o mach uns bereit, bei Jesus zu stehen in Kreuz und in Leid
524,4 Quelle aller Freuden […] Trösterin in Leiden
525,1 freu dich, das Leid ist all dahin
552,3.4 Leid muss dann vergehn [4] uns hält gefangen Irrtum, Schuld und Leid; doch deine Treue hat uns schon befreit
553,3 alle, die einst trugen des Kreuzes Joch und der Tyrannen Pein

Leiter
294,4 du bist die sichre Leiter, darauf man steigt zum Leben
502,3 [Himmelsleiter] geht auch die schmale Bahn …himmelan…Engel

Licht
82,1 Licht […] in dem das Alte neu erstrahlt
84,1 Licht vom unerschaffnen Lichte
90 Christus, du bist der helle Tag, dein Glanz […] Gott des Lichts
94,1.3 in dieser Nacht sei du uns Trost und Licht [3] du bist das Licht, das niemals mehr erlischt
96,6.7 wir wissen weder Tag noch Stunde, wann du uns heimführst in dein Licht [7] geleite uns […] ins Morgenlicht der Ewigkeit
142,1 lass leuchten, Herr, dein Angesicht, erfüll uns mit der Gnade Licht
147,3 und schauen dich von Angesicht in ewger Freud und selgem Licht
149,2.3 wo nicht deines Geistes Hand uns mit hellem Licht erfüllet [3] du Glanz der Herrlichkeit, Licht vom Licht, aus Gott geboren
158 (Kyrie) Tau aus Himmelshöhn – Licht, das die Nacht erhellt
159 (Kyrie) Licht, das uns erschien – Kind, vor dem wir knien
160 (Kyrie) Gott des Vaters ewger Sohn – Aufgang des wahren Lichts
213,4 was wir hier schauen in Glauben und Vertrauen, das zeige uns im Licht […] ewig wir dich sehen von Angesicht zu Angesicht
216,1 hast mein Gesicht das selge Licht, den Heiland, schauen lassen
223,3 tragt eurer Güte hellen Schein weit in die dunkle Welt hinein
227,4 Glanz strahlt von der Krippe auf, neues Licht entströmt der Nacht
252,4 das ewig Licht geht da herein […] uns zu Lichtes Kindern macht
256,3 o Sonne, die das werte Licht des Glaubens in mir zugericht
259,1 Himmelslicht […] hat Gott der Welt das Licht gebracht
262,1 seht ihr unsern Stern dort stehen, helles Licht in dunkler Nacht
269,1 vertreib in uns die Nacht, dass mit dem Licht des neuen Tags
275,3 spendet Licht und Hoffnung
289,2 wer hat dein Augenlicht, dem sonst kein Licht nicht gleichet, so schändlich zugericht
291,4 wollen wir Gott loben, leben aus dem Licht
334,1-3 o Licht der wunderbaren Nacht [3] Licht viel heller als der Tag
342,2 aus dir strömt Leben, Licht und Glut
344,1.5 komm herab, o Heilger Geist, der die finstre Nacht zerreißt, strahle Licht in diese Welt [5] komm o du glückselig Licht
347,1 überströmt von Glanz und Licht erhebt die Schöpfung ihr Gesicht

348,2.5 du heller Schein, du lebendig Licht […] unsre Nacht durchbricht [5] erleuchte uns, o ewiges Licht
351,2.4.5 du Lebensbrunn, Licht, Lieb und Glut [4] entzünd in uns des Lichtes Schein [5] geführt von deinem Licht
352,2.6 dein Wesen…dein Licht begreift ein Mensch auf Erden nicht […] Sonn in ihrer Herrlichkeit ist Gleichnis deiner Wesenheit [6] ewges Licht
353,1-5 erhabene Dreifaltigkeit, in einem Licht der Gottheit eins
355,3 Vater, dessen Wink und Ruf, das Licht aus Finsternissen schuf
358,1.5.7 ich will dich lieben, schönstes Licht [5] ich danke dir, du wahre Sonne, dass mir dein Glanz hat Licht gebracht
359,1 du Licht von deines Vaters Licht
361,4 lass doch dein Licht auslöschen nicht bei uns…auf Erden
363,1-3 Herr, nimm auch uns zum Tabor mit, um uns dein Licht zu zeigen [2] lass leuchten deine Herrlichkeit [3] Ostermorgen
365 meine Hoffnung und meine Freude, meine Stärke, mein Licht
366,3 Wort des Vaters, offne Türe, Licht der Stadt Jerusalem
368,5 Licht, das uns Gottes Liebe zeigt
371,2 er sendet neu mit dir sich aus als Licht zu Finsternissen
372,1-6 Morgenstern der finstern Nacht…leucht in meines Herzens Schrein
374,1.3 Volk Gottes, zünde Lichter an [3] Erleuchtung für die ganze Welt
375,4 sei uns nah mit deinem Licht, mit deiner reichen Gnade
377,2 all mein Glaube bist du, Ursprung allen Lichts
381,3 dein Gesetz…trostreich…gerecht…wahr…erhellt es unser Leben
384,3 heimgesucht mit seinem Strahl das Licht, der Aufgang aus den Höhen
387,6 lass dein schönstes Lichte, Herr, berühren mein Gesichte
392,5 er ist dein Licht; Seele, vergiss es ja nicht
416,3 was Gott tut, das ist wohlgetan, er ist mein Licht und Leben
418,4 dein Tun ist lauter Segen, dein Gang ist lauter Licht
419,1.2 tief im Schoß meiner Mutter gewoben […] dem Licht zugedacht [2] Licht, das mein Leben besonnte
423,1 spricht…voll Zuversicht: Du meine Hoffnung und mein Licht
425,4 du bist das Licht, schenkst uns das Leben
427,2 Glanz erweckt das Angesicht, in deinem Licht schaun wir das Licht
428,1 das Gestern, Heut und Morgen wird hell in deinem Glanz
428,3 wollt ich mich verhüllen in Finsternis und Nacht, du wirst sie ganz erfüllen mit deines Lichtes Pracht
429,1.4 Gott wohnt in einem Lichte, dem keiner nahen kann [4] aus seinem Glanz und Lichte tritt er in deine Nacht
430,5 die Kerzen heute flammen […] dein Licht scheint in der Nacht
435,2.4 wirst mein Herz in deinem Licht durch die Zeit hin lenken [4] und das Licht der Gnaden treu durch mein Leben trage
436,3 ach bleib mit deinem Glanze bei uns, du wertes Licht
452,1-7 (Refr) leuchten soll dir seines Friedens Licht [4] sein Licht erhelle deine Dunkelheit
453,2 voll Wärme und Licht im Angesicht, sei nahe in schweren Zeiten
455,4 Gott allein will ich vertrauen, um ihn einst im Licht zu schauen
461,2 ich bin das Licht, ich leucht euch für mit heilgem Tugendleben
466,1 die edle Schwester Sonne […] Abbild deines Lichtes
474,1-5 (Refr) Jesus Christ, Feuer, das die Nacht erhellt

479,1 Mond und Sonne braucht sie nicht, Jesus Christus ist ihr Licht
481,4 schaffe Licht in dunkler Nacht
483,2 ihr seid das Licht in der Dunkelheit der Welt [...] denen, die suchen, macht hell den schweren Weg
485,1.2.4 o Jesu Christe, wahres Licht, erleuchte, die dich kennen nicht
528,2 das helle Licht der Ewigkeit trifft unsre Dunkelheiten
540,1 er schaut in ewgen Freuden das abendlose Licht
546,1 Christus, du Licht vom wahren Licht [...] durch der Apostel Wort
548,2 warst ihnen Trost und Licht in dunkler Nacht
549,1-3 [Refr] auf kommt herbei, lasst uns wandeln im Licht des Herrn
553,3 mit Klarheit hell umgeben, mit sonnenlichtem Strahl
554,2 Zion [...] ihr Licht wird hell, ihr Stern geht auf
615,1-5 du Licht des Himmels [2] Morgenröte [3] Morgenstern [4] Christus [...] Licht, dem unser Licht entspringt [5] Erlöser, der ins Licht uns führt
621,4 im Licht er wiederkommt, sein Glanz die Welt mit Schrecken schlägt
628,1.3 umgibst den Tag mit hellem Licht [3] im Dunkel strahlt sein Licht
638,1 nun ist er da, der Tag des Heils, erfüllt von Christi hellem Licht
648,3 du Pforte für den Königssohn, des neuen Lichtes helles Tor
660 heiteres Licht vom herrlichen Glanze (Luzernarium)
663,1-3 bevor des Tages Licht vergeht

KV 38,1 Der Herr ist mein Licht und mein Heil
KV 46,1 lass dein Angesicht über uns leuchten
KV 95 du Licht vom Lichte [...] in Liebe leuchtest du, Jesu Christ
KV 219 mache dich auf und werde licht [...] denn dein Licht kommt
KV 260 werde Licht, Jerusalem [...] dein Licht ist uns erschienen
KV 264,1 lumen ad revelationem gentium (nunc dimittis)
KV 264,2 du bist das Licht, die Völker zu erleuchten
KV 365 meine Hoffnung und meine Freude [...] meine Licht (Taizé)
KV 373 du bist Licht [...] Christus, unsere Zuversicht
KV 443 im Jubel ernten [...] im Licht stehen, die noch trauernd sind
KV 514,1 lux aeterna luceat eis, Domine
KV 617,1 Licht aus der Höhe, leuchte allen, die in Finsternis
KV 622,4 sieht, der Herr kommt in Herrlichkeit [...] erstrahlen wird an jenem Tag ein großes Licht
KV 629,1 du führst mich hinaus ins Weite, du machst meine Finsternis hell
KV 631,2 auf, werde Licht, Jerusalem, halleluja
KV 635,4 heute erstrahlt ein Licht über uns, Christus, der Herr
KV 636,1 das Licht leuchtet in der Finsternis
KV 652,2 ich bin das Licht der Welt; wer mir nachfolgt, hat das Licht des Lebens
KV 657,1 vor dir ist auch die Finsternis nicht finster; die Nacht, sie leuchtet wie der Tag
Kanon 450 Gottes Wort ist wie Licht in der Nacht
641,2 (= 659,1) [Luzernariums-Ruf]

Liebe
99,8 (Abend) vor allem, was mich bitter traf, in deine Liebe rette
140,3 ja er heißt »Gott für uns«; wir: »die Menschen, die er liebt«

144,6 er ist voll Güt und Freundlichkeit, voll Lieb und Treu zu jeder Zeit
146,4 Herr, dein Wort ist die Kraft, die die Liebe schafft
147,1 [Heiliger Geist] mit Lieb und Gnad er uns regier
148,2 öffne dem Herrn dein Herz, deinem Nächsten öffne das Herz und erkenne in ihm den Herrn
161,2 (Kyrie) lass uns glauben an deine Liebe – mit Vertrauen kommen zu dir
210,1-4 das Weizenkorn muss sterben [4] und nur die Liebe zählt
211,3 Erlöser, der uns bis zum Ende geliebt
215,3 gehen auf seinen Wegen in rechter Lieb und brüderlicher Treue
216,3 o Herr, verleih, dass Lieb und Treu in dir uns all verbinden
236,2 das Segel ist die Liebe, der Heilig Geist der Mast
239,2.3.6 in seine Lieb versenken will ich mich ganz hinab
241,4 schenken wir Liebe für Liebe ihm
245,3.4 welche Liebe muss der haben, der sich euch so ganz geweiht [4] Menschen, liebt, o liebt ihn wieder
251,3.5.6 sehet die Liebe, die endlich als Liebe sich [5] dein Herze der Liebe mir schenken [6] aus Liebe geworden zum Kinde
259,3 durch Jesu Kreuz, der Liebe Macht, ist Gottes Heil…vollbracht
266,6 tut Gutes allen, helft den Unterdrückten […] liebet euren Nächsten
267,2 die Lieb erzeigen jedermann
271,2.4 es fielen Herz und Hände von deiner Liebe ab [4] gib mir die Liebe wieder, lass blühn der Gnade Keim
272,2 lehr uns, aus Glaube und Liebe zu handeln
275,2.3 seine Jünger spüren Christi Liebe in seiner Nähe
281,1.2 also sprach beim Abendmahle Jesus als sein Testament: seid geeint und liebt euch alle, dass mich diese Welt erkennt [2] seht, wie ich, der Herr, euch liebe, liebt der Vater euch durch mich
282,2 [Eucharistie] damit ihr nie vergesset, was meine Liebe tut
342,4 entflamme Sinne und Gemüt, dass Liebe unser Herz durchglüht
344,2 komm, der alle Armen liebt
346,2 komm du Geist der Liebe
348,4 neuen Mut, dass wir Gottes Liebe den Menschen künden
351,2.4 du Lebensbrunn, Licht, Lieb und Glut [4] gieß Liebe in die Herzen
353,4 drei sind in tiefer Liebe eins, in einer Gottheit leben drei
357,1-7 du hältst mein Herz gefangen [2] deiner kann ich nicht vergessen [3] Flamme deiner Liebe [5] du hast mich ewig…in deinem Sohn geliebet [6] in steter Liebe wallen [7] deiner wart ich mit Verlangen
358,1-7 ich will dich lieben, meine Stärke
359,2 wie hat die Liebe dich gedrängt, dass du für uns den Tod
360,4 dein Herz voll Liebe wird nicht ruhn, bis alles ist vollendet
361,1-3 dich will ich lassen walten [2] dein Lieb und Treu vor allem geht [3] du bist nun mein und ich bin dein
362 Zeugen deiner Liebe sind wir
364,1 dich will ich lieben, dich will ich ehren, meiner Seele Freud und Kron
368,3.4.5 dich finden, welche Seligkeit [4] wer sich ganz in dich versenkt, verspürt, was deine Liebe schenkt [5] Licht, das uns Gottes Liebe zeigt

369,1.2 mein Herze […] hat seine höchste Lust an dir […] drang dich doch dein edle Lieb ins bittre Joch [2] ergreif mein Herz und schließ es ein in dir und deiner Liebe Schrein
371,1-3 Herz Jesu, Gottes Opferbrand, der unsre Lieb entfachte
377,2 meine Liebe bist du, Trost und Seligkeit
382,1.3.4.5 ganz ohne Maß ist seine Huld [5] sei gewiss, er meint es gut
384,3 den…Weg des Friedens führt durch seine Liebe, sein Erbarmen
387,6.7.8 lass dein schönstes Lichte, Herr, berühren mein Gesichte
389,4.5 führ mich die Bahn, deine Liebe zu verkünden [5] zu schenken
392,4 der aus dem Himmel mit Strömen der Liebe geregnet […] der dir mit Liebe begegnet
399,2 Gott lieben ohne Ende: hat er uns doch zuerst geliebt
414,1 allzeit bist du um uns in Sorge, in deiner Liebe birgst du uns
419,1 deine Liebe formte mein Leben
425,5 darum muss jeder zu dir rufen, den deine Liebe leben lässt
435,2 du hast mich in die Hand geschrieben, ewig mich zu lieben
442,1-3 wo die Güte und die Liebe wohnt, dort nur wohnt der Herr
446,2 gib uns den Mut, voll Liebe […] heute die Wahrheit zu leben
451,2 wo wir alles teilen, schlimmen Schaden heilen, lieben und verzeihn
452,3.4 täglich sollst du sehn, dass er dich liebt [4] an seiner Liebe sollst du Feuer fangen
456,4 Geist der Liebe, atme du in uns […] mache uns zu Boten deiner Liebe
458,2 selig seid ihr, wenn ihr lieben lernt
463,1 wenn ich, o Schöpfer, deine Macht…die Liebe…anbetend überlege
464,1-8 Gott liebt diese Welt
465,2 begegne unsren Ängsten mit deiner Liebe Macht
470,1-3 (Refr) schauen wir…sein Angesicht in der Liebe, die alles umfängt
474,4 wenn wir die Liebe leben, die den Tod bezwingt
477,2 in göttlichem Erbarmen liebt Christus alle gleich
481,5 gib den Boten Kraft und Mut, Glauben , Hoffnung, Liebesglut
483,4 liebet einander, wie euch der Herr geliebt; er liebte euch bis zum Tod
484,5.6 in einer Liebe dich den Vater nennen [6] als Zeugen deiner Liebe uns zu senden
487,3.5 als seiner Liebe Widerschein die Christenheit erneun [5] dass unsre Liebe immer neu der Einheit Zeugnis sei
489,2.3 der…in der Liebe uns entzündet [3] aus der Liebe Zeugen sein
491,2 Gott, der die ewge Liebe heißt, hat mich zum Kind erkoren
498,4 o was für Lieb […] den Menschen hier [Eucharistie] erwiesen ist
499,1-3 Gott…nach seinem Bilde…hat uns seit je zur Freude einander zugedacht…fügt euch zusammen [2] Liebe des anderen erfährt…vereinigt an Leib und Herzen [3] zu…zweien der Mensch den Weg durchmisst
528,3 ihn…auch unser Herz mit Freude fasst und Raum gibt seiner Liebe
628,3 in Liebe sucht dich unser Herz

KV 40,1 Bis in den Himmel reicht deine Liebe, Herr
KV 95 du Licht vom Lichte […] in Liebe leuchtest du, Jesu Christ
KV 285 (= 445) ubi caritas et amor, ibi deus est
KV 305,4 dies ist mein Gebot: Liebet einander, wie ich euch geliebt
KV 305,5 wo die Güte und die Liebe wohnt, dort nur wohnt der Herr

KV 442 wo die Güte und die Liebe wohnt / 445 ubi caritas et amor
KV 312,8 wie der Hirsch [...] so verlangt meine Seele, Gott, nach dir
KV 444 danket dem Herrn, denn ewig währt seine Liebe

Lied, neues ↗Lobpreis ↗Harfe
221,4 Stumme werden Hymnen singen
269,4 lass uns durch deine Gnade neu, dich preisen durch ein neues Lied
329,5 Nun singt dem Herrn das neue Lied, in aller Welt ist Freud
338,1 Jerusalem, du neue Stadt, gib deinen Liedern neuen Klang
353,2 dich rühmt des Himmels hehre Schar, ihr Lied ruft deinen Lobpreis
378,1-3 Lied, das die Welt umkreist
380,4 der Apostel heilger Chor, der Propheten hehre Menge schickt zu deinem Thron empor neue Lob- und Dankgesänge
385,2 mit Freunden singen die Gerechten in neuen Liedern...Gott schafft den Sieg mit seiner Rechten
396,1 lobt froh den Herrn [...] er höret gern ein Lied zu seiner Ehre
409,1.4 singt dem Herrn ein neues Lied, niemand soll's euch wehren [4] auf seines Worts Geheiß neue Lieder singen [...] lasst es hell erklingen
411,1-4 Erde singe [...] laut und stark dein Jubellied
419,4.5 ist das Lied mir geschenkt, das auf immer das Schweigen kann brechen [5] gib mir, Gott, lebenslang deines Namens Gesang
438,3.4 die uns hier gefangen halten, fordern frech von uns ein Lied [4] doch wir können hier nicht singen, fern von Zion, ohne Land
439,4 so will mein Lied ich singen [...] mein Lobesopfer bringen
470,1 das Wort, das wir sprechen, als Lied erklingt
474,5 wenn wir in unsern Liedern loben Jesus Christ
548,5 dein Tag bricht an [...] und alle singen der Dreieinigkeit: halleluja
551,1 nun singt ein neues Lied dem Herren, der Wundertaten hat vollbracht
553,4.5 Mund voll Lob und Preis; das halleluja reine [...] das Hosianna feine [5] mit Jubelklang, mit Instrumenten [...] in Chören ohne Zahl [...] von dem süßen Ton sich regt der Freudensaal mit hunderttausend Zungen
KV 44,1 spielt ihm ein kunstvolles Lied
KV 54,1 (= 376) singt dem Herrn, alle Länder der Erde
KV 55,1 jubelt, ihr Lande, dem Herrn
KV 80,1 singt, singt, singt dem Herrn ein neues Lied

Lilie ↗Maria
524,3 Lilie ohnegleichen [...] dir die Engel weichen
527,1 ave Maria zart, du edler Rosengart, lilienweiß ganz ohne Schaden

Linderung
349,2 komm und lindre unsre Last
470,2 wenn die [...] Not, die wir lindern, zur Freude wird

List
91,1 vor Sünd und Neid, vor Satans List ind Neid
436,1 dass uns hinfort nicht schade des bösen Feindes List

481,4 deines Himmelreiches Lauf hemme keine List noch Macht
539,6 sie kämpfen wider Stolz und List

Lobpreis
81 Lobet den Herren, alle, die ihn ehren
86 Aus meines Herzens Grunde sag ich dir Lob und Dank
96,3 wird dein Erbarmen verkündet, vieltausendfach dein Lob erklingt
140,1-6 kommt herbei, singt dem Herrn, ruft ihm zu, der uns befreit
143,1 mein ganzes Herz erhebet dich, vor dir will ich mein Loblied
144,1.4.5.7 nun jauchzt dem Herren alle Welt
147,2.3 tu auf den Mund zum Lobe dein, bereit das Herz zur Andacht fein [2] bis wir singen mit Gottes Heer: »Heilig, heilig ist Gott, der Herr!« und schauen dich von Angesicht in ewger Freud und selgem Licht
218,2.5 gelobet sei mein Gott [5] dem Namen dein, o Herr, sei ewig Preis
247,1.4 lobt Gott, ihr Christen alle gleich
258,1-3 lobpreiset all zu dieser Zeit (Refr) sei Dank und Lob gesungen
268,4.6 befreie mich von Schuld und Not, dass ich dich rühme [6] dann will ich deiner Güt und Ehr in Ewigkeit lobsingen
269,4 dir, höchster Gott, Dreifaltigkeit, lobsinge alles
322,12 an diesem Tag, den Gott gemacht, sei Lob und Ehr und Preis
347,4 da schreitet Christus durch die Zeit in seiner Kirche Pilgerkleid, Gott lobend
353,2.3.5 dich rühmt des Himmels hehre Schar, ihr Lied ruft deinen Lobpreis aus [3] vereine mit der Engel Lied den Lobgesang, den wir dir weihn [5] dir sei Ruhm und Preis
357,5.6 ewig soll mein Herz ihn loben [6] groß ist der König der Ehren
359,4 dem Herrn sei Preis und Herrlichkeit, der uns sein Herz geöffnet
360,3 wann wird doch deines Lobs genug in dieser Welt erschallen
370,5 Gott, dem Dreieinen, Lob und Preis und Ehre immer und ewig
380,1-11 großer Gott, wir loben dich
381,1 dein Lob, Herr, ruft der Himmel aus
382,2 sei zu seinem Lob nicht träge, meine Seele
383,1-3 ich lobe meinen Gott, der […] (Refr) Ehre sei Gott auf der Erde
384,1-3 hoch sei gepriesen unser Gott [2] unser Herr [3] unser Hirt
385,1.3.4 nun saget Dank und lobt den Herren [2] hoch tut euch auf [3] hochgelobt zu jeder Zeit
387,2.4 heilig, heilig, heilig singen ihm zur Ehre [4] möchte ich recht dich preisen und im Geist dir Dienst erweisen
389 (Refr) dass du mich einstimmen lässt in deinen Jubel, o Herr
392,1 lobe den Herren, den mächtigen König der Ehren
393,1.3 nun lobet Gott im hohen Thron [3] Lob sei dem Vater und
395,1 den Herren will ich loben, es jauchzt in Gott mein Geist
396,1-4 lobt froh den Herrn, ihr jugendlichen Chöre
399,1-4 Gott loben in der Stille [2] ohne Ende [3] alle Tage
400,1.2 ich lobe meinen Gott von ganzem Herzen
402,2 preiset Gott und gebt ihm Ehr, er ist aller Herren Herr
403,1.2 nun danket all und bringet Ehr […] dem, dessen Lob der Engel Heer [2] ermuntert euch und singt mit Schall
405,3 Lob, Ehr und Preis sei Gott dem Vater und dem Sohne

409,1.4 singt dem Herrn ein neues Lied…preist den Herrn [4] darum lasst uns Lob und Preis vor sein Antlitz bringen
411,1-4 Erde singe […] laut und stark dein Jubellied
413,1 Ehre, Ehre sei Gott in der Höhe
430,6 jenen vollen Klang der Welt, die unsichtbar sich um uns weitet, all deiner Kinder hohen Lobgesang
439,4 so will mein Lied ich singen […] mein Lobesopfer bringen
442,1 lasst uns jauchzen und mit Schalle ihm frohlocken
455,1-4 alles meinem Gott zu Ehren
462,4 Gott ließ die ganze Welt sich drehn, ihm Lob und Dank zu zeigen
463,6 erheb ihn ewig, o mein Geist, erhebe seinen Namen
467,1-6 (Refr) auf Erden […] den gütigen Vater, den wollen wir loben
474,5 wenn wir in unsern Liedern loben Jesus Christ
478,1.5 Gott, wir loben dich, Gott, wir preisen dich
482,3 mit der Erlösten Schar […] mit ihnen dich preisen für und für
485,5 wir…hier zeitlich und dort ewiglich für solche Gnade preisen dich
487,1 nun singe Lob, du Christenheit, dem Vater, Sohn und Geist
489,1 lasst uns loben, freudig loben, Gott den Herrn, der uns erhoben
492,2 lass die Herzen uns erheben und voll Freude singen dir: heilig
539,4 ein großes Lob ertönt im Chor: ihr »heilig, heilig« steigt empor
547,3 der du kommen wirst, dir sei der Lobpreis dargebracht
551,2 frohlockt dem Herrn, ihr Lande alle, voll Freunde singt und preist ihn
553,4.5 Mund voll Lob und Preis [5] Jubelklang […] in Chören ohne Zahl
628,2.3 nimm an des Wortes heilgen Dienst, den Lobgesang, den wir dir weihn [3] voll Freude preist dich unser Mund

KV 54,1 singt dem Herrn […] und preist seinen Namen
KV 55,1 jubelt, ihr Lande, dem Herrn
KV 58,1 lobe den Herrn, meine Seele
KV 62,1 der Name des Herrn sei gepriesen
KV 69,1 der Herr hat Großes an uns getan, sein Name sei gepriesen
KV 78,1 (=150)Jerusalem, rühme den Herrn, lobsinge, Zion, deinem Gott
KV 80,1 singt, singt, singt dem Herrn […] in der Gemeinde sein Lob
KV 141 auf, lasst uns jubelt dem Herrn, vor sein Angesicht kommen
KV 176,4 Ruhm und Preis und Ehre sei dir
KV 376 singt dem Herrn, alle Länder der Erde
KV 379 te deum laudamus
KV 386 laudate, omnes gentes, laudate dominum (Taizé)
KV 394 laudate dominum, laudate deum
KV 401 lobet den Herrn, preist seine Huld und Treue
KV 488,2 Gott, du bist herrlich […] wir wollen dir lobsingen
KV 559 gelobt seist du, mein Herr
KV 560 Christus Sieger, Christus König + Christus-Rufe
KV 584,9 Lob dir, Christus, König und Erlöser
KV 616,3 der Name des Herrn sei gepriesen von nun an bis
KV 616,5 alles, was Odem hat, lobe den Herrn
KV 618,2 confitemini Domino, quoniam bonus
KV 631,1 singt, ihr Christen, singt dem Herrn, halleluja
KV 631,5 benedic, anima mea, Domino

Lohn

Luft

Lust ↗Begierde ↗Freude

Luzernarium

Macht ↗Königsherrschaft Gottes

272,1 komm uns zu Hilfe mit göttlicher Kraft
273,2 wir trauen deiner Macht und sind doch oft in Sorgen
277,3 mein Herz an Gottes Macht verzweifeln nicht noch sorgen
329,2 verklärt ist alles Leid der Welt [...] Herr erstand in Gottes Macht
338,2.4 des Todes Drache unterliegt, der Held aus Juda siegt mit Macht [4] er triumphiert in Herrlichkeit [...] weithin spannt sich seine Macht
342,3.5 dich sendet Gottes Allmacht aus [5] Macht des Bösen banne weit
347,3 er stirbt, erhöht am Kreuzesthron, und bricht die Macht des Bösen
348,3.4 du stille Macht, du verborgne Kraft [4] du mächtger Hauch
351,1 komm Schöpfer Geist [...] die deine Macht erschaffen hat
357,1 groß und mächtig [...] hoch und wunderbar erhaben
381,2.5 schallt ihr Klang, des Schöpfers Macht zu zeigen [5] du meine Hilfe, starker Gott
384,3 der uns mit seinen starken Armen den...Weg des Friedens führt
385,2 Gott schafft den Sieg mit seiner Rechten
395,1.3 heilig ist sein Name, gewaltig seine Macht [3] sein Volk mit mächtgen Armen gehoben aus der Nacht
402,8 führte es mit starker Hand durch die Wüste in sein Land
409,2 Führt auch unser Weg durch Nacht, bleibt doch seines Armes Macht über unserm Wallen
429,1 unsterblich und gewaltig ist unser Gott allein
430,1 von guten Mächten treu und still umgeben
455,3 alles meinem Gott zu Ehren, dessen Macht die Welt regiert
463,1.3 wenn ich, o Schöpfer, deine Macht [...] anbetend überlege
465,2 begegne unsren Ängsten mit deiner Liebe Macht
551,1 singt, den Sieg des Herrn zu ehren, den uns errungen seine Macht
554,2 kommt vom Himmel prächtig [...] von Wahrheit mächtig
663,1 behüte uns in dieser Nacht durch deine große Güt und Macht

KV 48,1 biete deine Macht auf
KV 312,4 (=KV 624,2) dem Herrn will ich singen, machtvoll hat er sich kundgetan
KV 631,3 der Herr hat Großes an uns getan, sein Name sei gepriesen
KV 653,7 würdig ist das Lamm, Macht zu empfangen

Mächtige dieser Welt
143,2 die Völker werden preisen dich, u. Mächtge sich zu dir hinkehren
370,3.4 Reiche erstehen, blühen und zerfallen [4] keiner der Großen kann mit dir sich messen
395,2 die Reichen müssen gehen, ihr Gut verweht im Wind
438,5 Jesu Kreuz sei meine Hoffnung gegen jede Tyrannei
481,4 deines Himmelreiches Lauf hemme keine List noch Macht
553,3 alle, die einst trugen des Kreuzes Joch und der Tyrannen Pein
642,6 gefesselt ist der Fürst der Welt

Magier ↗Epiphanie
240,2 zu dem Kinde voll Verlangen ziehn von fern die Könige her
259,2 so machten sich die Weisen auf und folgten deinem Himmelslauf

Magnificat [Lk 1,46-55]
631,4 (dt. IX); 634,4 (dt. II); 644,4 (dt. VII)
631,8 (lat. VIII)
395 den Herren will ich loben (Magnificat Lied)
KV 69,1 (= 631,3) der Herr hat Großes an uns getan, sein Name sei gepriesen
KV 390 magnificat, magnificat (Kanon)
KV 404 danket dem Herrn, er hat uns erhöht
KV 625,2 mein Herz ist voll Freude über den Herrn, er erniedrigt und er
KV 650,2 mein Geist jubelt über Gott […] meinen Retter
KV 650,3 meine Seele preise den Herrn

Mahl ↗eucharistisches Mahl ↗himmlisches Hochzeitsmahl
210,2.3 wer dieses Brot genommen, verkündet seinen Tod [3] wer dies Geheimnis feiert, soll selber sein wie Brrot
211,4 nun gibst du dich selber im heiligen Brot
216,2 mir armem Gast bereitet hast das reiche Mahl der Gnaden
281,1-4 also sprach beim Abendmahle Jesus als sein Testament
282 beim letzten Abendmahle
357,2 himmlisch Manna, das wir essen
421,1.3.4 er wird […] mir Rast und Nahrung geben [3] Tisch…von dir…bereitet [4] du hast…den Kelch mir eingeschenkt
482,2, ein heilges Mahl […] teilt sie [Kirche] kraft seiner Gnadenwahl

Mahleinladung
146,1.4 du rufst uns, Herr, an deinen Tisch und schenkst uns selber ein
213,3 kommt alle, die auf Erden von Not bedränget werden
266,7 kehrt heim zum Vater, kommt zum Mahl der Freude
357,4 auf dein Wort komm ich geladen
452,2 vollenden möge er […] wenn er zum Mahl des Gottesreiches lädt
491,2 von ihm bin ich geladen zum Gastmahl seiner Gnaden
KV 39,1 [= 212] kostet und seht: gut ist der Herr

Mangel ↗Bedürftigkeit
421,1 mein Hirt ist Gott, der Herr […] nimmermehr…Not und Mangel
422,1 ich steh vor dir mit leeren Händen, Herr
424,3 der sich uns hat auserwählt, der weiß auch sehr wohl, was uns fehlt

Manna ↗eucharistisches Brot
211,8 In dir ist das Leben durch ewige Zeit…Manna der Unsterblichkeit
213,1-4 o heilge Seelenspeise […] o Manna, Himmelsbrot
357,2 himmlisch Manna, das wir essen
421,1 er wird […] mir Rast und Nahrung geben
484,2 hast du vom Himmel Speise uns gegeben zum ewgen Leben
498,3 das wahre Manna, das ist hier, davor der Himmel beugt die Knie

Maranatha ↗Kommen ↗Advent ↗Wiederkunft des Herrn
222,4 eil uns zu Hilfe, säume nicht

357,7 säum nicht lange, deiner wart ich mit Verlangen

KV 634,6 komm, Herr Jesus, maranatha
KV 232 dein Reich komme, Maranatha
KV 307,5 meine Hilfe und mein Retter [...] säume doch nicht
565,12 komm, Heiliger Geist
634,2 (Kanon) ostende nobis, Domine [...] maranatha

Maria
91,3 (Abend) o große Frau, Maria, auf mich schau, mein Herz ich dir
215,1-3 Refr. Herr du nahmest menschlichen Leib an, der aus deiner Mutter Maria kam
224,1-3 Maria durch ein Dornwald ging
227,1.2 Sohn der Jungfrau [2] Mutterschoß
228,1 Tochter Zion, freue dich
236,1.2 es kommt ein Schiff geladen [...] trägt Gottes Sohn voll Gnaden
237,2 euch ist ein Kindlein heut geborn von einer Jungfrau auserkorn
243,2 das Röslein, das ich meine, davon Jesaja sagt, ist Maria die reine
252,1.3 Mensch geboren bist aus einer Jungfrau [3] in Mariens Schoß
267,1 von einer Jungfrau auserkorn ward er für uns ein Mensch geborn
295,4 wie große Pein, Maria rein, musst leiden ohne Maßen
326,1-5 gelobt sei Christus, marien Sohn (Ostern)
357,2 wahr Gottes und Marien Sohn
364,1 schönster Herr Jesu [...] Gottes und Marien Sohn
374,2 zu seinem Tempel kommt der Herr, Maria bringt ihn freudig dar
493,2 uns geboren, ward er einer Jungfrau Kind (pange lingua)
520 Ave maris stella (lat. Hymnus)
521 Maria dich lieben
522 Maria aufgenommen ist
523 o Maria sei gegrüßt
524 Meerstern, ich dich grüße
525 freu dich, du Himmelkönigin
526 alle Tage sing und sage Lob der Himmelskönigin
527 ave Maria zart
528 ein Bote kommt, der Heil verheißt
530 Maria Mutter unsres Herrn
531 sagt an, wer ist doch diese
532 Christi Mutter stand mit Schmerzen
533 lasst uns erfreuen herzlich sehr
534 Maria, breit den Mantel aus
535 segne du, Maria
536 gegrüßet seist du, Königin
537 ave Maria gratia plena, so grüßt der Engel die Jungfrau Maria
542,2 vor allem du, o Königin, Maria, milde Herrscherin
648 du große Herrin, schönste Frau

KV 529 Ave Maria, gratia plena (lat.)
KV 568,1 Mutter Gottes, wir rufen zu dir
KV 625,6 du bist der Ruhm Jerusalems, du bist Israels Freude
KV 649,1 sei gegrüßt, Maria, voll der Gnade, der Herr ist mit dir

352,2.5 dein Wesen [...] begreift ein Mensch auf Erden nicht [5] o Mensch, bet das Geheimnis an
364,4 schön sind die Blumen, schöner sind die Menschen
375,3 auch jeder Menschenseele Los fällt, Herr, von deinen Händen
383,1-3 (Refr) die Menschen werden singen, bis das Lied zum Himmel steigt
393,1 nun lobet Gott [...] ihr Menschen aller Nation
403,1 nun danket all und bringet Ehr, ihr Menschen in der Welt
414,2.4.5 du bist so menschlich in unsrer Mitte [4] in den Menschen willst du wohnen [5] bist du zugegen, wo nur auf erden Menschen sind
425,1.2 solang es Menschen gibt auf Erden [2] solang die Menschen Worte
427,1 dein Bund [...] kein Mensch kann ihn verstehen
434,3 der Todesnot zu widerstehen, die Menschenhochmut schafft
456,2 ewig wie der vater, doch auch mensch wie wir
460,4 die Menschen müssen füreinander sterben
463,5 der Mensch, ein Leib, den deine Hand so wunderbar bereitet [...] den sein Verstand dich zu erkennen leitet [...] der Schöpfung Ruhm und Preis
465,4 der äußre Mensch vergeht
467,6 ihr Menschen und Engel, stimmt alle zusammen
474,5 loben Jesus Christ, der für uns Menschen starb und auferstanden ist
478,4 in menschlichen Gebärden bleibt er den Menschen nah
484,2 dass des Menschen Herz gesättigt werde
490,4 dass es reden lernt [...] von den Fragen der Menschen
498,4 o was für Lieb [...] den Menschen hier erwiesen ist
499,2.3 wie der Mensch der Antwort von Anfang an entbehrt [3] wie zu zwei und zweien der Mensch den Weg durchmisst
506,1-4 wir vertrauen dir diesen Menschen an
521,6 von Gott über Engel und Menschen gestellt
528,2 Gott teilt mit uns ein Menschenlos
532,3 für aller Menschen Schulden sah sie ihn die Marter dulden
552,1.5 dass unser Licht vor allen Menschen brennt
554,3 Gloria sei dir gesungen mit Menschen und mit Engelzungen

KV 31,1 Selig der Mensch, der seine Freude hat
KV 61,1 selig der Mensch, der gütig und zum Helfen bereit ist

Messias
220,3 nun hat sich euch verbündet, den Gott selbst ausersah
280,1.2 aus Davids Stamm geboren...Gottes Sohn [2] David sah im Geist entzücket den Messias schon von fern...den Gesalbten, unsern Herrn

Metanoia ↗Umkehr

Michael ↗Engel
539,2 gewaltig ruft ihr strahlend Heer: wer ist wie Gott, wer ist wie er

Mittler ↗Erlösung ↗Gnade
185,2 dass du der Erde wieder mögst Heil und Mittler sein
267,1 er wollt der Mittler werden
339,5 dir, unserm Haupte, jubeln wir, Mittler beim Vater für uns für

348,5 was durch uns geschieht, Gott sei wohlgefällig durch Jesum Christum [...] sein Priestertum
510,3 sein Antlitz will ich schauen...durch Jesum Christ, der für mich ist gestorben, des Vaters Huld erworben und so mein Mittler worden ist

Mond
93,1.3 der Mond ist aufgegangen
337,3 Wunden rot [...] wie Sonn- und Mondglanz anzusehn
364,3 schön ist der Monde [...] Jesus ist feiner
402,5 der die Sterne hat gemacht, Sonn und Mond für Tag und Nacht
429,2 nah, ob er gleich Mond und Sterne und Sonnen werden sah
466,2 Lob auch bringen die Gestirne, Bruder Mond, der Freund der Nacht
467,2 ihr Sonnen und Monde [...] den gütigen Vater, den wollen wir loben
479,1 Mond und Sonne braucht sie nicht, Jesus Christus ist ihr Licht
522,2 ihr Kleid die Sonn [...] ihr Schuh der Mond, zwölf Stern ihr Kron

Morgen (des Tages)
81 Lobet den Herren, alle, die ihn ehren (bes. 2.4.5)
82 behutsam leise nimmst du fort die Dämmrung von der Erde
83 die Nacht ist vergangen
84 Morgenglanz der Ewigkeit
86 aus meines Herzens Grunde sag ich dir Lob und Dank
270,3 Kreuz, von dem ich gehe in den neuen Tag
277,3 und ob es währt bis in die Nacht und wieder an den Morgen
363,3 sei uns Weg und Wanderstab durchs Kreuz zum Ostermorgen
381,1 der weiße Tag, die schwarze Nacht, wann sie abwechseln
409,2 täglich neu ist seine Gnad über uns und allen
415 (Kanon) vom Aufgang der Sonne bis zu ihrem Niedergang
424,2 was hilft es, dass wir alle Morgen beseufzen unser Ungemach
615,2.3 die Morgenröte zieht herauf [3] Reich der Schatten weicht zurück
621,2 dies ist der Hoffnung lichte Zeit,
der Morgen kommt, der Tag bricht an

Morgenstern
220,1 der Morgenstern bescheinet auch deine Angst und Pein
334,1 du Morgenstern, du Gnadenschein
357,1 wie schön leuchtet der Morgenstern
372,1 Morgenstern der finstern Nacht
384,3 hat heimgesucht mit seinem Strahl das Licht, der Aufgang aus den
615,3 strahlend, gleich dem Morgenstern, weckt Christus uns vom Schlafe
621,2 Morgen kommt, der Tag bricht an, ein neuer Stern geht strahlend auf

Mose
222,3 du gabst dem Mose dein Gebot

Mühe ↗Arbeit ↗Last
94,2 ein Tag voll Müh und Plag hat sich geneigt
164 (Kyrie) der unsre Mühsal kennt, der uns beim Namen nennt
270,2 statt der Angst und Mühe ist nun Hoffnungszeit

349,2 komm gib in der Mühsal Rast
363,2 mach uns für Gottes Reich bereit, wo alle Mühen münden
504,2 unser Bemühen ist am Grab zu Ende; komm und vollende
521,3 kennst Arbeit und Sorge [...] die Mühsal des Lebens in Armut...Not

Mund
143,2 das Wort vom ewgen Bund aus deinem Mund verkünden hören
147,2 tu auf den Mund zum Lobe dein
149,3 öffne Herzen, Mund und Ohren
213,3 kommt alle [...] so spricht dein eigner Mund
216,1.3 wie mir dein Mund gegeben kund, schenkst Gnad du ohne Maßen
[...] dass Hand und Mund dein Freundlichkeit verkünden
222,2 o weisheit aus des Höchsten Mund
249,3 o wie lacht lieb aus deinem göttlichen Mund
268,5 öffne mir den stummen Mund, dann tu ich allen Menschen kund
342,3 du öffnest uns den stummen Mund
358,5 ich danke dir, du güldner Mund, dass du mich machst gesund
405,1 nun danket alle Gott mit Herzen, Mund und Händen
419,4 in den Mund, der kaum wusste zu sprechen, ist der Ton schon gesenkt
497,2 Augen, Mund und Hände täuschen sich in dir
527,1 ich grüße dich zur Stund mit Gabrielis Mund
535,3 süße Trostesworte flüstre dann der Mund
553,4 von [...] Freud erfüllet wird der Sinn, der Mund von Lob und Preis
628,3 voll Freude preist dich unser Mund

Musik ↗Lied, neues ↗Harfe
250,4 dass die Lüfte tönend werden von dem Klange der Schalmein
357,6 lasst die süße Musica ganz freudenreich erschallen
392,1 kommet zuhauf, Psalter und Harfe, wacht auf [...] Lobgesang
553,5 mit Jubelklang, mit Instrumenten schön, in Chören ohne Zahl
554,3 Gloria sei dir gesungen [...] mit Harfen und mit Zimbeln schön

Mut
82,2 es werde Kraft an diesem Tage und Mut zum Wirken in der Welt
84,3 schenke den Verzagten Mut
216,2 ob solchem Gut jauchzt Sinn und Mut
221,1 kündet allen in der Not, fasset Mut und habt Vertrauen
225,2 entschlossen, Wege zu gehen, die keiner sich getraut
256,1 Herz, Seel und Mut, nimm alles hin
342,2 aus dir strömt Leben [...] du gibst uns Schwachen Kraft und Mut
272,2 hilf unserm Glauben, wenn mutlos wir werden
342,2 du gibst uns Schwachen Kraft und Mut
348,4 Geist des Herrn, gib du uns neuen Mut
360,5 an deinem Reiche mutig baun
368,3 gibst dem, der bittet, neuen Mut
369,2 lass dein Flamm [...] durch all mein Herze, Geist und Mut
446,1-4 gib uns den Mut [1]voll Glauben...zu handeln [2] voll Liebe...die Wahrheit zu leben [3] von vorn zu beginnen
448,1-4 gib uns Mut zum Hören/zum Dienen/zur Stille/zum Glauben

452,7 erfülle dich […] mit Lebensmut
456,3 du schenkst mir den Frieden, du schenkst mir den Mut
481,5 gib den Boten Kraft und Mut, Glauben , Hoffnung, Liebesglut […] lass reiche Frucht aufgehn, wo sie unter Tränen sä'n
545,1 sankt Martin ritt mit leichtem Mut
549,3 wenn wir heute mutig wagen, auf Jesu Weg zu gehn
552,1.5 Herr, mach uns stark im Mut, der dich bekennt
KV 622,1 habt Mut, ihr Verzagten, und fürchtet euch nicht

mutlos
272,2 hilf unserm Glauben, wenn mutlos wir werden

Mutter ↗Maria
419,1 tief im Schoß meiner Mutter gewoben
428,4 du hast geformt mein Wesen schon in der Mutter Schoß
479,2 Gott heißt Tochter, Sohn und Kind, wer dich [Stadt] Mutter nennt
KV 72,1 wie ein gestilltes Kind bei seiner Mutter

Nachfolge
140,3 darum können wir ihm folgen, können wir sein Wort verstehn
163,6.7 (Kyrie) du rufst die Menschen, dir zu folgen
259,2 so machten sich die Weisen auf und folgten deinem Himmelslauf
262,3 weil wir neues Leben suchen, darum folgen wir dem Stern
275,1.2 selig, wem Christus auf dem Weg begegnet, um ihn zu rufen, alles zu verlassen, sein Kreuz zu tragen und in seiner Kirche für ihn zu wirken [2] schenkt ihm durch Leiden Anteil an der Freude
357,2 dein ewig Evangelium, das hab ich mir erkoren
460,1-5 wer leben will wie Gott auf dieser Erde
461,1-4 mir nach, spricht Christus, unser Held […] nehmt euer Kreuz
471,1 gib, dass wir stets einmütiglich nach deinem Willen fragen
487,3 als seiner Liebe Widerschein die Christenheit erneun
491,3 erwählt…ihm will ich dienen in der Welt und Zeugnis für ihn geben
549,3 wenn wir heute mutig wagen, auf Jesu Weg zu gehn
KV 652,2 ich bin das Licht der Welt; wer mir nachfolgt, hat das Licht des Lebens

Nächstenliebe ↗tätige Liebe ↗Liebe
146,4 du willst in jedem, der uns braucht, selbst gegenwärtig sein
148,2 öffne dem Herrn dein Herz, deinem Nächsten öffne das Herz und erkenne in ihm den Herrn
210,1.3.4 das Weizenkorn muss sterben […] der eine lebt vom andern [3] lässt er sich verzehren von aller Menschennot [4] wir leben füreinander
215,3 gehen auf seinen Wegen in rechter Lieb und brüderlicher Treue
266,6 tut Gutes allen, helft den Unterdrückten […] liebet euren Nächsten
267,2 die Lieb erzeigen jedermann
273,3.4 wir kennen dein Gebot, einander beizustehen [4] den Weg zum andern finden

281,1 also sprach beim Abendmahle Jesus als sein Testament: seid geeint und liebt euch alle, dass mich diese Welt erkennt

Nacht

Abendlieder 90; 91; 93; 94; 96; 99; 100; 101; 325
91 in dieser Nacht sei du mir Schirm und Wacht
100,1 der Lärm verebbt [...] gib Nacht und Ruhe
220,1.3.4.5 die Nacht ist vorgedrungen, der Tag ist nicht mehr fern
222,5.6 komm, führ uns aus des Todes Nacht [6] Todesnacht
223,3 tragt eurer Güte hellen Schein weit in die dunkle Welt hinein
227,4 Glanz strahlt von der Krippe auf, neues Licht entströmt der Nacht
233,2 wenn du kommst, wird es Nacht um uns sein
240,2 seht, ein Stern ist aufgegangen denen, die in Nacht gefangen
243,1 hat ein Blümlein bracht [...] wohl zu der halben Nacht
249,1-3 stille Nacht, heilige Nacht
252,4 leucht wohl mitten in der Nacht
256,3 ich lag in tiefster Todesnacht, du warest meine Sonne
258,1 Sonne der Gerechtigkeit, die alle Nacht geendet
259,1 aus Finsternis und dunkler Nacht hat Gott der Welt das Licht
262,1 seht ihr unsern Stern dort stehen, helles Licht in dunkler Nacht
269,1 du Sonne der Gerechtigkeit, Christus, vertreib in uns die Nacht
277,3 und ob es währt bis in die Nacht und wieder an den Morgen
288,1-6 hört das Lied der finstern Nacht (Passion)
325,1 bleib bei uns [...] sinkt die Welt in Dunkelheit und Nacht
329,2 verklärt ist alles Leid der Welt, des Todes Dunkel ist erhellt
344,1 komm herab, o Heilger Geist, der die finstre Nacht zerreißt
347,2 seht, aus der Nacht Verheißung blüht, die Hoffnung hebt sich
348,2 du heller Schein, du lebendig Licht [...] unsre Nacht durchbricht
349,1 komm o Tröster, Heilger Geist, der die finstre Nacht zerreißt
360,1 seht ihn...Licht verbreiten, Nacht zerstreut er
371,1.2 o Herz, in Nacht zu uns gesandt [2] der Nacht entrissen
372,1.4 Morgenstern der finstern Nacht...leucht in meines Herzens Schrein [4] voller Pracht wird die Nacht, weil dein Glanz sie angelacht
374,1 vertreib die Nacht mit ihrem Schein
381,1 der weiße Tag, die schwarze Nacht, wann sie abwechseln
382,2 drum sei am Tage wie zur Nacht sein Name von dir groß gemacht
384,3 uns alle, die im finstern Tal in Nacht und Todesschatten
395,3 sein Volk mit mächtgen Armen gehoben aus der Nacht
402,5.9 der die Sterne hat gemacht, Sonn und Mond für Tag und Nacht [9] der in dieser Nach unsrer Niedrigkeit gedacht
409,2 Führt auch unser Weg durch Nacht, bleibt doch seines Armes Macht über unserm Wallen
417,2 sprach schon vor Nacht und Tag [...] ich bin da
419,5 gib mir, Gott, lebenslang deines Namens Gesang, um die drohende Nacht zu bezwingen
423,2 kein nächtlich Grauen ihn erreicht
427,1 wir sind geborgen Tag und Nacht im Schatten deiner Flügel
428,3 wollt ich mich verhüllen in Finsternis und Nacht, du wirst sie ganz erfüllen mit deines Lichtes Pracht

428,3 du kennst das Dunkel nicht, die Nacht wird dir zum Tage
429,4 aus seinem Glanz und Lichte tritt er in deine Nacht
430,5 wir wissen es: dein Licht scheint in der Nacht
439,1 ich rief aus dunkler Nacht
465,2 kaum ist der Tag am längsten, wächst wiederum die Nacht
466,2 Lob auch bringen die Gestirne, Bruder Mond, der Freund der Nacht
474,1-5 (Refr) Jesus Christ, Feuer, das die Nacht erhellt
481,4 schaffe Licht in dunkler Nacht
500,4 ist dann die Nacht vorbei, leuchtet die Sonn
548,2 warst ihnen Trost und Licht in dunkler Nacht
621,1 hört, eine helle Stimme ruft und dringt durch Nacht und Finsternis
628,1.4 gewährst zur Ruhe uns die Nacht [4] wenn uns die Sonne untergeht […] kennt unser Glaube keine Nacht
663,1-3 bevor des Tages Licht vergeht […] behüte uns in dieser Nacht

KV 657,1 vor dir ist auch die Finsternis nicht finster; die Nacht, sie leuchtet wie der Tag
KV 664,3 zu nächtlicher Stunde preiset den Herrn
450 (Kanon) Gottes Wort ist wie Licht in der Nacht

Nähe ↗Geborgenheit ↗Gegenwart Gottes
99,9 ich weiß, dass auch der Tag, der kommt, mir deine Nähe kündet
270,1.3 der, dem ich vertraue, ist in dir [Kreuz] mir nah [3] bleib in meiner Nähe, dass ich nicht verzag
274,1.2 du fern und nah bei mir [2] Ferne und die Nähe sind aufgelöset
414,1-5 Herr, unser Herr, wie bist du zugegen[…] unsagbar nah bei uns
423,3 ich bin ihm nah in jeder Not
429,2 und doch bleibt er nicht ferne, ist jedem von uns nah
453,2 voll Wärme und Licht im Angesicht, sei nahe in schweren Zeiten
465,1 schenk uns deine Nähe
478,4 seht Gottes Zelt auf Erden, verborgen ist er da […] den Menschen nah

Nahrung ↗Speisung
211,7 du Nahrung auf unserer Pilgerschaft
378,1 Brot, das die Hoffnung nährt
425,3 du nährst die Vögel in den Bäumen
460,4 füreinander sterben […] und einer nährt den andern
466,4 Mutter Erde, die uns trägt und die uns nährt
469,2 [Erde] von reifen Früchten schwer uns Nahrung geb zur rechten Zeit
484,2 jedes Geschöpf lebt von der Frucht der Erde […] vom Himmel Speise
495,1 Brot, das unsre Seele nährt
497,5 werde gnädig Nahrung meinem Geiste du
648,1 du trugst den Schöpfer, der dich schuf, und nährtest ihn

Name des Herrn
81,1 Lobet den Herren, alle, die ihn ehren […] seinem Namen singen
93,7 so legt euch denn, ihr Brüder, in Gottes Namen nieder
143,1.2 dein Name strahlt an allem Ort [2] dein Name, Herr, ist unser Hort
144,5 rühmt seinen Namen mit lauter Stimm; lobsingt und danket

147,2 den Glauben mehr [...] dass uns dein Nam wird wohlbekannt
218,5 dem Namen dein, o Herr, sei ewig Preis und Ehr
275,4 Vater im Himmel, heilig ist dein Name
294,9 [Kreuz] beschütz und all zusammen durch deinen heilgen Namen
339,4 ihm ward zuteil ein Name hehr; es ruft das All: Du bist der Herr
360,5 kommt, schließet nun mit Freudigkeit den Bund in seinem Namen
368,2 kein Name bringt so reichen Lohn als Jesus Christus
380,10 alle Tage wollen wir dich und deinen Namen preisen
382,2 drum sei am Tage wie zur Nacht sein Name von dir groß gemacht
385,4 er, der da kommt in Gottes Namen, sei hochgelobt
395 heilig ist sein Name, gewaltig seine Macht
400,1 erzählen will ich von all seinen Wundern und singen seinem Namen
419,5 gib mir, Gott, lebenslang deines Namens Gesang
421,2 wird durch den Namen sein auf rechte Bahn mich schicken
422,1 fremd wie dein Name sind mir deine Wege
439,3 wer deinen Namen ehret, dem fällt dein Erbe zu
446,1-4 (Refr) lass uns in deinem Namen, Herr, die nötigen Schritte tun
463,6 erheb ihn ewig, o mein Geist, erhebe seinen Namen
482,2, einen heilgen Namen ehrt sie [Kirche]
489,2 dass wir so in seinem Namen und durch ihn zum Leben kamen

KV 33,1 wie gewaltig ist dein Name auf der ganzen Erde
KV 43,1 ich rühme deinen Namen
KV 54,1 (=376) singt dem Herrn [...] und preist seinen Namen
KV 62,1 (=616,3) der Name des Herrn sei gepriesen von nun an bis
KV 69,1 (=631,3) der Herr hat Großes an uns getan, sein Name sei gepriesen
KV 79,1 der Name des Herrn ist erhaben
KV 623,2 um deines Namens willen, Herr, gedenke deines Bundes
415 (Kanon) vom Aufgang der Sonne bis zu ihrem Niedergang

Name des Menschen / der Geschöpfe
164 (Kyrie) der unsre Mühsal kennt, der uns beim Namen nennt
382,3.4 was er rief und schuf, er kennt und nennt die Namen [4] dein Name steht in Gottes Hand
419,3 hat dein Wort mich gebaut, und mein Name lag dir auf der Zunge
422,2 hast du mit Namen mich in deine Hand [...] eingeschrieben
452,1 er schuf auch dich und gab dir einen Namen
456,1 du rufst mich beim Namen, sprichst zu mir dein Wort
491,3 sein Freund und Jünger darf ich sein, ich trage seinen Namen

KV 433,1 (Kanon) Ich will dir danken, weil du meinen Namen kennst

Nähe Gottes ↗Gegenwart Gottes
275,2 seine Jünger spüren Christi Liebe in seiner Nähe
368,4 wer sich ganz in dich versenkt, verspürt, was deine Liebe schenkt
387,8 komm, du nahes Wesen, dich in mir verkläre
417,1-4 Stimme, die Stein zerbricht, kommt mir im Finstern nah
478,4 verborgen ist er da [...] bleibt er den Menschen nah

KV 76,1 der Herr ist nahe allen, die ihn rufen

Nationen ↗Völker
319 er segnet sie mit seiner Hand und sandte sie in alle Land
370,3 Reiche erstehen, blühen und zerfallen
381,2 kein Land, kein Volk ist auf der Erd, das nicht allzeit die Kunde hört
393,1 nun lobet Gott im hohen Thron, ihr Menschen aller Nation
403,4 er lasse seinen Frieden ruhn auf unserm Volk und Land
411,3 Nationen, die da wohnen auf dem weiten Erdenrund
477,1 Gott ruft sein Volk zusammen rings auf dem Erdenrund
551,2 frohlockt dem Herrn, ihr Lande alle […] ihr Nationen

Nebel
83,3 die Nebel entweichen in glanze der strahlenden Klarheit
615,2 die Morgenröte zieht herauf […] der graue Nebel löst sich auf

Nein
417,2 sprach schon vor Nacht und Tag, vor meinem Nein […] ich bin da
457,1-3 (Refr) so spricht Gott sein Ja, so stirbt unser Nein

Netz
268,2 fremdes, mächtiges Gesetz trieb mich dem Bösen in das Netz

Neubeginn ↗Umkehr ↗Reue ↗Vergebung ↗Heil ↗Neuschöpfung
417,3 Botschaft des Neubeginns
446,3 gib uns den Mut, voll Hoffnung […] heute von vorn zu beginnen
456,3 du nimmst alle Schuld von mir und verwirfst mich nie, lässt mich immer ganz neu beginnen
457,3 planen und bauen, Neuland begehn
468,3 Gott will mit uns die Erde verwandeln

Neuschöpfung ↗Vollendung ↗Gnade
96,5.6 wird neu der große Tag erglänzen, zu dem du alle Menschen führst [6] geleite uns aus Raum und Zeit […] Morgenlicht der Ewigkeit
101,4 wird Christus mir anlegen den Rock der Ehr und Herrlichkeit
146,1-4 Herr, dein Wort ist die Kraft, die das Neue/Versöhnung/den Frieden/die Liebe schafft
188,3 neu und ganz geheiligt von deinem Geist zu sein
216,3 bis nach der Zeit den Platz bereit an deinem Tisch wir finden
221,1-5 zum Mahl der Seligkeit ziehen die vom Herrn Erlösten
222,9 schaffe Erd und Himmel neu
233,1 Herr, wenn du kommst, wird die Welt wieder neu
262,1-3 neues Leben [2] Welten ändern ihren Lauf [3] neues Leben
266,4 in der Taufe seid ihr neu geboren
277,3 so tu Israels rechter Art, der aus dem Geist geboren ward
280,4 mögen Welten einst vergehen, ewig fest besteht sein Thron
326,4 der uns erkauft das Paradeis
329,1-5 das ist der Tag, den Gott gemacht
331,3 der Leib empfindet nimmer Leid, bleibt unverletzt in Ewigkeit
334,2 o Licht der lichten Ewigkeit, das unsre Welt getroffen

339,3 Wunder mit der Welt [...] sie lag im Tod, nun ist sie frei, durch Christi Sieg sie wurde neu
346,3 komm du Geist und schaff uns neu
347,3.4 als Sieger fährt er [...] heim und ruft den Geist, dass jeder Keim aufbreche [4] wohin sein Feueratem fällt, wird Gottes Reich lebendig
357,7 dass mein nun ist das A und O, der Anfang und das Ende [...] aufnehmen in das Paradeis
380,1.7 vor dir neigt die Erde sich und bewundert deine Werke
385,3 fröhlich singen: dies ist der Tag, den Gott gemacht [...] ein Wunder hat der Herr vollbracht
389,3 du sendest den Geist und du machst mich ganz neu
429,5 nun darfst du in ihm leben und bist nie mehr allein
430,2 gib unsern [...] Seelen das Heil, für das du uns geschaffen hast
437,1-4 bringe ich vor dich – wandle sie in Weite/Stärke/Wärme/Heimat
464,5 durch des Sohnes Sterben [...] Gott erneut die Welt
468,3 Gott will mit uns die Erde verwandeln;wir können neu ins Leben gehn
469,3 des Herzens Erdreich ist versengt: im Tau der Gnade schaff es neu
474,1-5 (Refr) Jesus Christ, du erneuerst unsre Welt [4] neues Leben
477,3 neu schafft des Geistes Wehen das Angesicht der Welt
479,2 durch dein Tor lass uns herein und in dir geboren sein
482,1 [Kirche] die des großen Gottes erneute Schöpfung ist
489,2 der im Glauben uns begründet [...] uns in Wahrheit neu gebar
491,2 aus Wasser und dem Heilgen Geist bin ich nun neu geboren
528,1 die neue Welt aus Gottes Geist wird in der Welt gegründet
552,3.4 welch ein Geheimnis wird an uns geschehn [4] schon befreit
615,4.5 Licht, dem unser Licht entspringt, Gott, der mit seiner Allmacht Kraft die tote Welt zum Leben bringt [5] Erlöser, der ins Licht uns führt
638,3 dass wir den Übergang bestehn zum Pascha, das kein Ende kennt

KV 66,1 (=335) das ist der Tag, den der Herr gemacht hat
KV 70,1 baut der Herr nicht das Haus, mühn sich umsonst [...]
KV 312,2 (=645,3) sende aus deinen Geist, und das Antlitz der Erde wird neu
KV 501 [...] er führt mich ins Land der Lebenden
KV 645,5 alle wurden erfüllt mit Heiligem Geist und kündeten Gottes große Taten
KV 653,7.8 würdig ist das Lamm, Macht zu empfangen

nichts
93,4 wir spinnen Luftgespinste und suchen viele Künste
140,5 dieser Weg führt ins nichts, und wir finden nicht das Glück
395,2 die Reichen müssen gehen, ihr Gut verweht im Wind
411,2 preist die Ehre dessen, der aus nichts euch schuf
656,3 schenke im Ende auch die Vollendung; nicht in die Leere falle die Vielfalt irdischen Seins

Niederungen ↗Pilgerschaft, irdische
363,3 dann geh mit uns vom Berg hinab ins Tal der Alltagssorgen

Niedrigkeit ↗Magnificat
143,3 ob den Himmeln thronst du … und siehest doch die Tiefgebeugten
247,3 entäußert sich all seiner Gewalt, wird niedrig und gering
387,2 vernimm unsre Stimm, da auch wir Geringen unsre Opfer bringen
395,2 die Stolzen lässt er fallen, die Schwachen nimmt er an
402,9 dankt ihm, der in dieser Nach unsrer Niedrigkeit gedacht
424,4 Gott […] der bald erhöhn, bald stürzen kann
629,6 er erniedrigte sich und war gehorsam bis zum Tod (Phil 2)

KV 41,1 Ich bin arm und gebeugt
KV 77,1 der Herr ist erhaben, doch er schaut auf die Niedrigen
KV 404 danket dem Herrn, er hat uns erhöht
KV 625,2 mein Herz ist voll Freude über den Herrn, er erniedrigt und er erhöht

Not
145,1-4 wohin soll ich mich wenden, wenn Gram und Schmerz mich drücken [4] zu mir, ihr Kummervollen, zu mir, ich will euch laben, euch nehmen Angst und Not
215,1-3 durch dein Fleisch und dein Blut hilf uns, Herr, aus aller Not
216,2 das Lebensbrot stillt Hungers Not
218,2 all unsre Not zum End er bringt
221,1.5 kündet allen in der Not [5] Gott wird wenden Not und Leid
231,6 hier leiden wir die größte Not, vor Augen steht der ewig Tod
237,3 euch führn aus aller Not […] von allen Sünden machen rein
248,4 hier in der Krippe schon Armut und Not
268,4 befreie mich von Schuld und Not
273,3 einander beizustehen, und können oft nur uns und unsre Nöte sehen
277,1 aus tiefer Not schrei ich zu dir, Herr Gott, erhör mein Rufen
288,1-6 Nacht voll Sünde und voll Not [6] Jesus…reißt durch seinen Tod uns aus Nacht und Not
291,5 denn die Erde jagt uns auf den Abgrund zu
344,3 Gast, der Herz und Sinn erfreut, köstlich Labsal in der Not
347,2 der das Erbarmen Gottes weist und Heil in tiefsten Nöten
355,3 den Sohn, der annimmt unsre Not
358,7 ich will dich lieben […] auch in der allergrößten Not
361,2 drum soll nicht Tod […]nicht Not von deiner Lieb mich trennen
377,1 meine Nahrung bist du, ohne dich nur Not
380,3 starker Helfer in der Not
381,5 du wirst mich ja in aller Not durch deine Gnad erlösen
384,1 hoch sei gepriesen […] der uns erlöst aus Schuld und Not
392,3 in wieviel Not hat nicht der gnädige Gott über dir Flügel gebreitet
405,2 uns aus aller Not erlösen hier und dort
416,1.4 er ist mein Gott, der in der Not mich wohl weiß zu erhalten [4] es mag mich auf die raue Bahn Not, Tod und Elend treiben
418,5 mach End, o Herr, mach Ende mit aller unsrer Not
421,1 mein Hirt ist Gott, der Herr […] nimmermehr…Not und Mangel
423,3 ich bin ihm nah in jeder Not
424,1 den wird er wunderbar erhalten in aller Not und Traurigkeit

434,3 sei gnädig, gib die Kraft, der Todesnot zu widerstehn
436,5 Beständigkeit verleihe, hilf uns aus aller Not
453,1 sei Quelle und Brot in Wüstennot
470,2 wenn die […] Not, die wir lindern, zur Freude wird
471,1 es ist kein andrer Gott, der für uns streitet in der Not
478,4 in Drangsal mach uns frei und steh im Kampf uns bei
503 lass uns nicht versinken in des bittern Todes Not
507,3 ich hab nun überwunden Kreuz, Leiden, Angst und Not
521,3 kennst Arbeit und Sorge […] die Mühsal des Lebens in […] Not
524,1-7 (Refr) Maria, hilf uns allen aus unsrer tiefen Not
539,6 sie weisen, wo kein Ausweg ist, sie retten aus Gefahr und Not
540,3 dass er als Weggefährte uns trage durch die Not
542,6 tragt vor die Not der Christenheit der heiligsten Dreifaltigkeit

KV 293 mein Gott, mein Gott, warum hast du mich verlassen
KV 312,5 aus der Tiefe zogst du mich empor
KV 511 aus der Tiefe rufe ich zu dir, höre, o Herr, meine Stimme
KV 629,1 du führst mich hinaus ins Weite, du machst meine Finsternis hell
KV 651 ich suchte den Herrn […] all meinen Ängsten hat er

nunc dimittis [Lk 2,29-32]
665,3 (III)
vgl. Lied 500,1-3 nun lässest du…mich aus der Welt Beschwer in deinen Frieden gehen [2] meine Augen sahn, was deine Huld getan [3] Licht […] Erleuchtung
vgl. Lied 374,2.3 Maria bringt ihn freudig dar. Als kleines Kind hält Einzug [3] da preist der greise Simeon
Anlehnung an Motiv vgl. Lied 216,1 hast mein Gesicht das selge Licht, den Heiland, schauen lassen

KV 264,1 lumen ad revelationem gentium
KV 264,2 du bist das Licht, die Völker zu erleuchten

Offenbarung
216,1 wie mir dein Mund gegeben kund, schenkst Gnad du ohne Maßen
230,4 gezeigt hat er sein groß Gewalt, dass es in aller Welt erschallt
261,2 lässt uns alle das Wunder hier sehn, das da geschehen
275,3 durch seine Jünger spricht zu uns der Meister
281,1 seid geeint und liebt euch alle, dass mich diese Welt erkennt
325,2 zeige dich, wenn du nun das Brot uns brichst
351,6 den Vater auf dem ewgen Thron lehr uns erkennen und den Sohn
360,4 bittre Quellen strömen süß, wenn du dein Wort gesendet
416,3 es kommt die Zeit, da öffentlich erscheinet, wie treulich er
429,4 aus seinem Glanz und Lichte tritt er in deine Nacht
463,5 der Mensch, ein Geist, den sein Verstand dich zu erkennen leitet
478,2 heilge Stadt, dass sie der Welt verkündet, was Gott gesprochen hat
484,1 Dank sei dir, Vater […] für den Glauben, den du uns gegeben, dass wir in Jesus Christus dich erkennen
500,2 meine Augen sahn, was deine Huld getan, das Heil uns zu bereiten
521,5 mach allen, die suchen, den Sohn offenbar

Ohnmacht

Ohren

Ökumene ↗Einssein ↗Kirche ↗Volk Gottes

Opfer

Ostern ↗Auferstehung Christi

Palmsonntag ↗Königsherrschaft Gottes
218,1.2.3.4 ein König aller Königreich [2] Königskron…Szepter [3] wohl der Stadt, so diesen König bei sich hat…König ziehet ein [4] Zweiglein der Gottseligkeit
279 (Kyrie) hosanna dem Sohne Davids […]du König deines Volkes
280,1-4 singt dem König Freudenpsalmen
360,1 macht weit die Pforten in der Welt, ein König ists, der Einzug hält
KV 176,4 Ruhm und Preis und Ehre sei dir, Erlöser und König
KV 302,2 hosanna dem Sohne Davids
KV 302,3 hosanna, hosanna in der Höhe

Paradies ↗Vollendung ↗Himmel
247,4 heut schließt er wieder auf die Tür zum schönen Paradeis
326,4 der uns erkauft das Paradeis
357,7 dass mein nun ist das A und O, der Anfang und das Ende […] aufnehmen in das Paradeis
360,4 die Wüste wird zum Paradies
553,1-5 [4] wenn dann zuletzt ich angelanget bin im schönen Paradeis
515 zum Paradies mögen Engel dich geleiten
516 in paradisum deducant te angeli
553,4.5 wenn dann zuletzt ich angelanget bin im schönen Paradeis
642,6 gefesselt ist der Fürst der Welt, und offen steht das Paradies

Parusie ↗Wiederkunft des Herrn ↗Advent

Passion
90,5 sei deiner Diener eingedenk, die du mit deinem Blut erkauft. Stärk uns durch deines Leidens Kraft, wir sind auf deinen Tod getauft
91,2 (Abend) die heil'gen Wunden dein mir sollen Ruhstatt sein
209,3 das ist mein Blut, für euch geflossen, im Tod […] Werk vollbracht
210,2 so gab der Herr sein Leben, verschenkte sich wie Brot
211,4.5 du warst überliefert dem bitteren Tod [5] du trankest den Kelch voll Ängste und Leid
213,2 du hast für uns dein Leben, o Jesu, hingegeben und gibst dein Fleisch und Blut zur Speise und zum Tranke
215,2 dein heilger Leib ist in den Tod gegeben, dass wir alle dadurch leben
230,2 drum nahm er auf sich Schuld und Pein
248,4 was leidest du alles für unsere Sünd
254,1.2 dein Leid, das wir […] durch unsre Schuld auf dich gebracht [2] Urteilsspruch ist längst gefällt, das Kreuz ist dir schon aufgestellt
267,1.2 trüg unsrer Sünden schwere Bürd am Kreuz nach Gottes Willen [2] dass er für uns litt solche Pein
270 Kreuz, auf das ich schaue
282,3 dann ging er hin zu sterben […] sich selbst zum Opfer hin
286 bleibet hier und wachet mit mir
288 hört das lied der finstern Nacht
289 o Haupt voll Blut und Wunden
290 herzliebster Jesu, was hast du verbrochen

291 Holz auf Jesu Schulter
292 fürwahr, er trug unsre Krankheit, fürwahr
294 o du hochheilig Kreuze
295 o traurigkeit, o Herzeleid
297 wir danken dir, Herr Jesu Christ, dass du für uns gestorben bist
299 der König siegt, sein Banner glänzt
300 heiliger Herre Gott – hágios ho theós
337,3+4 (österlich) die Wunden rot, jetzt o wie schön [4] Seite…geöffnet
339,4 (österlich) er ward gehorsam bis zum Tod, erhöht hat ihn
347,3 er stirbt, erhöht am Kreuzesthron, und bricht die Macht des Bösen
359,2.3 wie hat die Liebe dich gedrängt, dass du für uns den Tod [3] Lanze trifft dein Herz, und Blut und Wasser […] Quell des Heils
366,1 für das Lamm, das sich verirrte, starbst du an dem Kreuzesstamm
369,1.2 drang dich doch dein edle Lieb ins bittre Joch der Scherzen [2] du brichst und fällst und stirbst dahin
371,1 wir stachen dich mit Spott und Wut, du tauftest uns mit deinem Blut
380,8 kauftest durch dein Blut uns frei, hast den Tod für uns gelitten
425,4 gibst deinen Sohn in unsre Hände
438,5 Jesu Kreuz sei meine Hoffnung
460,5 sterben wie ein Weizenkorn [5] gleichen Weg ist unser Gott gegangen
464,5 durch des Sohnes Sterben hat er uns bestellt zu des Reiches Erben
474,5 loben Jesus Christ, der für uns Menschen starb und auferstanden ist
497,3.5.6 einst am Kreuz verhüllte sich der Gottheit Glanz [5] Denkmal, das uns mahnet an des Herren Tod [6] gleich dem Pelikane starbst du Jesu mein
498,2 hier ist das wahre Osterlamm, das für uns starb am Kreuzesstamm
507,3 durch seine heilgen Wunden bin ich versöhnt mit Gott
521,4 du hast unterm Kreuze auf Jesus geschaut
532,1-5 Christi Mutter stand mit Schmerzen bei dem Kreuz
642,2 am Kreuze gab er seinen Leib für alle Welt zum Opfer hin

KV 286 bleibet hier und wachet mit mir
KV 287 Christus war für uns gehorsam
KV 293 mein Gott, mein Gott, warum hast du mich verlassen
KV 296 (=563,1) im Kreuz ist Heil, im Kreuz ist Leben […] Hoffnung
KV 301 ein reines Herz erschaffe mir, o Gott
KV 305,1 wir rühmen uns im Kreuz unsres Herrn Jesus Christus
KV 305,3 der Kelch […] gibt uns Anteil an Christi Blut
KV 307,2 der Herr hat uns mit seinem Blut erkauft
KV 308,1 Vater, in deine Hände empfehle ich meinen Geist
KV 308,4 sei uns gegrüßt, du heiliges Kreuz
KV 308,5 heiliger Gott, heiliger starker […] unsterblicher
KV 310,8 du hast uns erlöst durch dein Kreuz und dein Blut
KV 639,7 durch Christi Wunden sind wir geheilt
KV 640,2 so sehr hat Gott die Welt geliebt, dass er seinen Sohn
KV 657,5 Christus war für uns gehorsam bis zum Tod
KV 658,1 in manus tuas, Pater, commendo spiritum meum
298 (Kanon) so sehr hat Gott die Welt geliebt
563 Litanei vom Leiden Jesu

366,3 lass uns deine Stimme hören, lass uns deine Wege gehn
368,6 du unser Glück in dieser Zeit
380,8.9 nimm uns nach vollbrachtem Lauf zu dir in den Himmel auf [9] leit es [Volk] auf der rechten Bahn [...] führe es durch diese Zeit
382,4 lass allen Kummer fahren, wie enge gleich der Steg
384,3 den Weg des Friedens führt...uns alle, die im finstern Tal
385,1 mit uns verbünden und wird uns tragen durch die Zeit
405,1.2 der uns von Mutterleib und Kindesbeinen an unzählig viel zu gut bis hierher hat getan [2] in seiner Gnad erhalten fort und fort
409,2.3 Führt auch unser Weg durch Nacht, bleibt doch seines Armes Macht über unserm Wallen [3] hat er nicht...uns bisher getragen
418,1 befiehl du deine Wege [...]Wege finden, die dein Fuß gehen kann
421,2.4 wird durch den Namen sein auf rechte Bahn mich schicken [4] durch des Lebens Zeit mich immer treu begleiten
423,2 seinen Engeln Gott befahl, zu hüten seine Wege all
424,5 sing, bet und geh auf Gottes Wegen, verricht das Deine nur getreu
428,5 leit mich auf ewgen Wegen bis an mein selig End
430,1 so will ich diese Tage mit euch leben und mit euch gehen
434,4 gib Weisheit, unsre Zeit in Lob und Klage zu bestehn
435,1.2.3.4 väterlich führst du mich auf des Lebens Wegen, meinem Ziel entgegen [2] wirst mein Herz in deinem Licht durch die Zeit hin lenken [3] lehr mich in der Erdenzeit als ein Fremdling leben [...] heimzustreben [4] und das Licht der Gnaden treu durch mein Leben trage
439,4 so will mein Lied ich singen [...] mein Lobesopfer bringen von neuem Tag um Tag
440,1.5 hilf, Herr, meines Lebens, dass ich nicht vergebens hier auf Erden
449,2 mit uns durchs Leben gehen bis zur lichten Ewigkeit
451,3 Frieden [...] wie du ihn versprichst uns zum Wohl auf Erden
452,4 an seiner Liebe sollst du Feuer fangen und Werkzeug sein für Gott in dieser Zeit
453,1-4 bewahre uns Gott, behüte uns [1] sei mit uns auf unsern Wegen [2] sei nahe in schweren Zeiten [4] sei um uns auf unsern Wegen
455,4 der [...] unser Leben will verklären nach den Leiden dieser Zeit
456,1.4 Herr, du bist mein Leben, Herr du bist mein Weg [4] auf deinen Wegen führe uns zum Ziel
457,3 planen und bauen, Neuland begehn
460,2 er geht den Weg, den alle Dinge gehen
464,1 wohin er uns stellt, sollen wir es zeigen: Gott liebt diese Welt
465,1.3.4 zwischen Blühn und Reifen [...] wachsen auf dich hin [3] das Ziel ins Auge fassen
468,1 Gott hat uns diese Erde gegeben, dass wir auf ihr die Zeit bestehn
474,3 wenn wir uns öffnen für den Herrn in dieser Zeit, Wege ihm bahnen
478,4.5 in Drangsal mach uns frei und steh im Kampf uns bei [5] sein wandernd Volk will leiten der Herr in dieser Zeit
490,5 segne dieses Kind [...] dass es gehen lernt...auf den Straßen der Erde
499,3 wie zu zwei und zweien der Mensch den Weg durchmisst
502,1-5 [Refr] näher mein Gott zu dir [3] schmale Bahn...himmelan [4] ist dann die Nacht vorbei, leuchtet die Sonn [5] schließt dann mein Pilgerlauf, schwing ich mich freudig auf

504,2 sei nicht ein Schicksal, das wir nicht begreifen
505,1 wir sind nur Gast auf Erden und wandern ohne Ruh
510,1 o Welt. ich muss dich lassen, ich fahr dahin mein Straßen
521,5 reich uns die Hand auf all unsern Wegen durchs irdische Land
524,6 gib ein reines Leben […] sichre Reis daneben
528,3 den ganzen Weg hast du gewagt, begleite unsre Pfade
530,1 hilf der bedrängten Christenheit auf ihrem Wege durch die Zeit
539,7 bis wir mit ihnen dort im Licht einst stehn vor deinem Angesicht
540,1-4 den Engel lasst uns preisen, der wie ein Bruder still auf Erden mit uns reisen und uns behüten will [2] er wird den Weg uns zeigen…auf seinen Händen uns tragen wunderbar
542,1-6 (Refr)helft uns in diesem Erdental, dass wir…zum Himmel kommen
543,1.3.4 wohl denen, die da wandeln vor Gott in Heiligkeit, nach seinem Worte handeln und leben…recht von Herzen suchen Gott...seiner Weisung folgen [3] wenn du mich leitest, treuer Gott, so kann ich richtig gehen den Weg [4] lehr mich den Weg zum Leben, führ mich nach deinem Wort
548,3 lass auch uns, die noch auf Erden gehen, fest […] unser Werk bestehn

KV 71,1 selig, wer Gott fürchtet und auf seinen Wegen geht
KV 629,3 ich gehe meinen Weg vor Gott im Lande der Lebenden
KV 664,5 er befiehlt seinen Engeln, dich zu behüten

Plage ↗Mühe
94,2 ein Tag voll Müh und Plag hat sich geneigt
440,2 dass ich nicht zur Plage meinem Nächsten bin

Platz
216,3 bis nach der Zeit den Platz bereit an deinem Tisch wir finden

Priestertum Christi
348,5 durch Jesum Christum, der uns macht heilig durch sein Priestertum
366,1 Jesus Christus, guter Hirte, Hoherpriester, Osterlamm
562,2 (3) den heiligsten Leib des Hohenpriesters

KV 59,1 du bist Priester auf ewig nach der Ordnung Melchisedeks

Profess ↗Hingabe
439,4 so will mein Lied ich singen, wie ich es dir versprach, mein Lobesopfer bringen von neuem Tag um Tag

Prophet
299,3 erfüllt ist nun, was David einst […] prophezeit
347,2 der Geist des Herrn erweckt den Geist in Sehern und Propheten
363,2 lass leuchten deine Herrlichkeit, von der die Seher künden
374,2 als kleines Kind hält Einzug der, der aller Seher Sehnsucht war
380,4 der Propheten hehre Menge schickt zu deinem Thron empor
542,3 ihr Patriarchen… ihr Propheten…der Herr hat euch das Reich bereit'
549,1.2 es wird sein in den letzten Tagen, so hat es der Prophet geschaut
553,3 Propheten groß und Patriarchen hoch […] schau ich in Ehre schweben

Prüfung ↗Versuchung
428,5 du der mich prüft und kennt, halt mich in deinem Segen

Qual
268,2 du weißt, was mich zuinnerst quält
344,7 heile du, wo Krankheit quält
532,2 Angst und Jammer, Qual und Bangen

Quelle
211,9 du Quell, der in unsere Wüste sich gießt, du Strom, der ins ewige Leben fließt
221,3 aus Gestein und Wüstensand werden frische Wasser fließen
245,3 selbst der Urquell aller Gaben leidet solche Dürftigkeit
257,4 und doch strömt deiner Gnade Born in unsre leeren Hände
272,3 Worte und Taten, aus denen wir leben
274,1 Ursprung, in den ich münde
349,1 komm o Tröster, Heilger Geist… Quell, der uns mit Gaben speist
351,2 du Lebensbrunn, Licht, Lieb und Glut
359,3 Blut und Wasser bricht hervor, ein Quell des Heils, der nie versiegt
360,4 die Wüste wird zum Paradies und bittre Quellen strömen süß
366,2 Strom des Heiles
368,5 du Quell, aus dem uns Kraft entspringt
427,1.2 du öffnest deines Himmels Tor, da quillt dein Überfluss hervor [2] bei dir, Herr, ist des Lebens Quell
453,1 sei Quelle und Brot in Wüstennot
466,3 Schwester Wasser lobt mit Regen, Strom und Quell
524,4 Quelle aller Freuden […] Trösterin in Leiden

KV 312,6 freudig lasst uns schöpfen […] aus den Quellen des Heiles
KV 426 all meine Quellen entspringen in dir
350 (Kanon) Geist der zuversicht, Quelle des Trostes
397 (Kanon) all meine Quellen entspringen in dir

Rast ↗Ruhe
99,1 dem, der in deinen Armen ruht, ist wahre Rast beschieden
344,4 in der Unrast schenkst du Ruh
349,2 komm gib in der Mühsal Rast
421,1 er wird […] mir Rast und Nahrung geben

Rat
86,3 Gott will ich lassen raten
99,5 wie du […] zur Seite warst und wunderbar mit Plan und Rat
143,3 du wirst nach deinem ewgen Rat […] dein Werk vollenden
218,1.4 gelobet sei mein Gott, mein Schöpfer reich an Rat [4] voll Rat
222,2 umspannst des Weltalls Rund und alles lenkst mit Kraft und Rat
243,2 aus Gottes ewgem Rat hat sie ein Kind geboren
349,4 rate, wo wir ratlos stehn
418,3 das treibst du, starker Held […] was deinem Rat gefällt

Ratschluss ↗Vorsehung
99,5.9 wie du [...] zur Seite warst und wunderbar mit Plan und Rat [9] dass sich alles, was mir frommt, in deinem Ratschluss findet
143,3 du wirst nach deinem ewgen Rat, Herr [...] dein Werk vollenden
507,6 lass sanft und stille...mich schlafen ein nach deinem Rat und Willen

Reben ↗Weinstock
281,2 aus dem Weinstock Reben treibet, Früchte bringt zur rechten Zeit

Recht ↗Gerechtigkeit ↗Gesetz ↗Gebot ↗Tora ↗Weisung
100,2 lass Recht aufblühen, wo Unrecht umgeht
220,2 Gott selber ist erschienen zur Sühne für sein Recht
543,2 dir sei Dank [...] weil du mich lehrst die Rechte deiner Gerechtigkeit

Rechte des Herrn ↗Macht ↗Hand des Herrn
385,2 Gott schafft den Sieg mit seiner Rechten
539,5 groß ist in ihnen deine Kraft; dein Arm sind sie, der Wunder schafft
KV 77,1 der Herr ist erhaben [...] ja, seine Rechte hilft mir

Regen
231,2 ihr Wolken, brecht und regnet aus den König über Jakobs Haus
234,1 ihr Himmel, tauet den Gerechten, ihr Wolken regnet ihn herab
378,2 Regen, der die Wüsten tränkt
392,4 der aus dem Himmel mit Strömen der Liebe geregnet
460,3 der Sonne und dem Regen preisgegeben, das kleinste Korn in Sturm
463,3 wer heißt die Himmel regnen
466,3 Schwester Wasser lobt mit Regen, Strom und Quell
467,3 Schnee, Hagel und Regen [...] Vater, den wollen wir loben

Reich Gottes ↗Königsherrschaft Gottes
96,5 dein Reich, o Gott, ist ohne Grenzen
228,2.3 Hosianna Davids Sohn [...] gründe nun dein ewig Reich
233,1 heute schon baust du dein Reich unter uns
266,1.2 er ruft die Menschen in das Reich des Vaters [2] Reich ist nahe
272,2 dein Reich des Friedens lass wachsen auf Erden
275,4 Vater im Himmel, heilig ist dein Name, dein Reich wird kommen
281,1 gehet hin, mein Werk vollendet, eins zu sein in meinem Reich
294,10 damit wir, Gottes Kinder [...] sterben als seines Reiches Erben
324,4 Welt steht auf [...] Gott herrscht in uns, er herrscht im All
336,2 Ihm ist das Reich über alle Welt gegeben
338,4 er triumphiert in Herrlichkeit [...] weithin spannt sich seine Macht [...] Reich, in dem er ewig herrscht
339,1 der Herr fährt auf zu seinem Reich [4] erhöht hat ihn...Gott
347,4 wohin sein Feueratem fällt, wird Gottes Reich lebendig
360,5 lasst uns auf seine Hände schaun, an seinem Reiche mutig baun
363,2 mach uns für Gottes Reich bereit, wo alle Mühen münden
371,3 lass uns dein Reich erscheinen

651,8 (3) selig die ein reines Herz haben, denn sie werden Gott schauen

Requiem ↗Tod
KV 512 requiem aeternam dona eis, Domine

Rettung ↗Erlösung ↗Hilfe
140,1.2 kommt herbei, singt dem Herrn, ruft ihm zu, der uns befreit [...] er allein ist letzter Halt
220,2.4 wer schuldig ist auf Erden [...] er soll errettet werden [4] von Gottes Angesichte kam euch die Rettung her
222,7 rette uns, dein Ebenbild
237,3 euch führn aus aller Not [...] von allen Sünden machen rein
241,4 Jesus, das Kindlein, das uns all errettet
243,3 hilft uns aus allem Leide, rettet von Sünd und Tod
247,4 heut schließt er wieder auf die Tür zum schönen Paradeis
249,2.3 stille Nacht [...] Christ, der Retter ist da [...] rettende Stund
250,3 Christ, der Retter, stieg hernieder, der sein Volk von Schuld befreit
266,1 uns zu erretten aus der Macht des Bösen
267,1 den Toten er das Leben gab, nahm vielen ihre Krankheit ab
271,4 führe zu den Brüdern mich aus dem Elend mich heim
272,1 der uns befreit und Geborgenheit schafft
338,3 befreit aus der Gefangenschaft folgt Jesus die erlöste Schar
344,3 Gast, der Herz und Sinn erfreut, köstlich Labsal in der Not
360,2 frohe Schar, die lang in schweren Fesseln war, er hat sie freigegeben
369,1 zu retten aus der Todesnot mich und mein armes Leben
377,2 meine Hoffnung bist du, Heiland des Gerichts
378,1 Ohr, das von Rettung hört
380,10.11 rett aus Sünden, rett aus Tod, sei uns gnädig, Herre Gott [11] lass uns nicht verloren sein
381,5 du wirst mich ja in aller Not durch deine Gnad erlösen
383,1-3 ich lobe meinen Gott, der aus der Tiefe mich holt, damit ich lebe [...] frei bin [3] Tränen trocknet [...] Angst vertreibt
384,1-3 aus Davids Stamm hat er erweckt den Retter [2] dass wir, von aller Furcht befreit, gerecht und heilig vor ihm leben [3] Weg des Friedens führt
385,1.2 er will sich selbst mit uns verbünden, und wird uns tragen durch die Zeit [2] nicht sterben wird ich [...] Gott schafft den Sieg
392,3 in wieviel Not hat nicht der gnädige Gott über dir Flügel gebreitet
402,6.9.10 er hat Israel befreit aus Ägyptens Dienstbarkeit [10] der uns nicht verderben ließ, den Bedrängern uns entriss
416,2.4 er wird mein Unglück wenden [4] so wird Gott mich ganz väterlich in seinen Armen halten
418,5 mach End, o Herr, mach Ende mit aller unsrer Not
422,3 sprich du das Wort, das tröstet und befreit
452,5 der Herr hat dich von aller Last befreit
456,4 Jesus, unser Retter, an dich glauben wir
459,3 selig seid ihr, wenn ihr Fesseln sprengt
479,2 durch dein Tor lass uns herein [...] lass herein, die draußen sind
527,2 Schoß getragen: den Heiland Jesus Christ, der unser Retter ist
539,6 sie weisen, wo kein Ausweg ist, sie retten aus Gefahr und Not

552,4 uns hält gefangen […] Schuld […] deine Treue hat uns schon befreit
642,1.3 Christus, dem Sieger singen wir, der uns durchs Rote Meer geführt
[3] wir sind befreit aus harter Fron und von der Knechtschaft Pharaos
648,2 der Himmel öffnet sich in dir, zur Heimkehr steht der Weg uns frei

KV 36,1 du hast sie [unsere Väter] gerettet
KV 48,1 biete deine Macht auf […] und komm, uns zu retten
KV 60,1 der Herr hat uns befreit, auf ewig besteht sein Bund
KV 307,5 meine Hilfe und mein Retter bist du
KV 517 der Herr vergibt die Schuld und rettet unser Leben
KV 629,1 du führst mich hinaus ins Weite, du machst meine Finsternis hell

Reue ↗Umkehr ↗Bekehrung
145,3 eil ich in Vaters Arme, fleh reuerfüllt: erbarme
215,3 dass die Speis uns nicht gereue
269,2 du schenkst uns diese Gnadenzeit, gib auch ein reuevolles Herz
456,3 du nimmst alle Schuld von mir…lässt mich immer ganz neu beginnen
503 uns reuet unsre Missetat, die dich, Herr, erzürnet hat

Rorate
KV 234 rorate caeli desuper / ihr Himmel, tauet den Gerechten

Rose
224,3 da haben die Dornen Rosen getragen
243,1-3 es ist ein Ros entsprungen
470,1 wenn das Brot, das wir teilen, als Rose blüht
524,2 Rose ohne Dornen […] du von Gott Erkorne
527,1 ave Maria zart, du edler Rosengart, lilienweiß ganz ohne Schaden
531,2 sie ist die reinste Rose, ganz schön und auserwählt

Rufen ↗Bitten
277,1 aus tiefer Not schrei ich zu dir, Herr Gott, erhör mein Rufen
380,2 alle Engel […] rufen dir stets ohne Ruh »heilig, heilig, heilig« zu
422,1 seit Menschen leben, rufen sie nach Gott
425,5 darum muss jeder zu dir rufen, den deine Liebe leben lässt
439,1 erhör, o Gott, mein Flehen, hab auf mein Beten acht
491,2 ich darf ihn rufen »Vater mein«
536,4 aus Tod und Elend rufen wir: o Maria

Ruhe
99,1 dem, der in deinen Armen ruht, ist wahre Rast beschieden
274,3 von dir zu dir mein Schreiten, mein Weg und meine Ruh
344,4 in der Unrast schenkst du Ruh
377,1 meine Ruhe bist du, ohne dich nur Streit
421,1 er wird […] mir Rast und Nahrung geben
448,3 Herr, gib uns Mut zur Stille, zum Schweigen und zum Ruhn
455,1 alles meinem Gott zu Ehren in der Arbeit, in der Ruh
502,2 find ich zum Ruheort nur einen Stein…Sehnen…näher mein Gott
505,1 wir sind nur Gast auf Erden und wandern ohne Ruh

506,1 Reich deiner Ruhe [2] Kraft deiner Ruge [3] Herrlichkeit deiner Ruhe [4] Weg in die Ruhe bei dir
628,1 umgibst den Tag mit hellem Licht, gewährst zur Ruhe uns die Nacht
663,2 hüllt Schlaf die müden Glieder ein, lass uns in dir geborgen sein

Ruhm ↗Lobpreis
143,1 will in deinem Heiligtum, Herr, dir zum Ruhm mein Opfer bringen
144,5 rühmt seinen namen mit lauter Stimm
211,1 wir rühmen dich, König der Herrlichkeit
268,4 befreie mich von Schuld und Not, dass ich dich rühme, Herr mein Gott
280,3 dem der Chor der Engel singt, dessen Ruhm sollt ihr vermehren
353,2 dich rühmt des Himmels hehre Schar
357,2 du Kleinod du, mein Preis und Ruhm
380,3 Himmel, Erde, Luft und Meere sind erfüllt von deinem Ruhm
385,2 dem Tode aber nicht gegeben, drum rühm ich Gottes Taten gern
396,2 ein Lied zu seinem Ruhme: lobt froh den Herrn
409,1 der auch heut noch Wunder tut, seinen Ruhm zu mehren
435,1 dein ist ja mein Leben [...] dir zum Ruhm hast du mir's gegeben
463,5 der Mensch, der Schöpfung Ruhm und Preis
478,2 Herr, wir rühmen dich, wir bekennen dich
493,6 Freudenruf und Jubellieder, Ruhm und Segen allezeit
546,4 Herr Jesus, dir sei Ruhm und Preis, der seine Zeugen uns gesandt

KV 176,3 Herr Jesus, dir sei Ruhm und Ehre
KV 176,4 Ruhm und Preis und Ehre sei dir, Erlöser, Herr und König
KV 305,1 wir rühmen uns im Kreuz unseres Herrn Jesus Christus
KV 625,6 du bist der Ruhm Jerusalems, du bist Israels Freude

Ruf Gottes ↗Berufung ↗Offenbarung
KV 53,1 hört auf die Stimme des Herrn

Saat / säen
221,3 überreich die Saaten sprießen
452,2 er schenke Wachstum dort, wo du gesät
463,4 mich, ruft die Saat, hat Gott gemacht
469,2.3 dass sie uns sprieße gute Saat [3] Herz nehm die Saat in Freuden auf
493,2 streute aus die Saat des Wortes denen, die auf Erden sind
546,2 als deine Zeugen riefst du sie...die Saat des Evangeliums...auszustreun

KV 443 im Jubel ernten, die mit Tränen säen

Salbung ↗Messias ↗Siegel
322,2 die Frauen kamen zu dem Ort, sie wollten Jesus salben dort
351,2 der Seele Salbung (Heiliger Geist)
421,4 du hast mein Haupt getränkt, gesalbt mit Freudenöle

Salz
483,2 ihr seid das Salz für die Erde

Sand
221,3 aus Gestein und Wüstensand werden frische Wasser fließen
382,5 sollst nicht auf eitel Sand, auf echten Felsen bauen
424,1 wer Gott, dem Allerhöchsten, traut, der hat auf keinen Sand gebaut
428,4 wollt ich [...] deine Pläne fassen, ich müsste davon lassen; sie sind wie Sand am Meer
463,4 dich predigt Sonnenschein und Sturm, dich preist der Sand am Meere

Sanftmut
218,2 er ist gerecht, ein Helfer wert, Sanftmütigkeit ist sein Gefährt
280,3 sieh, Jerusalem, dein König, sieh, voll Sanftmut kommt er an
387,7 mache mich...innig abgeschieden, sanft und still in deinem Frieden

Sauerteig
272,2 aus Glaube und Liebe zu handeln und so uns selbst und die Welt zu verwandeln
468,3 Gott will mit uns die Erde verwandeln...können neu ins Leben gehn
483,2 ihr seid das Licht in der Dunkelheit der Welt [...] Salz für die Erde

Säuseln
417,1 jemand, der leise spricht: Hab keine Angst, ich bin da

Schaf ↗Hirt
246,1 als ich bei meinen Schafen wacht
266,4 ihr seid gefunden wie verlorne Schafe
290,4 der gute Hirte leidet für die Schafe
366,2.3 du nur kennst und führst die Deinen [3] lass uns deine Stimme hören

Schatten ↗Finternis ↗Dunkelheit ↗Nacht ↗Tod
360,4 Schatten schwindet! Tempel Gottes sei gegründet
384,3 uns alle, die im finstern Tal in Nacht und Todesschatten
552,2 tief liegt des Todes Schatten auf der Welt
KV 617,1 Licht aus der Höhe, leuchte allen, die in Finsternis sind und im Schatten des Todes

Schatz ↗Perle
351,3 o Schatz, der siebenfältig ziert
357,2 du meine Perl, du werte Kron
361,1 mein schönste Zier und Kleinod bist

Schauen ↗Sehen ↗Heil
93,5 Gott, lass dein Heil uns schauen
380,11 erbarm, erbarme dich, lass uns deine Güte schauen
KV 55,1 alle Enden der Erde schauen Gottes Heil

Schiff
236,1-3 es kommt ein Schiff geladen

144,2 erkennt, dass Gott ist unser Herr, der uns erschaffen, ihm zur Ehr
218,1 gelobet sei mein Gott, mein Schöpfer reich an Rat
220,5 der sich den Erdkreis baute, der lässt den Sünder nicht
222,7.9 dein Ebenbild [9] dein Wort…wirkt durch alle Zeiten fort […] schaffe Erd und Himmel neu
230,1.6 Gott, heilger Schöpfer aller Stern [6] Sohn, der all Ding schafft
245,2.3 durch den alles ist und war [3] Urquell aller Gaben
247,3 nimmt an eines Knechts Gestalt, der Schöpfer aller Ding
252,3 Kindlein worden klein, der alle Ding erhält allein
256,2 eh ich durch deine Hand gemacht
259,1 Gottes Wort die Welt erschuf
274,1 Ursprung, in den ich münde
295,2 dass der Mensch sein Schöpfer sollt an das Kreuz aufhenken
324,4 die Welt steht auf […] Gott herrscht in uns, er herrscht im All
342,1 komm Heilger Geist, der Leben schafft […] dein Schöpferwort rief uns zum Sein: Nun hauch uns Gottes Odem ein
344,6 ohne dein lebendig Wehn kann im Menschen nichts bestehn
348,3 Geist des Herrn, der in uns lebt und schafft
351,1 komm Schöpfer Geist […] die deine Macht erschaffen hat
353,1,2 unendliches Geheimnis du und tiefster Ursprung allen Seins [2] dir jubelt deine Schöpfung zu, der du dein Bildnis aufgeprägt
354 der Vater schuf die Welt
355,3 Vater, dessen Wink und Ruf, das Licht aus Finsternissen schuf
357,5 du hast mich ewig vor der Welt in deinem Sohn geliebet
359,1.3 o selger Urgrund allen Seins [3] aller Schöpfung Freude bringt
364,2 alle die Schönheit Himmels und der Erde ist gefasst in dir allein
371,2 du bist die Sonne, wir der Schein, wir können ohne dich nicht sein
375,2 das Wort, das sie zu Anfang schuf, wird bis ans Ende gelten
380,1.3 vor dir neigt die Erde sich und bewundert deine Werke [3] alles ist dein Eigentum
381,2 schallt ihr Klang, des Schöpfers Macht zu zeigen
382,3 er ist's, auf dessen Ruf wir in dies Leben kamen, und was er rief und schuf, er kennt und nennt die Namen
387,5 aller Dinge Grund und Leben, Meer ohn Grund und Ende
402,1-5.11 [3] alles rief er in das Sein [4] Erd und Himmel [11] alle Schöpfung ihn erhebt
411,1.2.4 was er schuf, was er gebaut, preis ihn laut [2] Kreaturen… preist die Ehre dessen, der aus nichts euch schuf […] er haucht ja allein Leben ein
416,1 was Gott tut, das ist wohlgetan
417,2 sprach schon vor Nacht und Tag […] ich bin da
419,1.3 deine Liebe formte mein Leben [3] hat dein Wort mich gebaut
428,4.5 du hast geformt mein Wesen schon in der Mutter Schoß [5] dir will ich Dank bezeugen, der herrlich mich gemacht, und mich voll Staunen neigen vor deiner Werke Pracht
429,2 und doch bleibt er nicht ferne, ist jedem von uns nah; ob er gleich Mond und Sterne und Sonnen werden sah
430,2 gib unsern […] Seelen das Heil, für das du uns geschaffen hast
435,1 dein ist ja mein Leben, mir zum Heil und dir zum Ruhm hast du mir's gegeben

452,1 der Herr ist Gott, er erschuf das Universum, er hauchte Leben ein
462,4 Gott ließ die ganze Welt sich drehn, ihm Lob und Dank zu zeigen
463,1-6 wenn ich, o Schöpfer, deine Macht [2] Wunder deiner Werke
464,2 Gott liebt diese Welt; er rief sie ins Leben; Gott ist's, der erhält, was er selbst gegeben
466,1-5 Herr, dich loben die Geschöpfe…Raum und Zeit [2] Gestirne… Mond…Wind…Wolken [3] Wasser [4] Mutter Erde…Kräuter, Blumen, Früchte [1-5] alle Schöpfung lobt den Herrn
467,1-6 erfreue dich Himmel, erfreue dich Erde [2] Sonen und Monde… Sterne…All [3] Tiefen des Meeres…Schnee, Hagel und Regen [4] Wüsten… Gebirg [5] Männer und Frauen [6] Erd, Wasser, Luft, Feuer
468,1-3 Gott gab uns Atem...Augen…Gott hat uns diese Erde gegeben [2]er schuf sie gut, er schuf sie schön [3] Gott will mit uns die Erde verwandeln
469,1.4 der Erde Schöpfer und ihr Herr, du hast geschieden Meer und Land [4] Vater…Sohn…Geist…die Schöpfung zur Vollendung führt
499,1 Gott, der nach seinem Bilde, aus Staub den Menschen macht
530,2 dass du den Herrn geboren hast, den Herrn und Schöpfer aller Welt
539,1 Gott, aller Schöpfung heilger Herr
615,1 der ausgespannt das Sternenzelt und der es hält mit starker Hand
628,1 o Gott, dein Wille schuf die Welt und ordnet der Gestirne Bahn
656,2 du hast ins Leben alles gerufen […] dein Schöpfung neigt sich zum Tode, hole sie heim

KV 51,1 wie groß sind deine Werke, o Herr
KV 66,1 (=335) das ist der Tag, den der Herr gemacht hat
619,2 all ihr Werke des Herrn, preiset den Herrn [Cantium Dan 3,51 ff.]

Schrecken ↗Angst
336,1 Jesus lebt, mit ihm auch ich. Tod, wo sind nun deine Schrecken
384,1 dass uns der Feinde Hass nicht schreckt
430,2 gib unsern aufgeschreckten Seelen das Heil
621,4 sein Glanz die Welt mit Schrecken schlägt

schreien ↗Rufen ↗Bitte ↗Klage
277,1 aus tiefer Not schrei ich zu dir
536,4 wir Kinder Evas schrein zu dir
552,3 Leid und Geschrei und Schmerz muss dann vergehn

KV 75,1 ich schreie zu dir, o Herr; meine Zuflucht bist du
KV 76,1 der Herr ist nahe allen, die ihn rufen

Schuld ↗Sünde ↗Vergebung ↗Erbarmen
145 wohin soll ich mich wenden, wenn Gram und Schmerz mich drücken
161 (Kyrie) du rufst uns, Herr, trotz unsrer Schuld […] größer als alle Schuld
220,2.4.5 wer schuldig ist auf Erden, verhüll nicht mehr sein Haupt
221,2 er will lösen unsre Schuld
230,2 drum nahm er auf sich Schuld und Pein
250,3 Christ, der Retter, stieg hernieder, der sein Volk von Schuld befreit
268,1 schuldig ist mein Herz vor dir
272,3 ruf uns zur Umkehr […] bist barmherzig, vergibst uns die Schuld

273,1.4 o Herr, nimm unsre Schuld, mit der wir uns belasten
290,3.4 habe dies verschuldet, was du erduldet [4] der gute Hite leidet für die Schafe; die Schuld bezahlt der Herre […] für seine Knechte
292,1 geschlagen für unsre Sünden, misshandelt für unsre Schuld
334,2 der Menschen Schuld und Leid darf Auferstehung hoffen
371,1 o Herz, in Nacht zu uns gesandt, als Schuld den Tod uns brachte
384,1 hoch sei gepriesen […] der uns erlöst aus Schuld und Not
456,3 du nimmst alle Schuld von mir und verwirfst mich nie
459,4 selig seid ihr, wenn ihr Schuld verzeiht
489,1 Gott, den Herrn, der uns erhoben […] der uns aus der Schuld befreite
497,6 wasch in deinem Blute mich von Sünden rein; schon ein kleiner Tropfen sühnet alle Schuld
498,2 Osterlamm…nimmt hinweg der Sünden Schuld
530,4 o Mutter, reich an Güt und Hud, erbarme dich, wir sind in Schuld
552,4 uns hält gefangen Irrtum, Schuld und Leid […] hat uns schon befreit

KV 517 der Herr vergibt die Schuld und rettet unser Leben

Schutz ↗behüten
81,4 lass doch ferner über unsrem Leben […] dein Huld und Güte schweben
84,1-4 vertreib durch deine Macht unsre Nacht […] birg in deiner treuen Hut […] leucht uns, bis der Tag sich neiget […] führ uns heim
90,2.4 (Abend) in deine Hut, lass uns in dir geborgen sein [4] beschütze uns mit starker Hand
91,1 in dieser Nacht sei du mir Schirm und Wacht […] mich bewahren
96,2 die Kirche Tag und Nacht dir dankt für deinen Schutz und Segen
99,1-11 ich liege, Herr, in deiner Hut
101,6.7 breit aus die Flügel beide […] nimm dein Küchlein ein […] dies Kind soll unverletzet sein [7] kein Unfall noch Gefahr
161,3 (Kyrie) komm uns zu Hilfe, dass wir nicht wanken – sei du unser Halt
272,1 mit deinem Beistand uns allzeit behüte
289,8 erscheine mir zum Schilde, zum Trost in meinem Tod
339,5 Beschirmer deiner Christenheit bist du, Herr Christ, in Ewigkeit
342,5 erhalte uns auf rechter Bahn, dass Unheil uns nicht schaden kann
358,6 erhalte mich auf deinen Stegen und lass mich nicht mehr irregehn
370,2 in deinen Händen ruht der Menschen Schicksal, nichts kann auf Erden deiner Macht entgleiten
378,3 Hand, die die Schwachen schützt
381,4 behüt mich vor der stolzen Welt
382,3.4.5 auf unserm Haupt ein jedes Haar, er hat's gezählt, er nimmt sein wahr [4] dein Name steht in Gottes Hand [5] dich geben ganz in Gottes Hut, und sei gewiss, er meint es gut
392,3 in wieviel Not hat nicht der gnädige Gott über dir Flügel gebreitet
393,2 sein Erbarmen, sein Gnad er über uns gebreitet hat
405,2 und uns in seiner Gnad erhalten fort und fort
414,1.3 allzeit bist du um uns in Sorge, in deiner Liebe birgst du uns
416,4 so wird Gott mich ganz väterlich in seinen Armen halten
423,1.3 wer unterm Schutz des Höchsten steht [3] jeder meinen Schutz

427,1.2 du hast in Treue auf uns Acht, wir sind geborgen Tag und Nacht im Schatten deiner Flügel [2] vor allem Bösen uns bewahr [...] nichts soll von dir uns trennen
428,5 leit mich auf ewgen Wegen bis an mein selig End
430,1 von guten Mächten treu und still umgeben
436,3 dein Wahrheit uns umschanze, damit wir irren nicht
439,1.2 auf dich ich hoffend sehe, du lenkst und leitest mich [2] in deinem Zelt bewahren willst du mich immerdar, mich hütet vor Gefahren dein schirmend Flügelpaar
452,1.3 geschrieben stehen wir in Gottes Hand [3] behüten soll er dich und all die Deinen [...] er schütze dich mit seinen
453,3 bewahre uns Gott [...] sei mit uns vor allem Bösen
455,3 der dem Bösen weiß zu wehren, dass das Gute mächtig wird
456,3 weil ich weiß, dass deine Hand mich immer führen wird
459,4 selig seid ihr, wenn ihr [...] Stütze und Halt aneinander seid
475 es ist ja doch kein andrer nicht, der für uns könnte streiten
534,1 Maria, breit den Mantel aus [1-4] uns allezeit behüte
548,2 du warst ihr Fels, ihr Schutz, ihre Macht
628,5 den Sohn und Vater bitten wir [...] behüte, die auf dich vertraun
663,1-3 behüte uns in dieser Nacht [2] lass uns in dir geborgen sein [3] Dank dir, o Vater [...] der über uns voll Güte wacht

KV 64,1 [der Herr] ist euch Schild und Hilfe
KV 67,1 der Herr behütet dich vor allem Bösen, er behüte dein Leben
KV 431 Herr, du bist ein Schild für mich
KV 664,5 er befiehlt seinen Engeln, dich zu behüten

Schutzengel ↗Engel ↗Schutz
91,3 (Abend) Schutzengel, streit für mich mit deinen Waffen
101,6.7 breit aus die Flügel beide [...] nimm dein Küchlein ein [...]lass die Englein singen: dies Kind soll unverletzet sein [7] stell auch die güldnen Waffen ums Bett und seiner Engel Schar
423,2 seinen Engeln Gott befahl, zu hüten seine Wege all
430,1 von guten Mächten treu und still umgeben
439,2 mich hütet vor Gefahren dein schirmend Flügelpaar
539,6 sie weisen, wo kein Ausweg ist, sie retten aus Gefahr und Not
540,1-4 den Engel lasst uns preisen, der wie ein Bruder still auf Erden mit uns reisen und uns behüten will [2] er wird den Weg uns zeigen...auf seinen Händen uns tragen wunderbar
542,2 ihr Engelchöre voller Macht, die ihr habt treulich auf uns Acht

KV 664,5 er befiehlt seinen Engeln, dich zu behüten

Schwachheit ↗Sterblichkeit ↗Vergänglichkeit ↗Krankheit
81,6 treib unsern Willen, dein Wort zu erfüllen [...] und wo wir schwach sind, da gib du uns Stärke
142,2 hinweg der Sünde Schuld, mit unsrer Schwachheit hab Geduld
271,2 mein Wesen ist am Ende und trauert wie im Grab
342,2.4 aus dir strömt Leben [...] du gibst uns Schwachen Kraft und Mut [4] unser schwaches Fleisch und Blut in deiner Kraft das Gute tut

378,3 Hand, die die Schwachen schützt
395,2 die Stolzen lässt er fallen, die Schwachen nimmt er an
422,2 mein Unvermögen hält mich ganz gefangen
539,6 sie retten aus Gefahr und Not, was schwach ist und [...] bedroht
638,2 durch Entsagung werde stark, was müde ist und schwach und krank

Schweigen
93,1 der Wald steht schwarz und schweiget
251,3 alles anbetet und schweiget
360,4 zu dem Sturme sprichst du: schweige
378,2 Wort, das das Schweigen bricht
383,2 ich lobe meinen Gott, der mir mein Schweigen bricht, damit ich rede
387,1.7 alles in uns schweige und sich innigst vor ihm beuge [7] mache mich [...] innig abgeschieden, sanft und still in deinem Frieden
399,1 Gott loben in der Stille: mit Schweigen beten zu jeder Zeit
419,4 Lied mir geschenkt, das auf immer das Schweigen kann brechen
430,6 wenn sich die Stille nun tief um uns breitet
448,3 Herr, gib uns Mut zur Stille, zum Schweigen und zum Ruhn
508,3 Herr, schweige nicht, wenn wir schweigen müssen

KV 72,1 wie ein Kind [...] so ist meine Seele still in mir
KV 433,2 (Kanon) schweige und höre, neige deines Herzens Ohr

Seele ↗Mensch ↗Magnificat
256,4 meine Seel ein weites Meer, dass ich dich möchte fassen
336,4 welchen Trost in Todesnot wird er meiner Seele geben
344,5 fülle Herz und Angesicht, dring bis auf der Seele Grund
351,2 der Seele Salbung, höchstes Gut
358,6 erleucht mir Leib und Seele ganz, du starker Himmelsglanz
372,6 ei nun, güldnes Seelenlicht, komm herein und säume nicht
375,3 auch jeder Menschenseele Los fällt, Herr, von deinen Händen
382,2 o sei zu seinem Lob nicht träge, meine Seele
387,3 Wille, Seele, Leib und Leben dir zum Eigentum ergeben
392,1.5 lob ihn, o Seele, vereint mit den himmlichen Chören [5] er ist dein Licht; Seele, vergiss es ja nicht
421,4 den Kelch mir eingeschenkt, hoch voll zur Lust der Seele
440,4 hilf, Herr, meiner Seele, dass ich dort nicht fehle [...] wo ich nötig bin
545,7 »wer bist du«, fragt St. Martin schnell, da wird's in seiner Seele hell
634,4 meine Seele preist die Größe des Herrn [Magnificat]

KV 42,1 nach Gott, dem Lebendigen, dürstet meine Seele
KV 57,1 (=650,3) meine Seele, preise den Herrn
KV 58,1 lobe den Herrn, meine Seele
KV 72,1 wie ein Kind [...] so ist meine Seele still in mir

Segen
591,2.3 Segensformeln lat.-dt.
592,4 eucharistischer Segen
81,3 dass unsre Sinnen wir noch brauchen können [...] das haben wir zu danken seinem Segen

86,3 (Morgen) er segne meine Taten an diesem neuen Tag
215,3 Gott geb uns allen seiner Gnade Segen […] gehn auf seinen Wegen
245,2 welche Wunder reich an Segen stellt uns dies Geheimnis dar
257,1-5 [1] nimm auch dieses Jahres Last und wandle sie in Segen
319 er segnet sie mit seiner Hand und sandte sie in alle Land
380,9 hilf uns, segne, Herr, dein Erbe
385,4 gesegnet seid ihr allzusammen, die ihr von Gottes Hause seid
392,4 lobe den Herren, der sichtbar dein Leben gesegnet
418,4 dein Tun ist lauter Segen
422,1 mein Los ist Tod, hast du nicht andern Segen
424,5 trau des Himmels reichem Segen, so wird er bei dir werden neu
428,5 du der mich prüft und kennt, halt mich in deinem Segen
436,4 ach bleib mit deinem Segen bei uns, du reicher Herr
439,3 schenke langes Leben dem, der sich dir geweiht; wollst Jahr um Jahr ihm geben, ihn segnen allezeit
451,1.2.4 komm Herr, segne uns, dass wir uns nicht trennen
452,1-7 (Refr) der Herr wird dich mit seiner Güte segnen
453,1.4 sei um uns mit deinem Segen [4] sei mit uns durch deinen Segen
492,1 stärke uns mit deinem Segen durch das heilge Sakrament
535,1-3 segne du, Maria, segne mich, dein Kind

KV 43,1 Gott hat dich gesegnet auf ewig
KV 45,1 der Herr krönt das Jahr mit seinem Segen
88 (Kanon) Segne, Vater, diese Gaben

Sehen ↗Augen ↗blind ↗schauen ↗Anschauung Gottes
221,4 Blinde schaun zum Licht empor
360,2 blind waren sie und sehen nun, lahm waren sie und gehen nun
380,11 erbarm, erbarme dich, lass uns deine Güte schauen
387,5 lass mich ganz verschwinden, dich nur sehn und finden
414,3 bist nicht sichtbar für unsre Augen, und niemand hat dich je gesehn
417,4 wird es dann wieder leer […] seh dich nicht, hör nichts mehr
422,2 werd ich dich noch mit neuen Augen sehen
427,2 Glanz erweckt das Angesicht, in deinem Licht schaun wir das Licht
428,1 Herr, dir ist nichts verborgen, du schaust mein Wesen ganz
442,3 bis wir einst […] mit den Selgen Christi Antlitz werden schauen
457,1 suchen und fragen, hoffen und sehn, miteinander glauben
468,1 Gott gab uns Atem […] er gab uns Augen, dass wir uns sehn
490,1 segne dieses Kind […] dass es sehen lernt mit seinen eignen Augen
551,1 er ließ sein Heil uns schaun aufs neue

KV 447 öffne meine Augen, dass sie sehen die Wunder

Seher ↗Prophet
347,2 der Geist des Herrn erweckt den Geist in Sehern und Propheten
363,2 lass leuchten deine Herrlichkeit, von der die Seher künden
374,2 als kleines Kind hält Einzug der, der aller Seher Sehnsucht war

Sehnsucht ↗Verlangen
82,3 es werde Glück […] für alle, die voll Sehnsucht sind
222,7 o König, Sehnsucht aller Welt
240,2 zu dem Kinde voll Verlangen ziehn von fern die Könige her
346,1-3 atme in uns, Heiliger Geist […] wir ersehnen dich
357,7 deiner wart ich mit Verlangen
358,4 nun aber ist's durch dich geschehn, dass ich dich hab ersehn
368,5 Licht, das uns Gottes Liebe zeigt, die alles Sehnen übersteigt
372,2 dein Himmel ist in mir, er begehrt dich, seine Zier. Säume nicht
374,2.4 der aller Seher Sehnsucht war [4] auf dich lenk unser Sehnen hin
429,4 er […] trägt nach dir Verlangen
437,4 meine tiefe Sehnsucht nach Geborgenheit bringe ich vor dich
438,2 lassen unsrer großen Sehnsucht, unsern Tränen freien Lauf
553,1 Jerusalem […] mein sehnend Herz so groß Verlangen hat
567,2 sei gegrüßt, dus hast geboren den ersehnten der Völker [akáthistos]

KV 420 meine Seele dürstet nach dir, mein Gott
KV 616,1 Gott, du mein Gott, dich suche ich, meine Seele dürstet nach dir

Selbstbezogenheit
140,4.5 wollen eigne Wege gehen [5] graben unsre eignen Gräber
273,3.4 wir kennen dein Gebot, einander beizustehen, und können oft nur uns und unsre Nöte sehen [4] Dinge, die uns binden
418,2 mit Sorgen und mit Grämen und mit selbsteigner Pein
440,3 dass ich nicht gebunden an mich selber bin

Seligkeit ↗Vollendung ↗Himmel ↗himmlisches Hochzeitsmahl ↗Anschauung Gottes ↗Glück ↗Seligpreisung
221,5 und zum Mahl der Seligkeit ziehen die vom Herrn Erlösten
237,4 er bringt euch alle Seligkeit, die Gott der Vater hat bereit'
248,5 mache sie [unsre Herzen] heilig und selig wie deins
349,5 Hauch, der Leben uns verleiht […] führ uns hin zur Seligkeit
377,2 meine Liebe bist du, Trost und Seligkeit
455,2 Gott wird mich lehren, was mir dient zur Seligkeit
471,5 führe uns zur Seligkeit, die steht in dir alleine
522,3 o große Freud, o Seligkeit […] stimm ein, o ganze Christenheit

Seligpreisung ↗Verheißung ↗Evangelium ↗Reich Gottes
322,11 glückselig alle, die nicht sehn und dennoch fest im Glauben stehn
395,1 er hat mich erhoben, dass man mich selig preist
458,1-4 selig seid ihr, wenn ihr
459,1-4 selig seid ihr, wenn ihr (alternativer Text zu 458)
544,2 selig, die arm sind vor Gott [im Volltext Mt 5,3-10]
651,8 selig, die arm sind vor Gott [im Volltext Mt 5,3-10]

KV 31,1 selig der Mensch […] Freude an der Weisung des Herrn
KV 61,1 selig der Mensch, der gütig und zum Helfen bereit ist
KV 71,1 selig, wer Gott fürchtet und auf seinen Wegen geht

Sendung
81,6 treib unsern Willen, dein Wort zu erfüllen [...]wirken deine Werke
82,2 Mut zum Wirken in der Welt
86,4 das Werk [...] dazu mich Gott beschieden in meim Beruf und Stand
144,1.5 kommt her, in seinen Dienst euch stellt [5] Gott loben [...] unser Amt
146,3 du schickst uns in die Welt. Dass alle deinen Frieden sehn, dazu sind wir bestellt
163,7 (Kyrie) rufst die Menschen, dir zu folgen – sendest sie als deine Boten
209,3 [Eucharistie] Herr, mach uns darin eins im Glauben und lass uns deine Zeugen sein
215,3 Gott geb uns allen seiner Gnade Segen [...] gehn auf seinen Wegen
216,1 im Frieden dein, o Herre mein, lass ziehn mich meine Straßen
223,3 tragt eurer Güte hellen Schein weit in die dunkle Welt hinein
261,4 Stern über Bethlehem, kehrn wir zurück [...] teilen wir aus
266,5 als Jesu Jünger seig ihr nun gesendet [...] kündet seine Botschaft
275,1.3 selig, wem Christus auf dem Weg begegnet, um ihn zu rufen [...] in seiner Kirche für ihn zu wirken [3] in ihren Taten wird die Botschaft Christi für uns lebendig
281,1 wie der Vater mich gesendet [...] gehet hin, mein Werk vollendet
319 er segnet sie mit seiner Hand und sandte sie in alle Land
348,4 neuen Mut, dass wir Gottes Liebe den Menschen künden
360,5 an seinem Reiche mutig baun [...] Jesus ist es, der euch dinget
362 Zeugen deiner Liebe sind wir, Boten des Lichtes in der Welt
371,2 er sendet neu mit dir sich aus als Licht zu Finsternissen
384,2 aufrecht ihm dienen allezeit und ihm allein die Ehre geben
440,1-5 hilf, Herr, meines Lebens [4] dass ich dort nicht fehle, wo ich nötig
446,1-4 (Refr) lass uns in deinem Namen, Herr, die nötigen Schritte tun
451,1(=4) segne uns [...] überall uns zu dir bekennen
452,4 an seiner Liebe sollst du Feuer fangen und Werkzeug sein für Gott
456,4 mache uns zu Boten deiner Liebe
457,3 leben für viele, Brot sein und Wein
468,3 Gott will mit uns die Erde verwandeln
478,2 wir bekennen dich, denn du hast uns bestellt zu Zeugen in der Welt
481,1.5 brich in deiner Kirche an, dass die Welt es sehen [5] gib den Boten Kraft und Mut [...]lass reiche Frucht aufgehn,wo sie unter Tränen sä'n
483,2 ihr seid das Licht in der Dunkelheit der Welt [...] Salz für die Erde [...] denen, die suchen, macht hell den schweren Weg
484,6 als Zeugen deiner Liebe uns zu senden
487,5 dass unsre Liebe immer neu der Einheit Zeugnis sei
491,3 erwählt...ihm will ich dienen in der Welt und Zeugnis für ihn geben
539,5 du sendest sie [Engel] als Boten aus; dein Wort geht in die Welt hinaus
542,4 Apostel Christi, hoch gestellt, zu leuchten durch die ganze Welt
546,2 als deine Zeugen riefst du sie [...]Auftrag [...] die Saat des Evangeliums

KV 454 geht in alle Welt, halleluja, und seid meine Zeugen

Sendung Jesu ↗Advent ↗Inkarnation ↗Großtat
222,1 Herrm send herab uns deinen Sohn
360,4 die Wüste wird zum Paradies [...] wenn du dein Wort gesendet

236,3 das Wort will Fleisch uns werden, der Sohn ist uns gesandt
339,2 sein Werk auf Erden ist vollbracht...hat die Welt mit Gott versöhnt
425,4 gibst deinen Sohn in unsre Hände
582,6 (Kyrie) du bist vom Vater gesandt, zu heilen was verwundet ist

Seraphim ↗Engel
352,5 sing heilig mit den Cherubim, sing heilig mit den Seraphim
380,2 Cherubim und Seraphinen stimmen dir ein Loblied an
536,1-6 (Refr) freut euch, ihr Cherubim, lobsigt, ihr Seraphim

Sicherheit ↗Vertrauen ↗Beständigkeit
257,6 führe uns an deiner Hand, damit wir sicher schreiten
294,7 du bist der stab der Pilger, daran wir sicher wallen
361,2 dein Lieb und Treu vor allem geht, kein Ding auf Erd so fest besteht
384,3 unser Hirt, der uns [...] den sichern Weg des Friedens führt
392,2 lobe den Herren [...] der dich auf Adelers Fittichen sicher geführet
468,3 er gab uns Füße, dass wir fest stehen
469,1 gabst der Erde festen Grund
⇔481,2 weck die tote Christenheit aus dem Schlaf der Sicherheit
540,3 mit seinen [Schutzengel] sichern Schritten geleite himmelwärts

Sieg ↗Auferstehung Christi ↗Ziel ↗Vollendung ↗Himmel
294,6 du bist das Siegeszeichen, davor der Feind erschricket
299,1 der König siegt, sein Banner glänzt
320 tu nobis, victor rex, miserere
324,3 des Herren Sieg bricht in uns ein [...] in uns will Christus Sieger sein
334,3 Licht...das allem, was im Grabe lag, den Sieg des Lebens kündet
338,2 des Todes Drache unterliegt, der Held aus Juda siegt mit Macht
339,3 Wunder mit der Welt [...] sie lag im Tod, nun ist sie frei, durch Christi Sieg sie wurde neu
347,3 als Sieger fährt er jauchzend heim
385,2 Gott schafft den Sieg mit seiner Rechten
421,3 mich zum Siege leitet
483,4 er hat den Tod ein für allemal besiegt
522,1 ihr Sohn, der Tod und Grab besiegt [...] lässt im Grab die Mutter nicht
532,5 mich mit deiner Mutter erben Sieg und Preis nach letztem Streit
551,1 singt, den Sieg des Herrn zu ehren, den uns errungen seine Macht
552,6 mit allen Heilgen beten wir dich an [...] der unsern Sieg gewann
642,1.6 Christus, dem Sieger, singen wir, der uns durchs Rote Meer geführt
[6] erstanden ist der Herr vom Grab, kehrt siegreich aus dem Tod zurück
KV 569,1 Christus ist Sieger, Christus ist König, Christus ist Weltenherr

Siegel ↗Heiliger Geist ↗Taufe
491,1 das Siegel der Dreieinigkeit wir niemals von mir weichen
351,2 der Seele Salbung, höchstes gut
353,2 dir jubelt deine Schöpfung zu, der du dein Bildnis aufgeprägt

236,1.3 es kommt ein Schiff geladen […] trägt Gottes Sohn voll Gnaden [3] der Sohn ist uns gesandt
237,6.7 was Gott uns hat beschert, mit seinem lieben Sohn verehrt [7] der uns schenkt seinen eignen Sohn
245,1 heut ist Gottes Sohn geboren
247,1 lobt Gott […] der heut schließt auf […] und schenkt uns seinen Sohn
249,3 Gottes Sohn, o wie lacht
252,5 der Sohn des Vaters, Gott von Art, ein Gast in der Welt hie ward
259,2 Gottes Sohn, ein Menschenkind: eine neue Zeit beginnt
266,1 der Sohn des Höchsten kam auf unsre Erde
272,3 du hast für uns deinen Sohn hingegeben
275,4 dein Reich wird kommen, das dein Sohn verheißen
280,1.2.4 der aus Davids Stamm geboren, Gottes Sohn von Ewigkeit [2] David sah im Geist entzücket den Messias schon von fern [4] hoch gepriesen Gottes Sohn
295,5 der Sünden Joch, weil es tut unterdrücken Gottes Sohn
320,2 Christus innocens patri
326,4 es singt der ganze Erdenkreis dem Gottessohne Lob und Preis
328,1 gelobt sei Gott […] samt seinem eingebornen Sohn
342,6 lass gläubig uns den Vater sehn, sein Ebenbild, den Sohn, verstehn
347,3 der Geist des Herrn treibt Gottes Sohn, die Erde zu erlösen
352,1.4 Vater, du die Sonne bist, der Glanz dein Sohn, Herr Jesus Christ [4] nie ohne Sohn der Vater war
357,2.5 wahr' Gottes und Marien Sohn [5] du hast mich ewig vor der Welt in deinem Sohn geliebet
364,1 schönster Herr Jesu […] Gottes und Marien Sohn
368,2 kein Name bringt so reichen Lohn als Jesus Christus, Gottes Sohn
374,3 der greise Simeon […] erkennt in ihm den Gottessohn
380,5.6 deinem eingebornen Sohn singt die heilige Gemeinde [6] du, des Vaters ewger Sohn
399,2 der seinen Sohn uns zur Seite gibt
425,4 gibst deinen Sohn in unsre Hände
464,4.5 im Zenit der Zeiten kam sein Sohn zur Welt
497,2 was Gott Sohn gesprochen, nehm ich glaubend an
527,2.3 du hast des Höchsten Sohn […] in deinem keuschen Schoß [3] uns Gottes Sohn zum Heil geboren
528,1.2 Gott selber kommt den Menschen nah [2] Gott teilt mit uns ein Menschenlos
537,2 siehe, du sollst einen Sohn empfangen […] Mutter des Herrn
546,1 du Licht vom wahren Licht, des höchsten Vaters einzger Sohn
554,2 nun komm, du werte Kron, Herr Jesu, Gottes Sohn
561 Jesus, du Sohn des lebendigen Gottes – Kyrie eleison
567,5 sei gegrüßt, Maria […] für immer vereint deinem göttlichen Sohn

KV 32,1 Der Herr sprach zu mir: mein Sohn bist du
KV 633,8 dankt dem Vater mit Freude, er schenkt uns seinen Sohn
298 (Kanon) so sehr hat Gott die Welt geliebt, dass er seinen Sohn

Sommersonnenwende
465,1-4 das Jahr steht auf der Höhe [3] das Jahr lehrt Abschied nehmen

Sonne
83,4 preisen im Geiste die Sonne des Heils: den herrlichen Christus
101,2 Sonne-Nacht; ein andre Sonne, mein Jesus, meine Wonne
222,6 du Sonne der Gerechtigkeit, erleuchte doch mit deiner Pracht
227,3 wie die Sonne sich erhebt [...] so erschien er in der Welt
231,5 o klare Sonn, du schöner Stern
253,1 keuchtet wie die Sonne – matris in gremio
256,3 ich lag in tiefster Todesnacht, du warest meine Sonne
258,1 Sonne der Gerechtigkeit, die alle Nacht geendet
269,1 du Sonne der Gerechtigkeit, Christus, vertreib in uns die Nacht
331,2-6 der leib ist klar [...] wie tausendfacher Sonnenschein [3] durch verschlossne Türen...wie durch das Glas die Sonne [6] Augenlicht...vor dieser Sonn besteht es nicht
334,3 Licht viel heller als der Tag, den Sonnen je entzündet
337,3 Wunden rot [...] wie Sonn- und Mondglanz anzusehn
352,2.3.4 Sonn in ihrer Herrlichkeit ist Gleichnis deiner Wesenheit {3] Gott Vater, du sie Sonne bist...Glanz Jesus Christ
358,5 ich danke dir, du wahre Sonne, dass mir dein Glanz hat Licht gebracht
364,3 schön ist die Sonne [...] Jesus ist feiner
368,6 du unser Glück in dieser Zeit, du Sonne unsrer Ewigkeit
371,2 du bist die Sonne, wir der Schein
372,3 deines Glanzes Herrlichkeit übertrifft die Sonne weit [...] bist, was tausend Sonnen sein
381,3 die Sonne ist des Himmels Ehr, doch dein Gesetz, Herr, noch viel mehr
387,6 wie die zarten Blumen [...] der Sonne stille halten, lass mich so still und froh deine Strahlen fassen
402,5 der die Sterne hat gemacht, Sonn und Mond für Tag und Nacht
409,4 allsoweit die Sonne sieht, singt dem Herrn ein neues Lied
415 (Kanon) vom Aufgang der Sonne bis zu ihrem Niedergang
419,2 du Licht, das mein Leben besonnte
427,2 in deinem Licht schaun wir das Licht, du Sonne aller Sonnen
429,2 nah, ob er gleich Mond und Sterne und Sonnen werden sah
430,4 willst du uns noch einmal Freude schenken an [...] Sonne Glanz
460,3 der Sonne und dem Regen preisgegeben, das kleinste Korn in Sturm
466,1 die edle Schwester Sonne [...] Abbild deines Lichtes
467,2 ihr Sonnen und Monde [...] den gütigen Vater, den wollen wir loben
479,1 Mond und Sonne braucht sie nicht, Jesus Christus ist ihr Licht
481,1 Sonne der Gerechtigkeit, gehe auf zu unsrer Zeit
485,2 lass alle, die im Finstern gehen, die Sonne deiner Gnade sehn
500,4 ist dann die Nacht vorbei, leuchtet die Sonn
522,2 ihr Kleid die Sonn [...] ihr Schuh der Mond, zwölf Stern ihr Kron
553,3 mit Klarheit hell umgeben, mit sonnenlichtem Strahl
621,2 dies ist der Hoffnung lichte Zeit [...] neuer Stern geht strahlend auf
628,4 wenn uns die Sonne untergeht [...] im Dunkel strahlt sein Licht uns

468,2 er gab uns Worte, dass wir verstehn
470,1 das Wort, das wir sprechen, als Lied erklingt
485,3 die Stummen richtig reden lehr
490,2 dass es hören lernt [...] auf die Sprache der Liebe
507,4 wenn meine Kräfte brechen [...] und kann kein Wort mehr sprechen

Stadt, heilige ↗Jerusalem ↗Himmel ↗Vollendung
218,3 o wohl der Stadt, so diesen König bei sich hat
280,2 Tochter Zion, streu ihm Palmen, breite dein Kleider aus
338,1 Jerusalem, du neue Stadt
360,3 wann wird der Völker volle Zahl [...] zu deinem Tempel wallen
366,3 Wort des Vaters, offne Türe, Licht der Stadt Jerusalem
478,2 auf Zion hoch gegründet steht Gottes heilge Stadt
479,1.2 eine große Stadt ersteht, die vom Himmel niedergeht
549,1.3 da wird Gottes Berg überragen alle anderen Berge und Höhn [3] uns durch alle Finsternis tragen in die Gottesstadt
553,1-5 Jerusalem, du hochgebaute Stadt
554,1-3 wachet auf, ruft uns die Stimme [...] wach auf du Stadt Jerusalem [2] Zion hört die Wächter [3] von zwölf Perlen sind die Tore an deiner Stadt
KV 68,1 (=73,1) Friede sei in deinen Mauern, Geborgenheit in deinen Häusern
KV 550 Ströme lebendigen Wassers erquicken die Gottesstadt
KV 654,2 freut euch mit Jerusalem, der heiligen Stadt

Stall ↗Krippe
220,3 macht euch zum Stalle auf! Ihr sollt das Heil dort finden
236,4 zu Bethlehem geboren im Stall ein Kindelein
240,1 fürcht euch nicht, ihr Hirten alle [...] geht hin zum Stalle
241,3.4 Gott ist geboren als ein Kind im Stalle [4] auf Stroh
246,3.4 das Kindlein liegt in einem Stall und will die Welt erlösen all
248,1-3 zur Krippe her kommet in Bethlehems Stall
250,5 lasst nach Bethlehem uns ziehen, das ihn birgt im armen Stall
251,4 gehet hinein, eins mit dem Kinde zu sein
254,2 du aber liegst im armen Stall

Stärke ↗Macht ↗Hand des Herrn ↗Rechte des Herrn
99,3 dein starker Arm ist ausgestreckt
231,6 ach komm, führ uns mit starker Hand
358,1 ich will dich lieben, meine Stärke
365 meine Hoffnung und meine Freude, meine Stärke, mein Licht
380,1.3 großer Gott, wir loben dich; Herr, wir preisen deine Stärke [3] starker Helfer in der Not
381,5 du meine Hilfe, starker Gott
384,3 der uns mit seinen starken Armen den...Weg des Friedens führt
402,8 führte es mit starker Hand durch die Wüste in sein Land
418,3 das treibst du, starker Held [...] was deinem Rat gefällt
437,2 meine ganze Ohnmacht [...] bringe ich vor dich – wandle sie in Stärke
508,2 halte uns [...] wenn Stärke schwach wird und das Große klein

554,2 ihr Freund kommt vom Himmel prächtig, von Gnaden stark
638,2 durch Entsagung werde stark, was müde ist und schwach und krank
KV 49,1 jubelt Gott zu, der unsre Stärke ist
KV 365 meine Hoffnung und meine Freude, meine Stärke (Taizé)

Stärkung ↗Beistand ↗Schutz ↗Gnade
275,2 bei ihm ist Christus, stärkt ihn in der Wüste
543,4 durch deinen Geist, Herr, stärke mich, dass ich dein Wort festhalte
552,1.2 Herr, mach uns stark im Mut, der dich bekennt

Staunen
227,1 darob [Menschwerdung] staune, was da lebt
324,2 die ganze Erde staunt und bebt, weil Gottes Herrlichkeit anhebt
353,3 wir neigen staunend uns vor dir
399,3 mit Staunen sehn, was er getan
413,1 staunen nur kann ich und staunend mich freun
428,5 mich voll Staunen neigen vor deiner Werke Pracht
463,1 weiß ich, von Bewundrung voll, nicht, wie ich dich erheben soll
497,1-7 Gottheit tief verborgen, betend nah ich dir [2] Augen, Mund und Hände täuschen sich in dir
530,2 ein Staunen die Natur erfasst, dass du den Herrn geboren hast

Stellvertretung
238,1.2 Welt ging verloren, Christ ist geboren [2] erschienen, uns zu versühnen
248,4 was leidest du alles für unsere Sünd
254,1 an dein Leid, das wir [...] durch unsre Schuld auf dich gebracht
267,1.2 für uns geopfert [2] für uns litt solche Pein
272,3 du hast für uns deinen Sohn hingegeben
289,4.7 was du, Herr, hast erduldet, ist alles meine Last; ich, ich hab es verschuldet, was du getragen hast [7] kraft deiner Angst und Pein
290,3.4 Ursach solcher Plagen [...] meine Sünden haben dich geschlagen [...] habe dies verschuldet, was du erduldet [4] der gute Hite leidet für die Schafe; die Schuld bezahlt der Herre [...] für seine Knechte
292,1-3 fürwahr, er trug unsre Krankheit [1] geschlagen für unsre Sünden, misshandelt für unsre Schuld [3] genesen durch seine Wunden
297,1.2 hast uns durch dein teures Blut gemacht vor Gott gerecht und gut [2] durch deine Wunden, Schmach und Spott erlös uns vor [...] Tod
298 (Kanon) so sehr hat Gott die Welt geliebt, dass er seinen einzigen Sohn für uns hingab
299,2.4.5 uns reinzuwaschen von der Schuld [4] du trägst den Lösepreis der Welt [5] den Sündern tilge alle Schuld
359,2.3 wie hat die Liebe dich gedrängt, dass du für uns den Tod erwählt [3] ein Quell des Heils, der nie versiegt
366,1 für das Lamm, das sich verirrte, starbst du an dem Kreuzesstamm
380,8 kauftest durch dein Blut uns frei, hast den Tod für uns gelitten
411,3 Erlösungsbund: um uns alle zu erretten, trug er selber unsre Ketten
442,1 die Last des Andern tragen guten Herzens

464,5 durch des Sohnes Sterben hat er uns bestellt zu des Reiches Erben
474,5 loben Jesus Christ, der für uns Menschen starb und auferstanden ist
507,3 durch seine heilgen Wunden bin ich versöhnt mit Gott
510,3 der für mich ist gestorben, des Vaters Huld erworben und so mein Mittler worden ist
532,3 für aller Menschen Schulden sah sie ihn die Marter dulden
621,3 vom Himmel wird als Lamm gesandt, der alle Sünde auf sich nimmt
642,2 am Kreuze gab er seinen Leib für alle Welt zum Opfer hin

KV 305,1 wir rühmen uns im Kreuz [...] in ihm sind wir erlöst und frei
KV 305,3 der Kelch [...] gibt uns Anteil an Christi Blut
KV 307,2 der Herr hat uns mit seinem Blut erkauft
KV 310,8 du hast uns erlöst durch dein Kreuz und dein Blut
KV 639,7 durch Christi Wunden sind wir geheilt
KV 640,2 so sehr hat Gott die Welt geliebt, dass er seinen Sohn
KV 657,5 Christus war für uns gehorsam bis zum Tod
298 (Kanon) so sehr hat Gott die Welt geliebt

Sterben ↗Tod

Sterblichkeit ↗Tod ↗Vergänglichkeit
101,4 Bild der Sterblichkeit
364,4 Menschen in der frischen Jugendzeit, sie müssen sterben
418,3 dein ewge Treu und Gnade, o Vater, weiß und sieht, was gut sei oder schade dem sterblichen Geblüt
422,1 mein Los ist Tod, hast du nicht andern Segen
429,2 zählt dir Tag und Jahr
465,3.4 das Jahr lehrt Abschied nehmen [...] wach sein und bereit, die Tage loszulassen und was vergänglich ist, das Ziel ins Auge fassen [4] der äußre Mensch vergeht
466,5 Bruder Tod, dem kein Leib entgehen kann
503 mitten wir im Leben sind mit dem Tod umfangen
508,1-3 Herr, lehre uns, dass wir sterben müssen [3] wir vergehn
656,1-4 Tod und Vergehen waltet in allem

Stern ↗Morgenstern ↗Meerstern
93,1 die golgnen Sternlein prangen
101,3 die güldnen Sternlein prangen
220,1.4 so sei sein Lob gesungen dem hellen Morgenstern [...] der Morgenstern bescheinet [4] wandert nun mit allen der Stern der Gotteshuld
230,1 Gott, heilger Schöpfer aller Stern
231,5 o klare Sonn, du schöner Stern
240,2 seht, ein Stern ist aufgegangen
259,1-3 Gottes Stern, leuchte uns
261,1-4 Stern über Bethlehem
262,1 seht ihr unsern Stern dort stehen, helles Licht in dunkler Nacht
334,1 du Morgenstern, du Gnadenschein
357,1 wie schön leuchtet der Morgenstern
364,3 schön sind auch die Sterne all, Jesus ist feiner

372,1.5 Morgenstern der finstern Nacht [5] schönster Stern, ehrt man dich als Gott, den Herrn
381,1 dein Lob, Herr, ruft der Himmel [...] mit so viel Zungn als Sternen
402,5 der die Sterne hat gemacht, Sonn und Mond für Tag und Nacht
413,2 »Ehre, Ehre sei Gott in der Höhe«, kündet der Sterne strahlendes Heer
429,2 nah, ob er gleich Mond und Sterne und Sonnen werden sah
462,1 Sterne wandern ihre Bahn, sie stehen nicht still
463,2 wer ruft dem Heer der Sterne
466,1.2 Schwester Sonne [...] Abbild deines Lichtes [2] Lob auch bringen die Gestirne, Bruder Mond, der Freund der Nacht
467,2 ihr funkelnden Sterne [...] den gütigen Vater, den wollen wir loben
522,2 ihr Kleid die Sonn [...] ihr Schuh der Mond, zwölf Stern ihr Kron
554,2 Zion [...] ihr Licht wird hell, ihr Stern geht auf
615,1 du Licht des Himmels, großer Gott, der ausgespannt das Sternenzelt
621,2 dies ist der Hoffnung lichte Zeit [...] neuer Stern geht strahlend auf
628,1 o Gott, dein Wille schuf die Welt und ordnet der Gestirne Bahn

KV 441 wie deines Auges Stern behüte mich
450 (Kanon) Gottes Wort ist wie Licht in der Nacht...Stern in der Dunkelheit

Stille ↗Schweigen

Stimme
266,3 hört seine Stimme, ändern euer Leben
366,3 lass uns deine Stimme hören
387,2 vernimm unsre Stimm, da auch wir Geringen unsre Opfer bringen
417,1 Stimme, die Stein zerbricht
481,2 dass sie deine Stimme hört, sich zu deinem Wort bekehrt
554,1 wachet auf, ruft uns die Stimme
621,1 hört, eine helle Stimme ruft [...] am Himmel leuchtet Christus auf

Stolz
93,4.5 wir stolzen Menschenkinder sind eitel arme Sünder [5] Eitelkeit
381,4 behüt mich vor der stolzen Welt
395,2 die Stolzen lässt er fallen, die Schwachen nimmt er an
434,3 gib die Kraft, der Todesnot zu widerstehn, die Menschenhochmut schafft
539,6 sie kämpfen wider Stolz und List

Strafe
93,7 verschon uns, Gott, mit Strafen
289,4 hier steh ich Armer, der Zorn verdienet hat
290,4 wie wunderbarlich ist doch diese Strafe: der gute Hirte leidet für die
621,4 er nicht die Sünde strafend rächt

Streben
149,1 lenke Sinnen und Begier hin zu deinen Himmelslehren
267,2 Tag und Nacht danach streben

435,3 lehr mich in der Erdenzeit [...] nach des Himmels Herrlichkeit herzlich heimzustreben
471,2 verleih uns Hilfe gnädiglich, dem Feind zu widerstreben
502,5 wird mir mein Wunsch erfüllt: näher zu dir

Streit
91,1 hilf mir im letzten Streit, in Todsgefahren
103,3 löse Mühsal, Streit und Plage
377,1 meine Ruhe bist du, ohne dich nur Streit, o Jesu
409,3 geführt durch allen Streit...seine Schar verlässt er nicht
442,2 Streit und Zwietracht, böses Sinnen sei uns ferne

stumm
140,4 wir sind taub, wir sind stumm, wollen eigne Wege gehn
149,3 öffne Herzen, Mund und Ohren
221,4 Stumme werden Hymnen singen
268,5 öffne mir den stummen Mund, dann tu ich allen Menschen kund
342,3 du öffnest uns den stummen Mund
348,3 bete du in uns, wo wir stumm bleiben
349,4 sprich du, wo wir sprachlos flehn
351,3 du der die Zungen reden macht
378,2 Wort, das das Schweigen bricht
383,2 ich lobe meinen Gott, der mir mein Schweigen bricht, damit ich rede
409,3 und auf seines Worts Geheiß neue Lieder singen
419,4 das Lied mir geschenkt, das auf immer das Schweigen kann brechen
485,3 die Stummen richtig reden lehr

Stunde ↗Zeit ↗Tod ↗Wiederkunft des Herrn
96,6 wir wissen weder Tag noch Stunde, wann du uns heimführst

Sturm
257,3 kehre jeden Tag zu dir, weil wir im Winde treiben
342,3 dich sendet Gottes Allmacht aus im Feuer und in Sturmes Braus
347,1 der Geist des Herrn erfüllt das All mit Sturm und Feuersgluten
360,4 zu dem Sturme sprichst du: Schweige!
418,1 der Wolken, Luft und Winden gibt Wege, Lauf und Bahn
439,2 ich weiche keinem Sturme, bei dir ist mir nicht bang
460,3 dem Regen preisgegeben, das kleinste Korn in Sturm und Wind
463,4 dich predigt Sonnenschein und Sturm, dich preist der Sand am Meere
467,3 ihr brausenden Stürme [...] den gütigen Vater, den wollen wir loben
534,1 lass uns darunter sicher stehn, bis alle Stürm vorübergehn

Suchen
93,4 wir spinnen Luftgespinste und suchen viele Künste
262,3 weil wir neues Leben suchen, darum folgen wir dem Stern
273,1 führe selbst die Hand, mit der wir nach dir tasten
357,3 bis es findet dich, des Liebe mich entzündet
368,3 dich suchen nimmt von uns das Leid, dich finden, welche Seligkeit
456,4 schenke du die Einheit, die wir suchen auf der Welt

457,1 suchen und fragen, hoffen und sehn, miteinander glauben
471,1 gib, dass wir stets einmütiglich nach deinem Willen fragen
481,6 mit unsrer kleinen Kraft suchen, was den Frieden schafft
483,2 denen, die suchen, macht hell den schweren Weg
485,2 wer den Weg verloren hat, den suche du mit deiner Gnad
521,5 mach allen, die suchen, den Sohn offenbar
KV 651 ich suchte den Herrn, und er hat mich erhört

Sühne
220,2 Gott selber ist erschienen zur Sühne für sein Recht
497,6 wasch in deinem Blute mich von Sünden rein; schon ein kleiner Tropfen sühnet alle Schuld

Sünde
84,2 dass der Sünde bittre Haft und des Zweifels Not vergehe
93,4 wir stolzen Menschenkinder sind eitel arme Sünder
142,2 nimm du hinweg der Sünde Schuld, mit unsrer Schwachheit
220,3.4.5 ihr sollt das Heil dort finden, das […] von Anfang an verkündet, seit eure Schuld geschah
222,5 führ uns aus des Todes Nacht, wohin die Sünde uns gebracht
237,3 euch führn aus aller Not […] von allen Sünden machen rein
238,1.2 Welt ging verloren, Christ ist geboren
243,3 hilft uns aus allem Leide, rettet von Sünd und Tod
248,4 was leidest du alles für unsere Sünd
251,6 ewig entsag ich der Sünde
254,1 dein Leid, das wir […] durch unsre Schuld auf dich gebracht
266,1-7 (Refr) bekehre uns, vergib die Sünde
267,1.2 o Mensch, bewein dein Sünde groß […] trüg unsrer Sünden schwere Bürd [2] lasst uns sein der Sünde Feind
268,1-5 [1] erbarm dich mein […] meine Sünde brennt in mir
271,1.2.3 aus tiefer Klage erheb ich mein Gesicht [2] fielen Herz und Hände von deiner Liebe ab [3] nun ist von allen Sünden die Finsternis mein Lohn
272,3 ruf uns zur Umkehr […] bist barmherzig, vergibst uns die Schuld
273,1.4 o Herr, nimm unsre Schuld, mit der wir uns belasten
274,1 suchst du meine Sünde, flieh ich von dir zu dir
277,1.4 denn so du willst das sehen an, was Sünd und Unrecht ist getan [4] bei uns ist der Sünden viel, bei Gott ist viel mehr Gnade […] erlösen wird aus seinen Sünden allen
282,4 lasst uns ihm ein Leben, von jeder Sünde rein […] Dankesopfer weihn
288,1-6 hört das Lied der finstern Nacht, Nacht voll Sünde (Passion)
292,1 geschlagen für unsre Sünden, misshandelt für unsre Schuld
295,5 wie schwer ist doch der Sünden Joch, weil es tut unterdrücken
297,3 behüt uns auch vor Sünd und Schand
328,7 mache unser Herz bereit, damit von Sünden wir befreit, dir singen
344,7.8 was befleckt ist, wasche rein [8] löse, was in sich erstarrt, lenke, was den Weg verfehlt
351,5 dass wir, geführt von deinem Licht, in Sünd und Elend fallen nicht
355,5 bis wir, von Sünd und Fehl befreit, ihn selber schaun in Ewigkeit
358,4 ich hatte mich von dir gewendet und liebte das geschaffne Licht

359,2 du gibst das Leben uns zurück, das Adams Sünde uns geraubt
360,1.3 wer von der Sünde sich gewandt, wer auf vom Todesschlafe stand [3] den unsre Sünde schlug
380,6.10 hast uns Gottes Gnad gebracht, von der Sünd uns freigemacht [10] rett aus Sünden, rett aus Tod, sei uns gnädig, Herre Gott
381,4 behüt mich vor der stolzen Welt […] von dir mich abzuwenden
417,2 sprach schon vor Nacht und Tag, vor meinem Nein […] ich bin da
421,2 wenn aus blinder Wahl…im finstern Tal…mich sollt verlieren
429,1 von seinem Angesichte trennt uns der Sünde Bann
430,2 noch will das Alte unsre Herzen quälen, noch drückt uns böser Tage schwere Last
434,2 wo wir versagen, irregehn, vergib uns unsre Schuld
452,5 Vergebung und Erbarmen und lösche aus, was dich von ihm entzweit
457,1-3 (Refr) so spricht Gott sein Ja, so stirbt unser Nein
459,4 selig seid ihr, wenn ihr Schuld verzeiht
461,2 wer zu mir kommt und folget mir, darf nicht im Finstern schweben
469,3 des Herzens Erdreich ist versengt: im Tau der Gnade schaff es neu
471,4 du wollest uns vergeben […] mach uns von allen Sünden rein
481,3 sammle, großer Menschenhirt, alles, was sich hat verirrt
503 uns reuet unsre Missetat, die dich, Herr, erzürnet hat
582,6 (Kyrie) du bist gekommen, die Sünder zu berufen

KV 266 bekehre uns, vergib die Sünde, schenke, Herr
KV 276 verbirg dein Gesicht vor meinen Sünden
KV 639,5 bekehre uns, vergib die Sünde, schenke, Herr

Sündenfall
220,3 ihr sollt das Heil dort finden, das […] von Anfang an verkündet, seit eure Schuld geschah
222,5 führ uns aus des Todes Nacht, wohin die Sünde uns gebracht
238,1 Welt ging verloren, Christ ist geboren
253,3 wir waren all verdorben […] da hat er uns erworben
268,2 von Anbeginn in Schuld verstrickt
324,4 nun jauchzt und jubelt überall, die Welt steht auf von ihrem Fall
359,2 du gibst das Leben uns zurück, das Adams Sünde uns geraubt
371,1 o Herz, in Nacht zu uns gesandt, als Schuld den Tod uns brachte
429,1 von seinem Angesichte trennt uns der Sünde Bann
527,3 denn nach dem Sündenfall wir warn verstoßen all […] verloren

Tabor ↗Verklärung
93,4 wir spinnen Luftgespinste und suchen viele Künste
363,1-3 Herr, nimm auch uns zum Tabor mit [2] lass leuchten deine Herrlichkeit [3] dann geh mit uns vom Berg herab

Tag ↗Tag des Herrn
83,1 die Nacht ist vergangen, wir schauen erwartend den steigenden Tag
84,1 birg in deiner treuen Hut alle, die den Tag erleben
86,3 er segnen meine Taten an diesem neuen Tag
90,1 Christus, du bist der helle Tag

93,2 wo ihr des Tages Jammer verschlafen und vergessen sollt
94,2.3 ein Tag voll Müh und Plag hat sich geneigt [3] führ uns durchs Dunkel, bis der Tag anbricht
96,1.5.6 du lässt, o Gott, den Tag nun enden [5] wird neu der große Tag erglänzen [6] wir wissen weder Tag noch Stunde, wann du uns heimführst
99,4.9 des Leides nicht gedenken, das mancher Erdentag noch bringt [9] dass auch der Tag, der kommt, mir deine Nähe kündet
101,3 der Tag ist nun vergangen
103,1.3 dieser Tag ist Christus eigen [3] segne, Herr, den Tag der Tage [...] dass für alle Sonntag wird
220,1-5 die Nacht ist vorgedrungen, der Tag ist nicht mehr fern
257,3.5 der Mensch, sein Tag, sein Werk vergeht [5] diese Gaben [...] lass Wert und Maß der Tage sein
258,2 Christus hat unser Jahr erneut und hellen Tag gegeben [1-3] dem Herrn, der Tag und Jahr geschenkt
269,1 dass mit dem Licht des neuen Tags auch unser Herz sich neu erhellt [3] es kommt der Tag, dein Tag erscheint [...] Tag, der unsre Freude ist
270,3 Kreuz, von dem ich gehe in den neuen Tag
291,3 denn die Erde klagt uns an bei Tag und Nacht
322,3.10.12 die Jünger früh am dritten Tag [10] am achten Tag er vor ihm stand [12] Tag, den Gott gemacht
328,2 des Morgens früh am dritten Tag
329,1 das ist der Tag, den Gott gemacht
334,3 Licht viel heller als der Tag, den Sonnen je entzündet
349,1 Licht, das uns den Tag verheißt
355,4 kommt am Tag vorherbestimmt, da alle Welt ihr Urteil nimmt
361,4 der Tag nimmt ab [...] bleib du bei mir
372,2 säume nicht, o mein Licht, komm, komm, eh der Tag anbricht
380,7 du wirst kommen zum Gericht, wenn der letzte Tag anbricht
381,1 der weiße Tag, die schwarze Nacht, wann sie abwechseln
382,2 drum sei am Tage wie zur Nacht sein Name von dir groß gemacht
399,3 Gott leben alle Tage
402,5 der die Sterne hat gemacht, Sonn und Mond für Tag und Nacht
409,2 täglich neu ist seine Gnad über uns und allen
417,2 sprach schon vor Nacht und Tag [...] ich bin da
419,2 eh der Tag mir begann und das Dunkel verrann warst du Licht
425,3 du machst ein Ende meinem Sorgen, hast alle Tage schon bedacht
427,1 wir sind geborgen Tag und Nacht im Schatten deiner Flügel
428,3 du kennst das Dunkel nicht, die Nacht wird dir zum Tage
429,2 zählt dir Tag und Jahr
430,1 so will ich diese Tage mit euch leben und mit euch gehen
439,4 mein Lobesopfer bringen von neuem Tag um Tag
440,2 hilf, Herr, meiner Tage
465,2.3 kaum ist der Tag am längsten, wächst wiederum die Nacht [3] die Tage loszulassen und was vergänglioch ist
472,1 manchmal feiern wir mitten im Tag ein Fest der Auferstehung
528,2 Gott teilt mit uns ein Menschenlos vom ersten Tag im Mutterschoß
535,1 lass in deinem Segen Tag und Nacht mich ruhn
628,1.2 umgibst den Tag mit hellem Licht [2] Dank für den vollbrachten Tag

KV 50,1 unsere Tage zu zählen lehre uns
KV 66,1 (=335) das ist der Tag, den der Herr gemacht hat
KV 335 das ist der Tag, den der Herr gemacht
KV 657,1 vor dir ist auch die Finsternis nicht finster; die Nacht, sie leuchtet wie der Tag
89 (Kanon) Herr, bleibe bei uns [...] und der Tag hat sich geneiget

Tag des Herrn
103,1.2.3 Morgenlicht will von seinem Leben zeugen, das die Todesnacht durchbricht [2] [eucharistisches] Auferstehn [3] segne, Herr, den Tag der Tage [...] dass für alle Sonntag wird
269,3 es kommt der Tag, dein Tag erscheint [...] Tag, der unsre Freude
322,12 an diesem Tag, den Gott gemacht
329,1 das ist der Tag, den Gott gemacht
385,3 lasst jauchzen...fröhlich singen: dies ist der Tag, den Gott gemacht
435,4 gib auch, dass ich wachend sei, Herr, an deinem Tage
548,5 dein Tag bricht an [...] alle singen der Dreieinigkeit
549,1-3 es wird sein in den letzten Tagen [...] Völker werden kommen [1-3 Refr] auf kommt herbei, lasst uns wandeln im Licht des Herrn
615,4 Christus, du bist der helle Tag, das Licht, dem unser Licht entspringt
621,2 dies ist der Hoffnung lichte Zeit,
der Morgen kommt, der Tag bricht an
638,1 nun ist sie da, die rechte Zeit [...] nun ist er da, der Tag des Heils
KV 47,1 (=480) in den Tagen des Herrn [...] Fülle des Friedens
KV 335 das ist der Tag, den der Herr gemacht

Tanz
323 du hast mein Klagen in Tanzen verwandelt
457,1 lachen, sich öffnen, tanzen
462 (Refr) tanzen wollen wir und springen, tanzen vor dem Herrn [4] im Himmel, sollt ihr sehn, da tanzen die Engel Reigen
KV 63,1 tanze, du Erde, vor dem Antlitz des Gottes Jakobs
KV 327 du hast mein Klagen in Tanzen verwandelt
KV 330 tanze, du Erde, vor dem Antlitz des Gottes Jakobs

Tat ↗Großtat ↗tätige Liebe ↗Freiheit
86,3 er segne meine Taten an diesem neuen Tag
143,3 wirst nach deinem ewgen Rat, Herr, groß an Tat dein Werk vollenden
218,2.4 mein Heiland groß von Tat [4] gelobet sei mein Gott, voll Rat, voll Tat, voll Gnad
272,3 deinen Sohn hingegeben, Worte und Taten, aus denen wir leben
275,3 in ihren [Jünger] Taten wird die Botschaft Christi für uns lebendig
403,4 er gebe Glück zu unserm Tun und Heil zu allem Stand
409,2 lasst sein Lob durch Wort und Tat täglich neu erschallen
418,4 dein Tun ist lauter Segen
427,2 hilf uns, dass wir dich mit Geduld in deinem Tun erkennen
503 uns reuet unsre Missetat

tätige Liebe ↗Nächstenliebe
223,2 nehmet euch eins um das andere an, wie auch der Herr an uns getan
266,6 tut Gutes allen, helft den Unterdrückten [...] liebet euren Nächsten
267,2 die Lieb erzeigen jedermann
268,4 der mich treibt zum Guten hin, zu Großmut und beständgem Sinn
272,2 lehr uns, aus Glaube und Liebe zu handeln
342,4 unser schwaches Fleisch und Blut in deiner Kraft das Gute tut
358,1 ich will dich lieben mit dem Werke
360,5 lasst uns auf seine Hände schaun, an seinem Reiche mutig baun
371,3 lass uns den Hass, das bittre Leid, fortlieben aus der dunklen Zeit
383,2 ich lobe meinen Gott, der mir den neuen Weg weist, damit ich handle
399,3 Gott leben alle Tage [...] tun, was er zu tun begann
440,2.4 hilf, Herr, meiner Tage [4] dass ich dort nicht fehle, wo ich nötig bin
442,1 die Last des Andern tragen guten Herzens
446,1-4 (Refr) lass uns in deinem Namen, Herr, die nötigen Schritte tun [1] voll Glauben [...] zu handeln
448,2 gib uns Mut zum Dienen, wo's heute nötig ist
451,2.3 wo wir alles teilen, schlimmen Schaden heilen, lieben und verzeihn [3] Frieden muss noch werden [...] hilf, dass wir ihn tun
452,7 Gott erfülle dich mit Frieden, mit Lebensmut und mit Gerechtigkeit; er öffne dir das Herz und auch die Hände
457,3 leben für viele, Brot sein und Wein
460,4 das kleinste Korn, es wird zum Brot, und einer nährt den Andern
468,3 Gott gab uns Hände, damit wir handeln
470,2.3 Not, die wir lindern, zur Freude wird [3] Kleid, das wir schenken
545,1-8 sankt Martin, sankt Martin

KV 61,1 selig der Mensch, der gütig und zum Helfen bereit ist

taub
81,3 dass unsre Sinnen wir noch brauchen können, und Händ und Füße, Zung und Lippen regen
140,4 wir sind taub, wir sind stumm, wollen eigne Wege gehn
149,3 öffne Herzen, Mund und Ohren
221,4 Tauben öffnet sich das Ohr
485,3 den Tauben öffne das Gehör
489,3 lasst den Blinden uns und Tauben Herz und Zunge aus dem Glauben

Taufe ↗Heiliger Geist ↗Kirche
Ablauf: 573 f.
90,5 sei deiner Diener eingedenk [...] wir sind auf deinen Tod getauft
236,5.6 muss vorher mit ihm leiden groß Pein und Marter viel [6] mit ihm auch sterben und geistlich auferstehn, das ewig Leben erben
239,2.6 in seine Lieb versenken [6] knüpf zu das Band
256,3 ich lag in tiefster Todesnacht, du warest meine Sonne
266,4 in der Taufe seid ihr neu geboren
329,3 wir sind getauft auf Christi Tod und auferweckt mit ihm zu Gott
348,2 lass uns Gott erkennen, ihn Vater nennen, und von Christus uns nimmermehr trennen

366,2 Strom des Heiles […] führst die Deinen in das Leben aus dem Tod
371,1 wir stachen dich mit Spott und Wut, du tauftest uns mit deinem Blut
382,3.4 was er rief und schuf, er kennt und nennt die Namen [4] dein Name steht in Gottes Hand
389,3 du sendest den Geist und du machst mich ganz neu
403,5 solange dieses Leben währt, sei er stets unser Heil, und wenn wir scheiden von der Erd, verbleib er unser Teil
421,4 du hast mein Haupt getränkt, gesalbt mit Freudenöle
451,1(=4) nie sind wir allein, stets sind wir die Deinen
452,1 er schuf auch dich und gab dir einen Namen
474,1.2 wenn alle, die uns sehen, wissen: hier lebt Gott [2] wenn man erkennt: in uns wird Gott lebendig sein
479,2 durch dein Tor lass uns herein und in dir geboren sein
483,1 ihr seid getauft durch den Geist zu einem Leib
489,1 lasst uns loben […] Gott […] der uns erhoben und so wunderbar erwählt […] aus der Schuld befreite, mit dem neuen Leben weihte […] uns zu seinem Volke zählt
490,1-5 segne dieses Kind und hilf uns, ihm zu helfen
491,1-3 ich bin getauft und Gott geweiht […] Siegel der Dreieinigkeit […] Geist geschenkt […] in Christus eingesenkt [2] aus Wasser und dem Heilgen Geist bin ich nun neu geboren [3] Christus […] hat mich erwählt
642,1 mit weißen Kleidern angetan, Christus, dem Sieger singen wir, der uns durchs Rote Meer geführt

KV 488,1 die ihr auf Christus getauft seid
KV 488,3 wir sind mit Christus gestorben, wir werden mit ihm leben

Te Deum
380 Großer Gott, wir loben dich (Te-Deum-Lied)

KV 379 te Deum laudamus
407 (Kanon) te Deum laudamus, wir loben dich, o Gott

teilen
261,4 was uns froh gemacht, teilen wir aus
378,3 Brot, das sich selbst verteilt
417,4 wird es dann wieder leer, teilen die Leere wir
451,2 wo wir alles teilen, schlimmen Schaden heilen, lieben und verzeihn
459,1 selig seid ihr, wenn ihr […] Trauer und Trost miteinander teilt
470,4 der Schmerz, den wir teilen, zur Hoffnung wird
545,4 Sankt Martin gibt den halben still

Teilhabe
148,3 komm her, freu dich mit uns, nimm teil, an des Herrn Gemeinschaft nimm teil
162 mein Anteil in der Lebendigen Land
186,3 wir werden die Vollendung finden und seiner Gottheit teilhaft sein
209,1 du teilst es aus mit deinen Händen
221,1-5 (Refr) allen Menschen wird zuteil Gottes Heil
275,2 schenkt ihm durch Leiden Anteil an der Freude

339,4 ihm ward zuteil ein name hehr […] du bist der Herr
403,5 wenn wir scheiden von der Erd, verbleib er unser Teil
423,3 des Lebens Fülle ist sein Teil
482,2 eine Hoffnung teilt sie [Kirche] kraft seiner Gnadenwahl
528,2 Gott teilt mit uns ein Menschenlos
532,4.5 gib mir teil an deinem Schmerz [5] dass ich teilhaft werde deiner selgen Herrlichkeit
533,5 und teil auch uns ein Tröpflein [Blut am Kreuz] mit

KV 305,3 der Kelch, den wir segnen, gibt Anteil an Christi Blut

Tempel
125,1 vidi aquam egredientem de templo
218,4 eur Herz zum Tempel zubereit
360,3.4 wann wird der Völker volle Zahl […] zu deinem Tempel wallen [4] Tempel Gottes, sei gegründet
374,1.2 der jedes Dunkel wenden kann, er zieht ins Haus des Vaters ein [2] zu seinem Tempel kommt der Herr
387,8 lass mein Geist auf Erden dir ein Heiligtum noch werden
438,3 fordern frech von uns ein Lied: Singt ein Lied von Zions Liedern, wenn ihr hin zum Tempel zieht

Testament
281,1 also sprach beim Abendmahle Jesus als sein Testament

Theiosis
425,5 du, Vater, bist in unsrer Mitte, machst deinem Wesen uns verwandt
495,1 Mahl, das uns mit Gott vereinigt

Thomas
322,8-11 voller Zweifel Thomas spricht: »Wenn ich nicht sehe, glaub ich nicht« [9] sieh, Thomas, sieh die Seite an [10] am achten Tag er vor ihm stand [11] glückselig alle, die nicht sehn
497,4 kann ich nicht wie Thomas schaun die Wunden rot, bet ich dennoch gläubig »Du mein Herr und Gott«

Tiefe
140,2 überall ist er und nirgends, Höhen, Tiefen sie sind sein
283,1-4 aus der Tiefe rufe ich zu dir
353,4 drei sind in tiefer Liebe eins
383,1 ich lobe meinen Gott, der aus der Tiefe mich holt, damit ich lebe
403,3 und werf all Angst, Furcht, Sorg und Schmerz in Meerestiefen hin
427,1 dein Sinn ist tief wie Meeresgrund
497,4 tief und tiefer werde dieser Glaube mein

KV 511 aus der Tiefe rufe ich zu dir

Tiere
101,1 nun ruhen alle Wälder, Vieh, Menschen, Stadt und Felder

344,4 spendest Trost in Leid und Tod
348,1 uns behüte an unserm Ende, wenn wir heimfahrn aus diesem Elende
354 dies glaub ich und so leb ich und will im Tod vertraun
358,1.7 ich will dich lieben, schönstes Licht, bis mir das Herze bricht
360,1.2 wer von der Sünde sich gewandt, wer auf vom Todesschlafe stand [2] tot waren sie und leben
361,2.4 drum soll nicht Tod, nicht Angst [...] von deiner Lieb mich trennen [4] lass doch dein Licht auslöschen nicht bei uns...auf Erden
367,1 Jesus, dir leb ich...dir sterb ich...dein bin ich im Leben und im Tod
369,1 zu retten aus der Todesnot mich und mein armes Leben
377,1 o Jesu, all mein Leben bist du, ohne dich nur Tod
380,8.10 kauftest durch dein Blut uns frei, hast den Tod für uns gelitten [10] rett aus Sünden, rett aus Tod, sei uns gnädig, Herre Gott
384,3 uns alle, die im finstern Tal in Nacht und Todesschatten
385,2 nicht sterben wird ich, sondern leben; gezüchtigt wurde ich vom Herrn, dem Tode aber nicht gegeben
403,5.6 wenn wir scheiden von der Erd, verbleib er unser Teil [6] er drücke [...] uns unsre Augen zu [...] in der ewgen Ruh
411,3 Erlösungsbund [...] ging durch Tod die Himmelsbahn uns voran
416,4 es mag mich auf die raue Bahn Not, Tod und Elend treiben
418,5 lass bis in den Tod uns [...] deiner [...] Treu empfohlen sein
419,5 gib mir, Gott, lebenslang deines Namens Gesang, um die drohende Nacht zu bezwingen
422,1 mein Los ist Tod, hast du nicht andern Segen
425,4 du holst die Welt aus ihrem Tod
428,2.5 du hieltest mich in Händen im Leben und im Tod [5] leit mich auf ewgen Wegen bis an mein selig End
434,3.4 sei gnädig, gib die Kraft, der Todesnot zu widerstehn [4] der du deine Kinder sterben lässt [...] sei im Tod nicht weit
435,3.4 mein Zelt in der Welt mag ich leicht verlassen, dich Herr zu umfassen [4] wachend...dir am End der Zeiten, Herr, entgegenschreiten
456,2 dein Weg führte durch den Tod in ein neues Leben
460,1.3 wer leben will wie Gott [...] muss sterben wie ein Weizenkorn
465,3 das Jahr lehrt Abschied nehmen schon jetzt zur halben Zeit
466,5 Lob sei, Gott, dir auch am Ende durch den guten Bruder Tod
470,5 der Tod, den wir sterben, vom Leben singt
471,3 bitten dich, lass uns im Frieden sterben [...] dass wir nicht verderben
474,4 wenn wir die Liebe leben, die den Tod bezwingt
500,1 lässest du [...] mich aus der Welt Beschwer in deinen Frieden gehen
502,1-5 [Refr] näher mein Gott zu dir [3] schmale Bahn...himmelan [4] ist dann die Nacht vorbei, leuchtet die Sonn [5] schließt dann mein Pilgerlauf, schwing ich mich freudig auf
503 mitten wir im Leben sind mit dem Tod umfangen [...] lass uns nicht versinken in des bittern Todes Not
504,2 lass aus dem Tod ein neues Leben reifen
505,1-5 wir sind nur Gast auf Erden
506,1-4 Gott wir vertraun dir diesen Menschen an [...] Reich deiner Ruhe
507,1-7 Christus, der ist mein Leben, Sterben ist mein gewinn

508,1-3 Herr, lehre uns, dass wir sterben müssen [2] zeige uns [...] dein Sterben als Brücke ins Leben hinein [3] wir vergehn
509,1-3 nun sich das Herz von allem löste
510,1-3 o Welt. ich muss dich lassen
512 requiem aeternam dona eis, Domine
513 Kyrie (pro defunctis Vat. XVIII)
514 lux aeterna luceat eis, Domine
515 zum Paradies mögen Engel dich geleiten / 516 in paradisum
528,2 Gott teilt mit uns ein Menschenlos [...] bis in die Nacht des Todes
532,5 Christus, lass bei deinem Sterben mich mit deiner Mutter erben
535,3 segne du, Maria, unsre letzte Stund
540,3.4 geleite himmelwärts, dass keines sich verhärte und falle in den Tod [4] auf dem letzten Gang durch Todesnot [...] er wird die Flügel breiten
552,2 tief liegt des Todes Schatten auf der Welt, aber dein Glanz [...] dein Lebenshauch bewegt das Totenfeld
553,1.4 Jerusalem [...] mein sehnend Herz so groß Verlangen [...] eilt aus dieser Welt [4] wenn dann zuletzt ich angelanget bin im schönen Paradeis
615,4 Gott, der mit seiner Allmacht Kraft die tote Welt zum Leben bringt
628,4 wenn uns die Sonne untergeht [...]im Dunkel strahlt sein Licht uns auf
638,3 dass wir den Übergang bestehn zum Pascha, das kein Ende kennt
656,1-4 Tod und Vergehen waltet in allem

KV 310,1 von den Ketten des Todes befreit uns der Herr
KV 310,2 ich lege mich nieder und ruhe in Frieden
KV 310,4 vor den Pforten der Unterwelt rette mein Leben
KV 488,3 wir sind mit Christus gestorben, wir werden mit ihm leben
KV 511 aus der Tiefe rufe ich zu dir, höre, o Herr, meine Stimme
KV 517 der Herr vergibt die Schuld und rettet unser Leben
KV 518 beim Herrn ist Barmherzigkeit und reiche Erlösung
KV 617,1 Licht aus der Höhe, leuchte allen, die in Finsternis sind und im Schatten des Todes
KV 629,1 du führst mich hinaus ins Weite, du machst meine Finsternis hell
KV 657,1 vor dir ist auch die Finsternis nicht finster; die Nacht, sie leuchtet
KV 657,5 Christus war für uns gehorsam bis zum Tod
KV 658,1 in manus tuas, Pater, commendo spiritum meum
KV (Kanon) 85,1 Anfang und Ende liegen bei dir, Herr
569 Litanei für die Verstorbenen

Tor ↗Pforte ↗Tür
144,4 die ihr nun wollet bei ihm sein, kommt geht zu seinen Toren ein
146,2 du hast die Tür uns aufgetan, und tust es allezeit
218,1.4.5 hoch die Tür, die Tor macht weit [5] meins Herzens Tür dir offen
225,3 er ruft uns vor die Tore der Welt
231,1 reiß ab vom Himmel Tor und Tür
331,4 dringst durch verschlossne Türen ein
380,7 durch dich steht das Himmelstor allen, welche glauben, offen
385,3 hoch tut euch auf, ihr heilgen Tore, ihr Tore der Gerechtigkeit
427,1 du öffnest deines Himmels Tor, da quillt dein Überfluss hervor
479,2 durch dein Tor lass uns herein [...] lass herein, die draußen sind

547,3 zum Mahl der Hochzeit öffne uns die Pforten deiner Ewigkeit
554,3 von zwälf Perlen sind die Tore an deiner Stadt
648,3 du Pforte für den Königssohn, des neuen Lichtes helles Tor

KV 633,1 hebt euch, ihr Tore, unser König kommt

Tora ↗Gesetz ↗Gebot ↗Verheißung ↗Bund
222,3 du gabst dem Mose dein Gebot
543,1 nach seinem Worte handeln und leben allezeit [...]
seiner Weisung folgen

Trägheit
382,2 o sei zu seinem Lob nicht träge, meine Seele

Tränen
220,1 auch wer zur Nacht geweinet, der stimme froh mit ein
383,3 ich lobe meinen Gott, der meine Tränen trocknet, dass ich lache
438,2 lassen unsrer großen Sehnsucht, unsern Tränen freien Lauf
451,1.3.(4=1) Lachen oder Weinen wird gesegnet sein [3] mit Tränen säen
481,5 lass reiche Frucht aufgehn, wo sie [Boten] unter Tränen sä'n
553,2 da ich noch war so ferne in meinem Tränenland

KV 443 im Jubel ernten, die mit Tränen säen

Trauer
271,2 mein Wesen ist am Ende und trauert wie im Grab
378,1 Brot, das die Hoffnung nährt, Freude, die der Trauer wehrt
424,1.2 den wird er wunderbar erhalten in aller Not und Traurigkeit [2]
wir machen unser Kreuz und Leid nur größer durch die Traurigkeit
427,2 der Trübsal Wasser machst du hell
438,2 lassen unsrer großen Sehnsucht, unsern Tränen freien Lauf
443 im Lichte stehen, die noch trauernd sind
457,2 Klagende hören, Trauernde sehn
459,1 selig seid ihr, wenn ihr [...] Trauer und Trost miteinander teilt
504,1 sieh unsre Trauer, teile unsre Schmerzen
544,2 (1) selig die Trauernden, denn sie werden getröstet
651,8 (1) selig die Trauernden, denn sie werden getröstet

KV 443 im Jubel ernten, die mit Tränen säen

Trennung
163,6 (Kyrie) du führst zusammen, was getrennt ist
336,3 nichts soll mich von Jesus scheiden, keine Macht der Finsternis
348,2 und von Christus uns nimmermher trennen
361,2 drum soll nicht Tod [...] von deiner Lieb mich trennen
427,2 nicht Gewalt und nicht Gefahr, nichts soll von dir uns trennen
429,1 von seinem Angesichte trennt uns der Sünde Bann
451,1.4 komm, Herr, segne uns, dass wir uns nicht trennen
456,3 nichts in diesem Leben trennt mich mehr von dir
481,3 schaue die Zertrennung an, der sonst niemand wehren kann
485,4 bring heim, die sich von dir getrennt

Treue

81,4 o treuer Hüter, Brunnen aller Güter
84,3 birg in deiner treuen Hut alle, die den Tag erleben
99,7 ich achte nicht der künftigen Angst. Ich harre deiner Treue
143,3 von allem Elend frei; denn dein Treu wird niemals enden
144,6 er ist voll Güt und Freundlichkeit, voll Lieb und Treu zu jeder Zeit
215,3 gehn auf seinen Wegen in rechter Lieb und brüderlicher Treue
216,3 o Herr, verleih, dass Lieb und Treu in dir uns all verbinden
221,5 er wird die Getreuen trösten
222,9 erlöse uns, du bist getreu
277,2 das ist mein Trost und treuer Hort
289,6 ach gib, dass ich mich halte zu dir und deiner Treu
297,4 ganz treulich bei uns stehn, dass wir durchs Kreuz ins Leben gehen
299,5 den Treuen schenke neue Kraft
336,3 seine Treue wanket nicht; dies ist meine Zuversicht
361,2.3 dein Lieb und Treu vor allem geht [3] dein Wort ist wahr und trüget nicht und hält gewiss, was es verspricht
375,2 das Wort, das sie zu Anfang schuf, wird bis ans Ende gelten
380,11 deine Treue zeige sich, wie wir fest auf dich vertrauen
382,3.4.5 auf unserm Haupt ein jedes Haar, er hat's gezählt, er nimmt sein wahr [4] dein Name steht in Gottes Hand [5] sei gewiss, er meint es gut
384,1 gepriesen unser Gott, der heimgesucht sein Volk in Treue
395,3 der uns das Heil verheißen, hat eingelöst sein Wort
414,1.3.5 allzeit bist du um uns in Sorge, in deiner Liebe birgst du uns
416,1-4 was Gott tut, das ist wohlgetan [...] mich wohl weiß zu erhalten [3] wie treulich er es meinet
418,1.3.5 der allertreusten Pflege des, der den Himmel lenkt [3] dein ewge Treu und Gnade, o Vater, weiß und sieht, was gut sei [5] uns lass bis in den Tod uns...deiner...Treu empfohlen sein
421,4 deine Gütigkeit wird durch des Lebens Zeit mich immer treu begleiten
424,5 sing, bet und geh auf Gottes Wegen, verricht das Deine nur getreu
427,1 du hast in Treue auf uns Acht
429,2 mag er dich doch nicht missen in der Geschöpfe Schar
430,1 von guten Mächten treu und still umgeben
435,2.4 deine Treue wanket nicht [4] Licht...treu...durch mein Leben trage
436,5 ach bleib mit deiner Treue bei uns
449,2 lass dein Wort uns allezeit treu in Herz und Sinnen stehn
455,3 Gott allein wird Frieden schenken, seines Volkes treu gedenken
487,5 mache uns im Glauben treu und in der Wahrheit frei
497,4 fester lass die Hoffnung, treu die Liebe sein
499,1 [Ehe] einander Wort und Treue, einander Brot und Wein
500,1 lässt [...] getreu nach seinem Wort Barmherzigkeit geschehn
505,3 er wandert treu zur seite, wenn alles uns vergisst
506,4 wir vertraun dir diesen Menschen an [...] wir glauben deiner Treue
542,2 ihr engelchöre voller Macht, die ihr habt treulich unser acht
543,3 mein Herz hängt treu und feste an dem, was dein Wort lehrt [...] wenn du mich leitest, treuer Gott, so kann ich richtig gehen
546,3 hilf uns, der Botschaft treu zu sein

547,1.2 du Herr hast sie für dich erwählt, in Treue folgte sie dem Ruf [2] nach ihrem Vorbild lass auch uns in Treue warten und Geduld
551,1 Gerechtigleit ist aufgericht' als Zeichen seiner Huld uns Treue
552,4 uns hält gefangen [...] Schuld [...] deine Treue hat uns schon befreit

KV 40,1 bis in den Himmel reicht deine Liebe, Herr, bis zu den wolken deine Treue
KV 401 lobet den Herrn, preist seine Huld und Treue

Trinität ↗Dreifaltigkeit

Triumph ↗Sieg ↗Auferstehung Christi ↗Königsherrschaft Gottes
338,4 er triumphiert in Herrlichkeit [...] weithin spannt sich seine Macht
339,1.7 der Herr fährt auf [...] er triumphiert
357,6 jubilieret, triumphieret, dankt dem Herren

Trost ↗Tröster ↗Heiliger Geist
82,4 es werde Trost in langen Stunden für alle, die gefesselt sind
84,2 gib uns Trost und Zuversicht durch dein Licht
94,1 in dieser Nacht sei du uns Trost und Licht
158 (Kyrie) Trost der verlornen Welt
218,3 gelobet sei mein Gott, mein Tröster früh und spat
221,5 er wird die Getreuen trösten
230,6 dem heilgen Tröster auch zugleich
231,4 wo bleibst du, Trost der ganzen Welt [...] komm, tröst uns hier
253,2 tröst mir mein Gemüte [...] durch alle deine Güte
277,2 das ist mein Trost und treuer Hort
289,8 erscheine mir zum Schilde, zum Trost in meinem Tod
297,2.3 erlös uns vor dem ewgen Tod und tröst uns in der letzten Not [3] getröstet durch dein schwere Pein
318 Des solln wir alle froh sein, Christ will unser Trost sein
319 er sandte uns den Heilgen Geist zu Trost der armen Christenheit
336,4 welchen Trost in Todesnot wird er meiner Seele geben
344,4 spendest Trost in Leid und Tod
360,2 köstlich, tröstlich allen Kranken [...] walten seine Heilsgedanken
368,3 du tröstest den, der Buße tut
371,3 Herz Jesu, Trost der ganzen Welt
377,2 meine Liebe bist du, Trost und Seligkeit
380,5 ehrt den Heiligen Geist, der uns seinen Trost erweist
381,3 dein Gesetz, Herr [...] trostreich...gerecht...wahr
383,3 ich lobe meinen Gott, der meine Tränen trocknet, dass ich lache
421,3 den Hirtenstab erheben [...] dem Herzen Trost zu geben
422,3 sprich du das Wort, das tröstet und befreit
430,1 von guten Mächten treu und still umgeben, behütet und getröstet
459,1 selig seid ihr, wenn ihr [...] Trauer und Trost miteinander teilt
461,4 wohlgemut, getrost und gern in allen Leiden stehen
470,4 wenn der Trost, den wir geben, uns weiter trägt
492,2 Jesus, unser Trost und Leben, wahrhaft gegenwärtig hier
506,1 Heilung aller Wunden in der tröstenden Kraft deiner Ruhe

522,2 im Himmel ist sie Königin, halleluja, und aller Welt ein Trösterin
524,4 Quelle aller Freuden […] Trösterin in Leiden
532,3 sah ihn trostlos und verlassen
535,3 segne du, Maria, unsre letzte Stund, süße Trostesworte flüstre
544,2 (1) selig die Trauernden, denn sie werden getröstet
548,2 warst ihnen Trost und Licht in dunkler Nacht
651,8 (1) selig die Trauernden, denn sie werden getröstet

KV 622,1 habt Mut, ihr Verzagten, und fürchtet euch nicht
450 (Kanon) Gottes Wort ist wie Licht in der Nacht…es gibt Trost

Tröster ↗Heiliger Geist
144,7 dem Tröster auch, dem Heilgen Geist […] Lob, Ehr und Preis
218,3 gelobet sei mein Gott, mein Tröster früh und spat
230,6 Lob, preis sei […] dem heilgen Tröster auch zugleich
324,1 Jesus Christ, der aller Welt ein Tröster ist
342,2 komm Tröster, der die Herzen lenkt, du Beistand, den der Vater schenkt […] du gibst uns Schwachen Kraft und Mut
344,3 höchster Tröster in der Zeit
349,1 komm o Tröster, Heilger Geist
351,2 der du der Tröster wirst genannt
355,2 den Tröster, der uns unterweist
380,5 ehrt den Heiligen Geist, der uns seinen Trost erweist
509,1 komm Tröster, Heilger Geist, und tröste, der du aus Gottes Herzen

Tugend ↗Glaube ↗Hoffnung ↗Liebe
461,2 ich bin das Licht, ich leucht euch für mit heilgem Tugendleben
542,5 ihr heilgen Frauen tugendreich

Tür ↗Tor ↗Pforte
146,2 du hast die Tür uns aufgetan
218,1.4.5 macht hoch die Tür [5] meins Herzens Tür dir offen ist
231,1 reiß ab vom Himmel Tor und Tür
247,4 heut schließt er wieder auf die Tür zum schönen Paradeis
281,3 schloss euch auf des Himmels Pforten
331,4 o Leib, wie zart […] dringst durch verschlossne Türen ein
337,3 Seite, die geöffnet war […] zeigt sich als Himmelspforte dar
366,3 Wort des Vaters, offne Türe
481,4 tu der Völker Türen auf
547,3 zum Mahl der Hochzeit öffne uns die Pforten deiner Ewigkeit
642,3 am Paschaabend weist das Blut den würgeengel von der Tür

Turm
439,2 du bist gleich einem Turme, den nie der Feind bezwang

Umkehr
145,1-4 wohin soll ich mich wenden
146,2 wir kommen, Herr, zu deinem Mahl aus der Verlorenheit
163,4 (Kyrie) du rufst die Menschen zur Umkehr

259,2 so machten sich die Weisen auf und folgten deinem Himmelslauf
266,1-7 (Refr) bekehre uns, vergib die Sünde [...] schenke, Herr, uns neu dein Erbarmen [7] Kehrt heim zum Vater, kommt zum Mahl der Freude
267,1.2 o Mensch, bewein dein Sünde groß [2] sein der Sünde feind
268,1-5 [1] erbarme dich, erbarm dich mein [5] dass, wer dir fern ist, sich bekehrt und so in dir auch Heil erfährt
269,2 führe auf den Weg zurück, die deine Langmut irren sah
271,1.2.4 o Herr, aus tiefer Klage erheb ich mein Gesicht [2] mein Wesen ist am Ende und trauert wie im Grab [4] führe zu den Brüdern mich aus dem Elend mich heim
272,3 ruf uns zur Umkehr, sooft wir versagen
275,3 durch seine Jünger spricht zu uns der Meister, ruft uns zur Umkehr
295,6 O steinern Herz, steh ab von deinen Sünden
358,3.4.6 dass ich dich so spät erkannte [...] nicht eher mein dich nannte [...] es ist mir leid, dass ich so spät geliebt [4] ich lief verirrt und war verblendet [6] lass mich nicht mehr irregehn
360,1 wer von der Sünde sich gewandt, wer auf vom Todesschlafe stand
368,3 du tröstest den, der Buße tut
387,3 wir entsagen willig allen Eitelkeiten, aller Erdenlust und Freuden
416,2 er wird mein Unglück wenden, es steht in seinen Händen
430,2.4 noch will das Alte unsre Herzen quälen, noch drückt uns böser Tage schwere Last [4] wolln wir des Vergangenen gedenken, und dann gehört dir unser Leben ganz
446,2 gib uns den Mut, voll Hoffnung [...] heute von vorn zu beginnen
621,3 blicken gläubig zu ihm auf und bitten ihn um sein Verzeihn
638,1-4 nun ist sie da, die rechte Zeit [...] nun ist er da, der Tag des Heils [2] jetzt soll sich unser ganzes Herz durch Fasten und Gebet erneun
KV 219 mache dich auf und werde licht [...] denn dein Licht kommt

unbefleckt ↗Reinheit ↗Maria Immaculata

unendlich ↗Dreifaltigkeit ↗Schöpfung ↗Geheimnis ↗Allmacht
353,1 unendliches Geheimnis du und tiefster Ursprung allen Seins
413,2 feiernder Wesen unendlicher Chor jubelt im ewigen Danklied empor
427,1 Herr, deine Güt ist unbegrenzt, sie reicht, soweit der Himmel

Unfall
101,7 auch euch [...] soll heute nicht betrüben kein Unfall noch Gefahr

Unheil
99,3 dein starker Arm ist ausgestreckt, dass Unheil mich verschone
342,5 erhalte uns auf rechter Bahn, dass Unheil uns nicht schaden kann
423,2 kein Unheil, das im Finstern schleicht [...] ihn erreicht

Unrast
344,4 in der Unrast schenkst du Ruh

unsichtbar
414,3 du bist nicht sichtbar für unsre Augen und niemand hat dich je gesehn
417,4 wird es dann wieder leer, teilen die Leere wir; seh dich nicht, hör nichts mehr
430,6 Klang der Welt, die unsichtbar sich um uns weitet

Unterdrückung
266,6 tut Gutes allen, helft den Unterdrückten
295,5 wie schwer ist dich der Sünde Jochm weil es tut unterdrücken

untergehen
283,3 aus der Tiefe rufe ich zu dir: ich will nicht untergehen
628,4 wenn uns die Sonne untergeht [...] kennt unser glaube keine Nacht

Unterwelt ↗Hölle
326,3 er hat zerstört der Höllen Pfort, die Seinen all herausgeführt
338,3 was mit Gewalt der Tod geraubt, gibt jetzt die Unterwelt zurück
642,5 den Kerker hast du aufgesprengt, zu neuem Leben uns befreit
KV 310,4 vor den Pforten der Unterwelt rette mein Leben
KV 312,5 aus der Tiefe zogst du mich empor

Unvermögen
422,2 mein Unvermögen hält mich ganz gefangen

Ursprung ↗Schöpfung ↗Quelle
274,1 Ursprung, in den ich münde
353,1 unendliches Geheimnis du und tiefster Ursprung allen Seins
370,3 deine Herrschaft ist von Gott verliehen, ewigen Ursprungs
377,2 all mein Glaube bist du, Ursprung allen Lichts
633,9 (6) er ist der Ursprung, der Erstgeborene der Toten (Kol 1)
KV 426 all meine Quellen entspringen in dir

Vater, barmherziger
145,1.3 zu dir, o Vater, komm ich in Freud und Leiden [3] mit kindlichem Vertrauen eil ich in Vaters Arme, fleh reuerfüllt »erbarme«
231,6 vom Elend zu dem Vaterland
266,7 kehrt heim zum Vater, kommt zum Mahl der Freude
271,3.4 lass mich heimwärts finden wie den verlornen Sohn [4] führe zu den Brüdern mich aus dem Elend mich heim
281,2 wie mit euch Geduld ich übe, so erbarmt der Vater sich
416,4 so wird Gott mich ganz väterlich in seinen Armen halten
471,3 erzeig dich uns ganz väterlich, auf ass wir nicht verderben
491,2 ich darf ihn rufen »Vater mein«; er setzte mich zum Erbe ein
505,4 o dass wir nicht verlieren den Weg zum Vaterhaus

Vater Unser
3,2 [Text lat.-dt.]
589,2 (dt.); 589,3 (lat.) – 589,5 (Doxologie)

Vergebung
86,2 (Morgen) demütig bitt ich dich: wollst mir mein Sünd vergeben
142,2 nimm du hinweg der Sünde Schuld, mit unsrer Schwachheit
163,4 (Kyrie) du rufst die Menschen zur Umkehr – Vergebung des Vaters
220,2 wer schuldig ist auf Erden [...] er soll errettet werden
222,1 send ihn, den du verheißen hast, zu tilgen unserer Sünden Last
237,3.4 euch führn aus aller Not [...] von allen Sünden machen rein
240,4 für die Sünder [...] hat uns alle angenommen uns zum Heil
250,3 Christ, der Retter, stieg hernieder, der sein Volk von Schuld befreit
266,1-7 (Refr) bekehre uns [...] schenke, Herr, uns neu dein Erbarmen
267,1 Mensch, bewein dein Sünde groß [...] unsrer Sünden schwere Bürd
267,2 lasst uns sein der Sünde feind
268,1.3.5 mach rein mich bis zum Herzensgrund [3] reines Herz erschaff in mir, so weiß wie Schnee sei es vor dir [5] was großes du an mir getan, wie du mich nahmst in Gnaden an
271,1 o Herr, aus tiefer Klage erheb ich mein Gesicht
272,3 ruf uns zur Umkehr [...] bist barmherzig, vergibst uns die Schuld
273,1.4 o Herr, nimm unsre Schuld, mit der wir uns belasten
277,4 der gute Hirt, der Israel erlösen wird aus seinen Sünden allen
299,2.4.5 uns reinzuwaschen von der Schuld [4] du trägst den Lösepreis der Welt [5] den Sündern tilge alle Schuld
328,7 mache unser Herz bereit, damit von Sünden wir befreit, dir singen
334,2 der Menschen Schuld und Leid darf Auferstehung hoffen
355,5 bis wir, von Sünd und Fehl befreit, ihn selber schaun in Ewigkeit
359,2 du gibst das Leben uns zurück, das Adams Sünde uns geraubt
367,2 sei uns gnädig, sei uns barmherzig
380,6 hast uns Gottes Gnad gebracht, von der Sünd uns freigemacht
434,2 wo wir versagen, irregehn, vergib uns unsre Schuld
451,2 wo wir alles teilen, schlimmen Schaden heilen, lieben und verzeihn
452,5 er schenke dir Vergebung und Erbarmen und lösche aus
456,3 du nimmst alle Schuld von mir und verwirfst mich nie, lässt mich immer ganz neu beginnen
457,1-3 (Refr) so spricht Gott sein Ja, so stirbt unser Nein
459,4 selig seid ihr, wenn ihr Schuld verzeiht
471,4 du wollest uns vergeben [...] mach uns von allen Sünden rein
489,1 Gott, den Herrn, der uns erhoben [...] der uns aus der Schuld befreite
497,6 wasch in deinem Blute mich von Sünden rein; schon ein kleiner Tropfen sühnet alle Schuld, bringt der ganzen Erde Gottes Heil und Huld

KV 517 der Herr vergibt die Schuld und rettet unser Leben

Verheißung ↗Advent
96,6 vertrauen deinem Neuen Bunde, der uns verheißt dein Angesicht
221,1-5 Gott naht sich mit neuer Huld [5] wird wenden Not und Leid
222,1 send ihn, den du verheißen hast
259,3 Gottes Stern, leite uns, Zeichen der Verheißung
272,2 Werkzeuge deiner Verheißung sind wir
275,4 dein Reich wird kommen, das dein Sohn verheißen
336,2 Gott erfüllt, was er verspricht

347,2 seht, aus der Nacht Verheißung blüht
351,3 Geschenk vom Vater zugesagt
384,1 aus Davids Stamm hat er erweckt den Retter, den er uns verheißen
392,5 lob ihn mit allen, die seine Verheißung bekamen
395,3 der uns das Heil verheißen, hat eingelöst sein Wort
402,8 führte es mit starker Hand durch die Wüste in sein Land
422,1.2 bist du der Gott, der Zukunft mir verheißt [2] gelobtes Land
423,3 dies hat Gott uns zugesagt: Wer an mich glaubt, sei unverzagt
451,3 Frieden muss noch werden, wie du ihn versprichst
453,4 dein Heiliger Geist, der Leben verheißt
456,2 einmal kommst du wieder, das sagt uns dein Wort
490,1-5 [1][3][5]Land der Verheißung [2][4] Wort der Verheißung
528,1 ein Bote kommt, der Heil verheißt und nie Gehörtes kündet
544,2 selig, die arm sind vor Gott [im Volltext Mt 5,3-10]
549,3 Wort von den letzten Tagen aus einer längst vergangnen Zeit
663,3 des Lebens Fülle uns verheißt

450 (Kanon) Gottes Wort ist wie Licht in der Nacht…Hoffnung gebracht

Verherrlichung ↗Herrlichkeit ↗Lobpreis vgl. Gloria S.10
143,1 Anbetung, Ehr und Herrlichkeit bin ich bereit, dir, Gott, zu geben
339,1-4.7 der Herr fährt auf zu seinem Reich [2] Gott hat ihn mit Ehr gekrönt [4] erhöht hat ihn…Gott

Verklärung ↗Herrlichkeit ↗Glanz
329,2 verklärt ist alles Leid der Welt […] Herr erstand in Gottes Macht
331,1.2.6 verklärte Leibsgestalt [2] klar wie Kristall…licht und rein wie tausendfacher Sonnenschein [6] bedenk, o Mensch, dein Augenlicht, vor dieser Sonn besteht es nicht
336,1 er verklärt mich in sein Licht
363,1-3 Herr, nimm auch uns zum Tabor mit [2] lass leuchten deine Herrlichkeit [3] dann geh mit uns vom Berg herab
368,6 in dir erstrahlt der Gottheit Schein
372,3 deines Glanzes Herrlichkeit übertrifft die Sonne weit
387,8 komm, du nahes Wesen, dich in mir verkläre
442,3 bis wir einst […] mit den Selgen Christi Antlitz werden schauen, herrlich strahlend
455,4 der […] unser Leben will verklären nach den Leiden dieser Zeit
481,6 lass uns deine Herrlichkeit sehen auch in dieser Zeit

Verkündigung
143,2 das Wort vom ewgen Bund aus deinem Mund verkünden hören
210,2 wer dieses Brot genommen, verkündet seinen Tod
211,6 essen von diesem Brot, verkünden wir, Christus, deinen Tod
216,3 dass Hand und Mund zu jeder Stund dein Freundlichkeit verkünden
220,3 Heil dort finden, das aller Zeiten Lauf von Anfang an verkündet
221,1 kündet allen in der Not
237,1 ich bring euch gute neue Mär […] davon ich singn und sagen will
251,2 Friede und Freud wird euch verkündiget heut

266,5 geht hin zu allen, kündet seine Botschaft
268,5 öffne mir den stummen Mund, dann tu ich allen Menschen kund
275,3.4 durch seine Jünger spricht zu uns der Meister [4] ihm den Weg bereiten als deine Boten
281,3 bleibt in dem, was ich verkündet, was euch meine Kirche weist
342,3 du öffnest uns den stummen Mund und machst der Welt die Wahrheit kund
348,4 neuen Mut, dass wir Gottes Liebe den Menschen künden
381,2 kein Land, kein Volk ist auf der Erd, das nicht allzeit die Kunde hört
382,2 wie er dich erhob, zu seinem Lob erzähle
385,1 Gottes Volk, sollst es verkünden: groß ist des Herrn Barmherzigkeit
389,4 führ mich die Bahn, deine Liebe zu verkünden
400,1 erzählen will ich von all seinen Wundern
463,4 dich predigt Sonnenschein und Sturm, dich preist der Sand am Meere
478,2 heilge Stadt, dass sie der Welt verkündet, was Gott gesprochen hat
481,4.5 tu der Völker Türen auf [5] gib den Boten Kraft und Mut […] lass reiche Frucht aufgehn, wo sie unter Tränen sä'n
485,3 [Geheilte] bekennen mögen frei, was ihres Herzens Glaube sei
489,3 lasst den Blinden uns und Tauben Herz und Zunge aus dem Glauben
491,3 erwählt…ihm will ich dienen in der Welt und Zeugnis für ihn geben
542,4 Apostel Christi, hoch gestellt, zu leuchten durch die ganze Welt
546,2.3.4 als deine Zeugen riefst du sie […] die Saat des Evangeliums […] auszustreun [3] durch ihre Predigt glauben wir [4] seine Zeugen uns gesandt
551,2 macht Gottes Heil den Menschen kund
552,1.5 Mut, der dich bekennt, dass unser Licht vor allen Menschen brennt

KV 454 geht in alle Welt, halleluja, und seid meine Zeugen

Verlangen ↗Sehnsucht
99,7 ich harre deiner Treue, der du nicht mehr von mir verlangst als dass
357,7 deiner wart ich mit Verlangen
429,4 trägt nach dir Verlangen, lässt auch den Ärmsten nicht
497,7 stille mein Verlangen, das mich heiß durchglüht
553,1 Jerusalem […] mein sehnend Herz so groß Verlangen hat […] schwingt es sich über alle und eilt aus dieser Welt

KV 312,8 wie der Hirsch verlangt nach frischem Wasser

Verlassenheit
295,4 denn du bist von jedermann ganz und gar verlassen
297,4 und schöpfen draus die Zuversicht, dass du uns wirst verlassen nicht
409,3 seine Schar verlässt er nicht
414,2 die zu dir beten, wissen, dass du sie nicht verlässt
424,5 denn welcher seine Zuversicht auf Gott setzt, den verlässt er nicht
505,2 die Wege sind verlassen und oft sind wir allein
532,3 sah ihn trostlos und verlassen an dem blutgen Kreuz erblassen
543,2 verlass mich nimmermehr
KV 293 mein Gott, mein Gott, warum hast du mich verlassen

verlorener Sohn ↗Vater, barmherziger ↗Heimkehr
145,3 mit kindlichem Vertrauen eil ich in Vaters Arme, fleh reuerfüllt »erbarme«
271,3.4 lass mich heimwärts finden wie den verlornen Sohn [4] führe zu den Brüdern mich aus dem Elend mich heim
485,2.4 wer den Weg verloren hat, den suche du mit deiner Gnad [4] bring heim, die sich von dir getrennt

Verlorenheit
146,2 wir kommen, Herr, zu deinem Mahl aus der Verlorenheit
170,3 Versöhner derer, die verlorn
236,4 im Stall ein Kindelein, gibt sich für uns verloren
245,1 Menschen, die ihr wart verloren
251,1.7 Gott will so freundlich und nah zu den Verlornen sich kehren [7] komm doch, mein Heiland, denn ohne dich bin ich verloren
266,4 ihr seid gefunden wie verlorne Schafe
271,3 lass mich heimwärts finden wie den verlornen Sohn
283,2 aus der Tiefe rufe ich zu dir […] ich bin hier ganz verloren
380,11 auf dich hoffen wir allein, lass uns nicht verloren sein
437,3 mein verlornes Zutraun, meine Ängstlichkeit bringe ich vor dich
527,3 nach dem Sündenfall […] sollten ewig sein verloren

Versagen
272,3 ruf uns zur Umkehr, sooft wir versagen
434,2 wo wir versagen, irregehn, vergib uns unsre Schuld

Versöhnung ↗Erlösung
146,2 Herr, dein Wort ist die Kraft, die Versöhnung schafft
170,3 Versöhner derer, die verlorn
205 Lamm Gottes, hingegeben, uns mit Gott zu versöhnen
269,3 der Tag, der uns mit dir versöhnt
281,4 wie der Vater mich gekrönet […] seid auch ihr mit ihm versöhnet
320,2 Patri reconciliavit peccatores
339,2 sein Werk auf Erden ist vollbracht…hat die Welt mit Gott versöhnt
507,3 durch seine heilgen Wunden bin ich versöhnt mit Gott

verstehen/Verstand
140,3 darum können wir ihm folgen, können wir sein Wort verstehn
147,2 den Glauben mehr, stärk den Verstand, dass uns dein Nam
149,2 unser Wissen und Verstand ist mit Finsternis umhüllet
251,4 Gott ist im Fleische, wer kann dies Geheimnis verstehen
342,6 lass gläubig uns den Vater sehn, sein Ebenbild, den Sohn, verstehn
348,2 lass uns Gott erkennen, ihn Vater nennen
352,2.5.6 dein Wesen…begreift ein Mensch auf Erden nicht [5] bet das Geheimnis an, das kein Verstand begreifen kann [6] im Himmel sehn
353,4 was alle Einsicht übersteigt, bekennt der Glaube ehrfurchtsvoll
427,1 dein Sinn ist tief wie Meeresgrund, kein Mensch kann ihn verstehen
463,5 der Mensch, ein Geist, den sein Verstand dich zu erkennen leitet
468,2 er gab uns Worte, dass wir verstehn

504,2 sei nicht ein Schicksal, das wir nicht begreifen

verstocktes Herz
KV 53,1 verschließt ihm nicht das Herz

Versuchung
90,3 gib, dass […] der böse Feind uns nicht verführt
336,3 nichts soll mich von Jesus scheiden, keine Macht der Finsternis
381,4 behüt mich vor der stolzen Welt […] von dir mich abzuwenden
416,4 es mag mich auf die raue Bahn Not, Tod und Elend treiben
418,2 Mit Sorgen und mit Grämen […] lässt Gott sich gar nichts nehmen
421,3 der mir die Kräfte schenkt, wann mich der Feind bedrängt
423,2 er weiß, dass Gottes Hand ihn hält, wo immer ihn Gefahr umstellt
436,1 dass uns hinfort nicht schade des bösen Feindes List
439,2 du bist gleich einem Turme, den nie der Feind bezwang; ich weiche keinem Sturme
548,4 sie schon vollendet, angefochten wir

Vertrauen
84,3 deinem Licht entgegenschaun und vertraun
90,4 wir sind das Volk, das dir vertraut
96,6 vertrauen deinem Neuen Bunde, der uns verheißt dein Angesicht
140,4 wir erfinden neue Götter und vertrauen ihnen blind
142 zu dir, o Gott, erheben wir die Seele mit Vertrauen
145,3 mit kindlichem Vertrauen eil ich in Vaters Arme
161,2 (Kyrie) lass uns glauben an deine Liebe –
mit Vertrauen kommen zu dir
213,4 was wir hier schauen in Glauben und Vertrauen, das zeige uns im Licht […] ewig wir dich sehen von Angesicht zu Angesicht
220,5 wer hier dem Sohn vertraute, kommt dort aus dem Gericht
221,1 kündet allen in der Not, fasset Mut und habt Vertrauen
222,9 Herr, wir vertrauen auf dein Wort
245,4 singt mit Andacht Dankeslieder und vertraut, er höret sie
270,1 der, dem ich vertraue, ist in dir [Kreuz] mir nah
271,1 was ich bin, das trage ich hin vor dein Gericht
272,3 lehr uns Verzeihen, Vertrauen, Geduld
273,2 wir trauen deiner Macht und sind doch oft in Sorgen
277,2.3 auf ihn will ich verlassen mich und seiner Güte trauen [3] soll doch mein Herz an Gottes Macht verzweifeln nicht noch sorgen
283,4 aus der Tiefe rufe ich zu dir: nur dir will ich vertrauen
342,6 dir vertraun, der uns durchdringt
344,9 gib dem Volk, das dir vertraut, das auf deine Hilfe baut
354 dies glaub ich und so leb ich und will im Tod vertraun
365 Jesus, meine Zuversicht, auf dich vertrau ich und fürcht mich nicht
380,11 deine Treue zeige sich, wie wir fest auf dich vertrauen
382,5 gib dich in seine Hand mit innigem Vertrauen
416,1-4 was Gott tut, das ist wohlgetan
417,1-4 Stimme, die Stein zerbricht […] hab keine Angst, ich bin da
418,1-5 befiehl du deine Wege

419,1-5 tief im Schoß meiner Mutter gewoben
421,1-4 mein Hirt ist Gott, der Herr
422,1-3 ich steh vor dir mit leeren Händen, Herr
423,1-3 wer unterm Schutz des Höchsten steht
424,1-5 wer nur den lieben Gott lässt walten
427,1.2 Herr, deine Güt ist unbegrenzt
428,1-5 Herr, dir ist nichts verborgen, du schaust mein Wesen ganz
429,1-5 Gott wohnt in einem Lichte
430,1-7 von guten Mächten treu und still umgeben
434,1-4 noch ehe die Sonn am Himmel stand
435,1-4 Herr, ich bin dein Eigentum
437,3 mein verlornes Zutraun, meine Ängstlichkeit bringe ich vor dich
439,2 du bist gleich einem Turme, den nie der Feind bezwang; ich weiche keinem Sturme, bei dir ist mir nicht bang
455,4 Gott allein will ich vertrauen
456,4 Vater unsres Lebens, wir vertrauen dir
478,4 Herr, wir danken dir, wir vertrauen dir
506,1-4 Gott wir vertraun dir diesen Menschen an
509,3 nun sich das Herz zu dir erhoben und von dir gehalten weiß
510,1.3 mein Leib und Leben legen in Gottes gnädig Hand [3] auf Gott steht mein Vertrauen
521,4 er hat dir den Jünger als Sohn anvertraut
628,5 den Sohn und Vater bitten wir […] behüte, die auf dich vertraun

KV 64,1 die ihr ihn fürchtet, vertraut auf den Herrn
KV 312,3 behüte mich, Gott, denn ich vertraue auf dich
KV 365 meine Hoffnung und meine Freude […] auf dich vertrau ich und fürcht mich nicht (Taizé)
KV 431 Herr, du bist ein Schild für mich, du richtest mich auf

Verurteilung
288,4 Kaiphas richtet in der Nacht
290,1 was hast du verbrochen, dass man ein solch scharf Urteil hat gesprochen
355,4 kommt am Tag vorherbestimmt, da alle Welt ihr Urteil nimmt

Verweilen ↗bleiben
KV 34,1 wer darf weilen auf deinem heiligen Berg

Verzagtheit
84,3 schenke den Verzagten Mut, dass sie sich gestärkt erheben
270,3 [Kreuz] bleib in meiner Nähe, dass ich nicht verzag
272,2 hilf unserm Glauben, wenn mutlos wir werden
409,3 hat er nicht…uns bisher getragen […] sollten wir verzagen?
423,3 wer an mich glaubt, sei unverzagt

Verzweiflung ↗Angst
272,3 Antwort bis du in verzweifeltem Fragen
277,3 mein Herz an Gottes Macht verzweifeln nicht noch sorgen
418,2 Mit Sorgen und mit Grämen […] lässt Gott sich gar nichts nehmen

Vogel
332,4 es singen jetzt die Vögel all [...] singt und klingt die Nachtigall
411,2 was in hohen Lüften schwebet, lob ihn
425,3 du nährst die Vögel in den Bäumen
462,2 Vögel ziehen durch die Luft, auch Schmetterling und Fliegen
467,4 ihr Vögel der Lüfte [...] den gütigen Vater, den wollen wir loben

Volk Gottes
81,7 Herr, du wirst kommen und alle deine Frommen [...] gnädig dahin bringen, da alle Engel ewig, ewig singen: Lobet den Herren
90,4 wir sind dein Volk, das dir vertraut
144,3 wie reich hat uns der Herr bedacht, der uns zu seinem Volk gemacht
209,3 für immer ist der Bund geschlossen, der euch zum Volke Gottes macht
228,2 Hosianna Davids Sohn, sei gesegnet deinem Volk
236,5.6 muss vorher mit ihm leiden groß Pein und Marter viel [6] mit ihm auch sterben und geistlich auferstehn, das ewig Leben erben
250,3 Christ, der Retter, stieg hernieder, der sein Volk von Schuld befreit
338,3 befreit aus der Gefangenschaft folgt Jesus die erlöste Schar
339,5 Beschirmer deiner Christenheit bist du, Herr Christ, in Ewigkeit. Dir, unserm Haupte, jubeln wir
344,9 gib dem Volk, das dir vertraut [...] deine Gaben zum Geleit
348,4 Geist des Herrn, gib du uns neuen Mut, dass wir Gottes Liebe den Menschen künden und als Schwestern und Brüder uns finden
374,1 Volk Gottes, zünde Lichter an
380,5 deinem eingebornen Sohn singt die heilige Gemeinde [9] sieh dein Volk in Gnaden an
384,1.2 der heimgesucht sein Volk in Treue [2] Bund
385,1.4 du, Gottes Volk, sollst es verkünden: groß ist [4] gesegnet seid ihr allzusammen, die ihr von Gottes Hause seid
395,1.3 an mir und meinem Stamme hat Großes er vollbracht [3] an Israel vollbracht, sein Volk mit mächtgen Armen gehoben aus der Nacht
402,7 er zerschlug Pharaos Heer, führt das Volk durchs Rote Meer
403,4 er lasse seinen Frieden ruhn auf unserm Volk und Land
409,3 seine Schar verlässt er nicht, und in dieser Zuversicht
422,3 lass mich unter deinen Kindern leben
455,3 Gott allein wird Frieden schenken, seines Volkes treu gedenken
464,1.3.8 wir sind sein Eigen [3] und das heilge Zelt sagen seinem Volke: Gott ist in der Welt
477,1.3 Gott ruft sein Volk zusammen rings auf dem Erdenrund [3] lässt ein Volk erstehen, das er sich auserwählt [...] dass einig werde dein Volk in dieser Zeit, ein Hirt und eine Herde
479,3 der durch seines Kreuzes Kraft uns zum Gottesvolk erschafft
482,2 erkorn aus allen Völkern, doch als ein Volk gezählt
483,1 ihr seid das Volk, das der Herr sich ausersehn
484,4 führ auch uns [...] durch deinen Geist zu einem Volk zusammen
489,1 Gott, den Herrn, der uns erhoben [...] uns zu seinem Volke zählt
553,2 was für ein Volk [...] edle Schar kommt dort gezogen [...]die Kron
KV 56,1 (= 651,5) freut euch, wir sind Gottes Volk

Völker

vollbracht

Vollendung

213,4 was wir hier schauen in Glauben und Vertrauen, das zeige uns im Licht [...] ewig wir dich sehen von Angesicht zu Angesicht
216,3 bis nach der Zeit den Platz bereit an deinem Tisch wir finden
218,5 dein Heilger Geist uns führ und leit den Weg zur ewgen Seligkeit
233,4 dein Fest ohne Ende steht für uns bereit
237,4 er bringt euch alle Seligkeit [...] im Himmelreich sollt leben nun
252,5 macht uns zu Erben in seinm Saal
254,4 wenn wir mit dir einst auferstehn und dich von Angesichte sehn
257,2 was der Mensch beginnt...zerrinnt... sei du selbst der Vollender
274,1 Ursprung, in den ich münde
281,1 gehet hin, mein Werk vollendet, eins zu sein in meinem Reich
344,9 lass es [Volk] in der Zeit bestehn, deines Heils Vollendung sehn
347,3 als Sieger fährt er jauchzend heim und ruft den Geist, dass jeder Keim aufbreche
349,5 Hauch, der Leben uns verleiht [...] führ uns hin zur Seligkeit
354 dass ich in meinem Leibe soll meinen Gott anschaun
355,5 bis wir, von Sünd und Fehl befreit, ihn selber schaun in Ewigkeit
357,5.7 himmlisch Leben wird er geben mir dort oben [7] dass mein nun ist das A und O, der Anfang und das Ende...aufnehmen in das Paradeis
360,3.4 wann wird der Völker volle Zahl [...] zu deinem Tempel wallen [4] alles ist vollendet, die Wüste wird zum Paradies
368,6 du unser Glück in dieser Zeit, du Sonne unsrer Ewigkeit [...] lass uns mit dir verherrlicht sein
370,1 du bist der Erste und du bist der Letzte, Anfang und Ende
375,4 wenn du kommst zu dem Gericht, Christ, in dein Reich uns lade
380,8 nimm uns nach vollbrachtem Lauf zu dir in den Himmel auf
396,4 einst kommt die Zeit, wo wir auf tausend Weisen...dich unsern Vater preisen von Ewigkeit zu Ewigkeit
414,5 bleib gnädig so um uns in Sorge, bis wir in dir vollkommen sind
418,5 so gehen unsre Wege gewiss zum Himmel ein
421,3.4 mich zum Siege leitet [4] im Hause dein...wohnhaft...ewiglich
423,3 des Lebens Fülle ist sein Teil, und schauen wird er einst mein Heil
425,5 du, Vater, bist in unsrer Mitte, machst deinem Wesen uns verwandt
429,5 nun darfst du in ihm leben und bist nie mehr allein [...] immer bei ihm sein
442,3 bis wir einst [...] mit den Selgen Christi Antlitz werden schauen [...] Freude wird uns Gott bereiten unermesslich durch des Lebens Ewigkeiten ohne Ende
449,2 mit uns durchs Leben gehen bis zur lichten Ewigkeit
452,2 vollenden möge er, was du begonnen
455,4 der [...] unser Leben will verklären nach den Leiden dieser Zeit
465,4 gib [...] dass jeder zu dir findet und durch dich aufersteht
469,4 Vater...Sohn...Geist...die Schöpfung zur Vollendung führt
471,5 führe uns zur Seligkeit, die steht in dir alleine
484,6 als Zeugen der Liebe uns zu senden und zu vollenden
504,2 unser Bemühen ist am Grab zu Ende; komm und vollende
506,1 Reich deiner Ruhe [2] Kraft deiner Ruge [3] Herrlichkeit deiner Ruhe [4] Weg in die Ruhe bei dir
510,2 mein Zeit ist nun vollendet, der Tod das Leben endet

548,4 sie schon vollendet, angefochten wir
553,1-5 Jerusalem, du hochgebaute Stadt [2] edle Schar kommt dort gezogen [3] mit Klarheit hell umgeben [4] angelanget bin im schönen Paradeis […] das halleluja reine man spielt in Heiligkeit [5] Freudensaal
656,3 schenke im Ende auch die Vollendung; nicht in die Leere falle

Vollkommenheit ↗Seligpreisung
414,5 bleib gnädig so um uns in Sorge, bis wir in dir vollkommen sind

Vorbild
275,3 in ihren [Jünger] Taten wird die Botschaft Christi für uns lebendig
484,5 eins lass uns sein wie Beeren einer Traube, dass sie Welt glaube
487,3 als seiner Liebe Widerschein die Christenheit erneun

Vorsehung
99,5.9.10.11 wie du […] zur Seite warst und wunderbar mit Plan und Rat [9] dass sich alles, was mir frommt, in deinem Ratschluss findet [10] was du, als ich den Weg nicht sah, zu meinem Heil ersehen
222,2 umspannst des Weltalls Rund und alles lenkst mit Kraft und Rat
267,1 trüg unsrer Sünden schwere Bürd am Kreuz nach Gottes Willen
288,2 Jesus lässt ihn [Judas] gehen, denn es muss geschehn
355,4 kommt am Tag vorherbestimmt, da alle Welt ihr Urteil nimmt
370,2 in deinen Händen ruht der Menschen Schicksal
375,3 auch jeder Menschenseele Los fällt, Herr, von deinen Händen, und was da birgt der Zeiten Schoß, du lenkst es aller Enden
382,1.4.5 kennt alle unsre Pfade [4] dein Name steht in Gottes Hand [5] dich geben ganz in Gottes Hut, und sei gewiss, er meint es gut
416,2 er wird mein Unglück wenden, es steht in seinen Händen
418,1 befiehl du deine Wege […] des der den Himmel lenkt; der Wolken, Luft und Winden gibt Wege, Lauf und Bahn
418,3 dein ewge Treu und Gnade, o Vater, weiß und sieht, was gut sei
419,1 tief im Schoß meiner Mutter gewoben […] dem Licht zugedacht
422,1 mein Los ist Tod, hast du nicht andern Segen
424,1.3 wer nur den lieben Gott lässt walten [3] wie unsres Gottes Gnadenwille, wie sein Allwissenheit es fügt
425,3 du machst ein Ende meinem Sorgen, hast alle Tage schon bedacht
428,4 hast mir bestimmt mein Los […] wollt ich […] deine Pläne fassen
430,3 reichst du uns den schweren Kelch, den bittern, des Leids gefüllt
435,2 du hast mich in die Hand geschrieben, ewig mich zu lieben
452,1 geschrieben stehen wir in Gottes Hand
463,1 ich […] die Weisheit deiner Wege […] anbetend überlege
465,2 das Dunkle und das Helle, der Schmerz, das Glücklichsein nimmt alles seine Stelle in deiner Führung ein
504,2 sei nicht ein Schicksal, das wir nicht begreifen
507,6 lass […] mich schlafen ein nach deinem Rat und Willen
656,4 Herr, deine Pläne bleiben uns dunkel

wachen
96,2 Kirche [...] mit jedem, der da betend wacht
99,2 du bist's allein, Herr, der stets wacht
246,1 als ich bei meinen Schafen wacht
392,1 kommet zuhauf, Psalter und Harfe wacht auf
435,4 wachend...dir am End der Zeiten, Herr, entgegenschreiten
463,1 wenn ich [...] die Liebe, die für alle wacht, anbetend überlege
465,3 wir sollen uns nicht grämen, nur wach sein und bereit
481,2 weck die tote Christenheit aus dem Schlaf der Sicherheit
547,1 es brannte hell in ihrer Hand die Lampe ihrer Wachsamkeit
554,1.2 wachet auf, ruft uns die Stimme [...] wach auf, du Stadt Jerusalem
[2] Zion hört die Wächter singen [...] sie wachet und steht eilend auf
621,1eine helle Stimme ruft [...] wacht auf [...] am Himmel leuchtet Christus
KV 286 bleibet hier und wachet mit mir

Waffe ↗Schutz
101,7 Gott lass euch selig schlafen , stell euch die güldnen Waffen ums Bett
472,3 Waffen werden umgeschmiedet, und ein Friede ist da
549,2 da wird niemand Waffen mehr tragen [...] Schwerter werden zu Pflugscharen, und Krieg lernt keiner mehr

Wahrheit
142,2 ganz nahe lass dein Wort uns sein voll Wahrheit uns voll Gnade
144,6 sein Gnad währt immer [...] und seine Wahrheit für und für
147,1 [Heiliger Geist] uns den Weg zur Wahrheit führ
258,3 er ist der Weg, auf dem wir gehen, die Wahrheit, der wir trauen
334,1 du Morgenstern, du Gnadenschein, der Wahrheit Licht und Leben
342,3 machst der Welt die Wahrheit kund
346,2 komm du Geist der Wahrheit
357,1 wie schön leuchtet der Morgenstern, voll Gnad und Wahrheit
359,1 wahrer Gott vom wahren Gott
360,1 ein König ists, der Einzug hält, umglänzt von Gnad und Wahrheit
361,3 dein Wort ist wahr und trüget nicht
381,3 dein Gesetz, Herr [...] trostreich...gerecht...wahr
387,7 dass ich deine Klarheit schauen mag in Geist und Wahrheit
393,2 es wird die Wahrheit unsres Herren in Ewigkeit ohn Ende währen
436,3 dein Wahrheit uns umschanze, damit wir irren nicht
406 (Kanon) seine Güt und Wahrheit währet ewiglich
446,2 gib uns den Mut, voll Liebe [...] heute die Wahrheit zu leben
456,1 du bist meine Wahrheit, die mich leben lässt
461,2 ich bin der Weg, ich weise wohl, wie man wahrhaftig wandeln soll
487,5 mache uns im Glauben treu und in der Wahrheit frei
489,2 der im Glauben uns begründet [...] uns in Wahrheit neu gebar
490,2 dass es hören lernt [...] auf die Wahrheit der Weisen
497,2 er ist selbst die Wahrheit, die nicht trügen kann
543,5 dein Wahrheit bleibt zu aller Zeit
554,2 kommt vom Himmel prächtig [...] von Wahrheit mächtig
630 dein Wort ist Licht und Wahrheit

Wald

Wasser

Wege des Herrn

Wege des Menschen ↗Pilgerschaft, irdische

275,1 selig, wem Christus auf dem Weg begegnet
281,3 ich bin euer Weg geworden, der allein zum Heil euch führt
358,6 lass meinen Fuß auf deinen Wegen nicht straucheln
363,3 sei uns Weg und Wanderstab durchs Kreuz zum Ostermorgen
384,3 der uns mit seinen starken Armen den…Weg des Friedens führt
389,1.4 Herr, du kennst meinen Weg und du ebnest die Bahn [4] nun zeig mir den Weg und nun führ mich die Bahn
409,2 Führt auch unser Weg durch Nacht, bleibt doch seines Armes Macht über unserm Wallen
418,1.5 befiehl du deine Wege […]Wege finden, die dein Fuß gehen kann [5] so gehen unsre Wege gewiss zum Himmel ein
421,2 wird durch den Namen sein auf rechte Bahn mich schicken
423,2 seinen Engeln Gott befahl, zu hüten seine Wege all
424,5 sing, bet und geh auf Gottes Wegen, verricht das Deine nur getreu
428,5 leit mich auf ewgen Wegen bis an mein selig End
430,1 so will ich diese Tage mit euch leben und mit euch gehen
435,1 väterlich führst du mich auf des Lebens Wegen, meinem Ziel entgegen
453,1-4 bewahre uns Gott, behüte uns [1] sei mit uns auf unsern Wegen
456,1 Herr, du bist mein Leben, Herr du bist mein Weg
460,2 er geht den Weg, den alle Dinge gehen
470,5 wenn das Leid, das wir tragen, den Weg uns weist
483,2 denen, die suchen, macht hell den schweren Weg
485,2 wer den Weg verloren hat, den suche du mit deiner Gnad
502,3 geht auch die schmale Bahn aufwärts gar steil […] doch himmelan
505,2 die Wege sind verlassen und oft sind wir allein
530,1 hilf der bedrängten Christenheit auf ihrem Wege durch die Zeit
540,2 er wird den Weg uns zeigen zum Berg des Herren hin
542,3.4 den Weg deiner Gebot [4] lehr mich den Weg zum Leben
KV 629,3 ich gehe meinen Weg vor Gott im Lande der Lebenden

Weihnachten ↗Geburt Christi ↗Epiphanie

Weihrauch
KV 97 wie Weihrauch steige mein Gebet vor dir auf
KV 98 Herr, mein Beten steige zu dir auf wie Weihrauch
KV 661,2 wie Weihrauch steige mein Gebet vor dir auf

Wein ↗Gabenbereitung ↗Blut
146,1 schenkst uns selber ein Brot und Wein
183 dir Vater Lobpreis werde und Dank für Wein und Brot
184 Herr, wir bringen in Brot und Wein unsere Welt zu dir
185,2 send uns den Geist hernieder, zu wandeln Brot und Wein
186,3 wie Wein und Wasser sich verbinden
187,1 wir weihn der Erde Gaben dir, Vater, Brot und Wein
188,1-4 nimm uns selber an mit Brot und Wein [2] bewahrt in Brot und Wein [3] wandle unser Herz wie Brot und Wein [4] eins geworden nun als Brot und Wein
209,3 schenkst uns ein das Blut der Trauben […]Kelch mit bittersüßem Wein

225,3 er ruft uns vor die Tore der Welt
227,1.3 komm, du Heiland aller Welt [3] erschien er in der Welt
230,3.4 da sich die Welt zum Abend wandt, der Bräutgam Christus ward gesandt [4] dass es in aller Welt erschallt
231,4 wo bleibst du, Trost der ganzen Welt
233,1 o Herr, wenn du kommst, wird die Welt wieder neu
237,5 da findet ihr das Kind gelegt, das alle Welt erhält und trägt
238,1 Welt ging verloren, Christ ist geboren
240,4 denn er ist zur Welt gekommen für die Sünder und die Frommen
246,3 das Kindlein liegt in einem Stall und will die Welt erlösen all
252,3.4.5 den aller Welt Kreis nie beschloss [4] gibt der Welt ein neuen Schein [5] ein Gast in der Welt hie ward
254,2.3 Welt ist heut voll Freudenhall [3] Welt liegt heut im Freudenlicht
259,1 hat Gott der Welt das Licht gebracht [...] Gottes Wort die Welt erschuf
262,1.2 Hoffnung auf ein neues Leben hat er in die Welt gebracht [2] Welten ändern ihren Lauf
268,2 arm ward ich in die Welt geschickt
272,2 und so uns selbst und die Welt zu verwandeln
280,2.4 der die ganze Welt beglücket [4] mögen Welten einst vergehen
281,1 seid geeint und liebt euch alle, dass mich diese Welt erkennt
291,1.2 Holz auf Jesu Schulter, von der Welt verflucht [2] Welt bewahrt
299,4.5 du trägst den Lösepreis der Welt [5] du einzge Hoffnung dieser Welt
308,1 Holz des Kreuzes, an dem das Heil der Welt gehangen
318 wär er nicht erstanden, so wär die Welt vergangen
324,1.2.4 aller Welt ein Tröster [2] ganze Erde staunt [4] Welt steht auf
325,1 schon sinkt die Welt in Nacht und Dunkelheit
329,1.2.5 Freud in alle Welt gebracht [2] verklärt ist alles Leid der Welt [5] in aller Welt ist Freud und Fried
331,5 gleichwie die Welt viel tausend Meil die Sonn umläuft
332,1.5.6 [1.6] die ganze Welt [...] in deiner Urständ fröhlich ist [5] gibt der Welt ein neuen Schein
334,2.3 Licht der lichten Ewigkeit, das unsre Welt getroffen [3] Heil der Welt in Ewigkeit
336,2 ihm ist das reich über alle Welt gegeben
338,4 er eint den Himmel und die Welt zum Reich, in dem er ewig herrscht
339,3 was Wunder mit der Welt geschehn [...]die Welt mit Gott versöhnt
342,3 machst der Welt die Wahrheit kund
344,1 strahle Licht in diese Welt
347,4 der Geist des Herrn durchweht die Welt
352,3 Wärme ist des Geistes Bild, der alle Welt mit Leben füllt
354 der Vater schuf die Welt
355,4 kommt am Tag vorherbestimmt, da alle Welt ihr Urteil nimmt
357,5 du hast mich ewig vor der Welt in deinem Sohn geliebet
359,1 Heiland der Welt
360,1.3 macht weit die Pforten in der Welt [3] wann wird doch deines Lobs genug in dieser Welt erschallen
362 Boten des Lichtes in der Welt
369,1 o Herz des Königs aller Welt
371,3 Herz Jesu, Trost der ganzen Welt

372,1 Morgenstern der finstern Nacht, der die Welt voll Freude macht
374,3 Erleuchtung für die ganze Welt
378,1-3 (Refr) Lied, das die Welt umkreist
380,6 bist vom hohen Himmelsthron zu uns auf die Welt gekommen
381,4 behüt mich vor der stolzen Welt
403,1 nun danket all und bringet Ehr, ihr Menschen in der Welt
425,4 du holst die Welt aus ihrem Tod
430,4.6 doch willst du uns noch einmal Freude schenken an dieser Welt [6] jenen vollen Klang der Welt
435,3 mein Zelt in der Welt mag ich leicht verlassen, dich, Herr, zu umfassen
455,3 alles meinem Gott zu Ehren, dessen Macht die Welt regiert
456,4 schenke du die Einheit, die wir suchen auf der Welt
461,1 verleugnet euch, verlasst die Welt, folgt meinem Ruf und Schalle
462,4 Gott ließ die ganze Welt sich drehn
463,6 alle Welt sag Amen und alle Welt fürcht ihren Herrn
464,1-8 Gott liebt diese Welt [2] gehört die Welt [3] ist in der Welt [4] kam sein Soohn zur Welt [5] erneut die Welt [6] Leben für die Welt [7] für alle Welt [8] Gott liebt diese Welt
470,1-5 (Refr) unter uns schon sein Haus [...] wohnt er schon in unserer W
471,2 niemand ist in dieser Welt, der Frieden stiftet und erhält denn du
474,1-5 (Refr) Jesus Christ, du erneuerst unsre Welt
477,3 neu schafft des Geistes Wehen das Angesicht der Welt
478,2 Gottes heilge Stadt, dass sie der Welt verkündet [...] Zeugen
481,1 brich in deiner Kirche an, dass die Welt es sehen kann
483,2.3 ihr seid das Licht in der Dunkelheit der Welt [3] gehet nicht auf in den Sorgen dieser Welt
484,5 eins lass uns sein wie Beeren einer Traube, dass die Welt glaube
491,3 ihm will ich dienen in der Welt
493,1 Blut, das alle Welt befreit
498,1 das Heil der Welt [...] wahrhaftig hier zugegen
500,1 nun lässest du, o Herr, mich aus der Welt Beschwer
505,4 gar manche Wege führen aus dieser Welt hinaus
510,1 o Welt, ich muss dich lassen
521,6 erfleh uns das Heil und den Frieden der Welt
522,2 im Himmel ist sie Königin, halleluja, und aller Welt ein Trösterin
526,3 gotterkoren hat geboren sie den Heiland aller Welt
528,1 die neue Welt aus Gottes Geist wird in der Welt gegründet
530,2 dass du den Herrn geboren [...] Schöpfer aller Welt
531,2 die schönste aller Frauen, die Freude aller Welt
534,2 dein Mantel [...] deckst die weite, weite Welt
537,3 da ich keinen Mann erkenne auf erden, in dieser Welt so weit
539,5 dein Wort geht in die Welt hinaus
542,4 Apostel Christi, hoch gestellt, zu leuchten durch die ganze Welt
545,7 [Martinus] er sieht's, es ist der Herr der Welt
546,1 du hast durch der Apostel Wort der ganzen Welt das Heil geschenkt
549,2 Gott wird seine Welt bewahren vor Rüstung und Spieß und Speer
551,2 dass alle Welt im Jubelschalle Gott, unsern Herrn und König, schaut
552,2 tief liegt des Todes Schatten auf der Welt; aber dein Glanz

553,1.2 Jerusalem […] schwingt sich über alle und eilt aus dieser Welt [2] was in der Welt an Auserwählten war
562,2 (6) der die Welt geliebt hat bis in den Tod
615,1.4 sendest Licht in unsre Welt [4] die tote Welt zum Leben bringt
621,4 sein Glanz die Welt mit Schrecken schlägt
628,1 o Gott, dein Wille schuf die Welt
642,2.6 am Kreuze gab er seinen Leib für alle Welt zum Opfer hin [6] gefesselt ist der Fürst der Welt
648,3 in dir grüßt jauchzend alle Welt das Leben, das du ihr geschenkt
653,8 denn du bist es, der die Welt erschaffen hat (Canticum Offb 4)
663 bevor des Tages Licht vergeht, o Herr der Welt, ör dies Gebet

KV 54,1 singt dem Herrn, alle Länder der Erde
KV 55,1 alle Enden der Erde schauen Gottes Heil
KV 214 dies Brot ist mein leib für das Leben der Welt
KV 312,2 sende aus deinen Geist, und das Antlitz der Erde wird neu
KV 454 geht in alle Welt, halleluja, und seid meine Zeugen
KV 640,2 so sehr hat Gott die Welt geliebt
KV 652,2 ich bin das Licht der Welt; wer mir nachfolgt, hat das
298 (Kanon) so sehr hat Gott die Welt geliebt

Weltall
222,2 du umspannst des Weltalls Rund
230,1 Gott, heilger Schöpfer aller Stern
324,4 Gott herrscht in uns, er herrscht im All
347,1 der Geist des Herrn erfüllt das All
375,2 das All durchtönt ein mächtger Ruf: Christ A und O der Welten
452,1 der Herr ist Gott, er erschuf das Universum, er hauchte Leben ein
466,1 Herr, dich loben die Geschöpfe…Raum und Zeit
467,2 ihr Räume des Alls in unendlicher ferne […] Vater…wollen wir loben

Weltflucht ↗Nachfolge ↗tätige Liebe
461,1 verleugnet euch, verlasst die Welt, folgt meinem Ruf und Schalle

Werke des Herrn ↗Schöpfung ↗Großtat ↗Neuschöpfung
418,2 auf sein Werk musst du schauen, wenn dein Werk soll bestehn
428,4.5 du hast geformt mein Wesen schon in der Mutter Schoß [5] dir will ich Dank bezeugen, der herrlich mich gemacht, und mich voll Staunen neigen vor deiner Werke Pracht
462,1-4 Sonne, Wolken, Vögel, Schmetterlinge, Fliegen, Bienen, jedes Tier
463,1-6 wenn ich, o Schöpfer, deine Macht
466,1-5 Herr, dich loben die Geschöpfe…Raum und Zeit [2] Gestirne… Mond…Wind…Wolken [3] Wasser [4] Mutter Erde…Kräuter, Blumen, Früchte [1-5] alle Schöpfung lobt den Herrn
467,1-6 erfreue dich Himmel, erfreue dich Erde [2] Sonen und Monde… Sterne…All [3] Tiefen des Meeres…Schnee, Hagel und Regen [4] Wüsten… Gebirg [5] Männer und Frauen [6] Erd, Wasser, Luft, Feuer

KV 51,1 wie groß sind deine Werke, o Herr

Werkzeug ↗Sendung
272,2 Werkzeuge deiner Verheißung sind wir
452,4 an seiner Liebe sollst du Feuer fangen und Werkzeug sein für Gott

Wiederkunft des Herrn ↗Advent
81,7 Herr, du wirst kommen und alle deine Frommen [...] gnädig dahin bringen, da alle Engel ewig, ewig singen: Lobet den Herren
83,3 im Glanze der strahlenden Kraft des kommenden Christus
233,2 brennt unser Licht, Herr, und wir bleiben wach...sind wir bereit
339,7 wann dereinst du wiederkehrst [...] lass richten uns an deiner Seit
357,7 säum nicht lange, deiner wart ich mit Verlangen
385,3.4 hoch tut euch auf, ihr heilgen Tore...Herrn der Herrlichkeit [4] er, der da kommt in Gottes Namen
456,2 einmal kommst du wieder, das sagt uns dein Wort
464,7 er wird wiederkommen, wann es ihm gefällt
547,1-3 Lampe ihrer Wachsamkeit [2] zum königlichen Hochzeitsmahl [3] der du kommen wirst [...] öffne uns die Pforten
551,3 es kommt der Herr, der Herr wird kommen
554,1.2 wachet auf, ruft uns die Stimme [...] wach auf du Stadt Jerusalem [...] der Bräutgam kommt [2] ihr Freund kommt vom Himmel prächtig
621,1.4 eine helle Stimme ruft [...] wacht auf [...] am Himmel leuchtet Christus [4] im Licht er wiederkommt, sein Glanz die Welt mit Schrecken schlägt

Wille ↗Freiheit ↗Hingabe
81,6 treib unsern Willen, dein Wort zu erfüllen
149,1 lenke Sinnen und Begier hin zu deinen Himmelslehren
230,5 lehr uns zuvor dein Willen tun
267,1.2 trüg unsrer Sünden schwere Bürd am Kreuz nach Gottes Willen [2] nach seinem Willen leben
339,6 hilf uns mit heiliger Begier, nach dem zu trachten, was dort ist
387,3 da liegt unser Wille [...] dir zum Eigentum ergeben
424,3 wie unserns Gottes Gnadenwille, wie sein Allwissenheit es fügt
416,1 was Gott tut, das ist wohlgetan, es bleibt gerecht sein Wille
455,2 meinem Gott nur will ich leben, seinem Willen mich ergeben
471,1 gib, dass wir stets einmütiglich nach deinem Willen fragen
507,6 lass [...] mich schlafen ein nach deinem Rat und Willen
562,2 (7) der sich aus freiem Willen ausgeliefert hat an Pilatus
653,8 Welt erschaffen [...] durch deinen Willen war sie (Cant. Offb 4)

Wissen
93,4 sind eitel arme Sünder und wissen gar nicht viel
96,6 wir wissen weder Tag noch Stunde, wann du uns heimführst
149,2 unser Wissen und Verstand ist mit Finsternis umhüllet
414,2 die zu dir beten, wissen, dass du sie nicht verlässt
424,3 wie sein Allwissenheit es fügt
429,2 will stündlich von dir wissen und zählt dir Tag und Jahr
430,5 wir wissen es, dein Licht scheint in der Nacht
452,6 dir Zeichen geben, dass du dankbar weißt

625,4 (3) denn der Herr ist ein wissender Gott

Wohlergehen ↗Glück
418,2 dem Herren musst du trauen, wenn dir's soll wohlergehn
451,3 Frieden muss noch werden, wie du ihn versprichst uns zum Wohl auf Erden

Wohlgefallen
266,2 seid neue Menschen, die dem Herrn gefallen
348,5 was durch uns geschieht, Gott sei wohlgefällig durch Jesum Christum
387,4 lass mich dir [...] trachten zu gefallen [...] in allem

wohnen ↗Einwohnung
220,5 Gott will im Dunkel wohnen
280,4 Geister, die im Himmel wohnen
387.8 Herr, komm in mir wohnen
411,3 Nationen, die da wohnen auf dem weiten Erdenrund
414,4 doch in den Menschen willst du wohnen
421,4 dass ich im Hause dein fest möge wohnhaft sein
442,1-3 wo die Güte und die Liebe wohnt, dort nur wohnt der Herr
KV 442 wo die Güte und die Liebe [...] dort nur wohnt der Herr

Wolke
231,2 ihr Wolken, brecht und regnet aus den König
339,7 wann dereinst du wiederkehrst, in Wolken richtend niederfährst
378,1 Wolke, die die Feinde stört
418,1 der Wolken, Luft und Winden gibt Wege, Lauf und Bahn
427,1 deine Güt ist unbegrenzt, sie reicht [...] soweit die Wolken gehen
462,1 schaust du dir die Wolken an, auch sie sind stets auf Reisen
463,3 deine Güte reicht so weit, so weit die Wolken reichen
464,3 Feuerschein und Wolke [...] sagen seinem Volke: Gott ist in der Welt
466,2 schau, wie Bruder Wind behände Lobgesang aus Wolken macht Wind...Wolken [3] Wasser [4] Mutter Erde...Kräuter, Blumen, Früchte [5] alle Schöpfung lobt den Herrn
KV 40,1 bis in den Himmel [...] bis zu den Wolken deine Treue
KV 234 ihr Himmel, tauet den Gerechten, ihr Wolken, regnet ihn herab

Wort Gottes
140,3 darum können wir ihm folgen, können wir sein Wort verstehn
142,2 ganz nahe lass dein Wort uns sein voll Wahrheit uns voll Gnade
143,1.2 dein Name strahlt [...] durch dein Wort wird hell das Leben [2] du hast dein Wort an mir erfüllet [...] Wort vom ewgen Bund
146,1-4 Herr, dein Wort ist die Kraft [die das Neue schafft]
149,1 liebster Jesu, wir sind hier, dich und dein Wort anzuhören
164 (Kyrie) der in seinem Wort uns hält bis zum ende dieser Welt
222,9 Herr, wir vertrauen auf dein Wort

227,2 durch des Geistes Hauch kommt das Wort in unser Fleisch
236,1 trägt Gottes Sohn voll Gnaden, des Vaters ewigs Wort
259,1 Gottes Wort die Welt erschuf
267,2 weil Gottes Wort so helle scheint
272,3 Worte und Taten, aus denen wir leben
273,2 wir glauben deinem Wort und fürchten doch das Morgen
275,3 in ihren [Jünger] Taten wird die Botschaft Christi für uns lebendig
277,2 seiner Güte trauen, die mir zusagt sein wertes Wort
281,3.4 bleibt in dem, was ich verkündet [4]ich hab euch mein Wort gegeben
283,4 aus der Tiefe rufe ich zu dir: auf dein Wort will ich bauen
357,2.4 dein ewig Evangelium, das hab ich mir erkoren [4] dein Wort…mich innerlich erquicken
360,4 bittre Quellen strömen süß, wenn du dein Wort gesendet
361,3 dein Wort ist wahr und trüget nicht
364,5 bei uns gegenwärtig durch dein Wort und Sakrament
366,3 Wort des Vaters […] lass uns deine Stimme hören
369,2 wollst mir ein Wort gewähren
375,2 das Wort, das sie zu Anfang schuf, wird bis ans Ende gelten
378,2 Wort, das das Schweigen bricht
389,5 gib mir selber das Wort
395,3 der uns das Heil verheißen, hat eingelöst sein Wort
399,4 handeln nach seinem Wort
409,4 auf seines Worts Geheiß neue Lieder singen
417,3 Botschaft des Neubeginns
419,3 hat dein Wort mich gebaut
422,3 sprich du das Wort, das tröstet und befreit
423,3 dies hat Gott uns zugesagt: Wer an mich glaubt, sei unverzagt
425,2 solang dein Wort zum Frieden ruft, solang hast du uns nicht verlassen
436,2 ach bleib mit deinem Worte bei uns, Erlöser
448,1 Herr, gib uns Mut zum Hören auf das, was du uns sagst
449,1.2 wir hören auf dein Wort, das du uns gegeben hast und in dem du wie ein Gast bei uns weilest immerfort [2] lass dein Wort uns allezeit treu in Herz und Sinnen stehn
456,1.2 du rufst mich beim Namen, sprichst zu mir dein Wort [2] einmal kommst du wieder, das sagt uns dein Wort
465,1 lass uns dein Wort ergreifen
469,3 [Herz] öffne sich deinem Wort und nehm die Saat in Freuden auf
478,2 heilge Stadt, dass sie der Welt verkündet, was Gott gesprochen hat
481,2 dass sie deine Stimme hört, sich zu deinem Wort bekehrt
493,2.4 streute aus die Saat des Wortes [4] Wort ist wahres Fleisch geworden
497,2 Augen […] täuschen sich […] des Wortes Botschaft offenbart dich mir
539,5 du sendest sie [Engel] als Boten aus; dein Wort geht in die Welt hinaus
543,1.3.4.5 nach seinem Worte handeln und leben allezeit [3] mein Herz hängt treu und feste an dem, was dein Wort lehrt [4] führ mich nach deinem Wort […] dass ich dein Wort festhalte [5] dein Wort, Herr, nicht vergehet

KV 312,7 (=584,4) Herr, du hast Worte ewigen Lebens
KV 623,5 bekehrt euch und glaubt an das Evangelium
450 (Kanon) Gottes Wort ist wie Licht in der Nacht

551,1 nun singt ein neues Lied dem Herren, der Wundertaten hat vollbracht
KV 447 öffne meine Augen, dass sie sehen die Wunder an deinem Gesetz

Wurm
463,4 bringt, ruft auch der geringste Wurm, bringt meinem Schöpfer Ehre

Wurzel Jesse
222,4 o Wurzel Jesse, Jesu Christ
243,1 es ist ein Ros entsprungen aus einer Wurzel [...] von Jesse

Wüste
211,9 du Quell, der in unsere Wüste sich gießt
221,3 aus Gestein und Wüstensand werden frische Wasser fließen
275,2 bei ihm ist Christus, stärkt ihn in der Wüste
344,7 Dürrem gieße Leben ein
360,4 die Wüste wird zum Paradies und bittre Quellen strömen süß
378,2 Regen, der die Wüsten tränkt
389,1 du führst mich den Weg durch die Wüste
402,8 führte es mit starker Hand durch die Wüste in sein Land
453,1 sei Quelle und Brot in Wüstennot
467,4 ihr Wüsten und Weiden [...] den gütigen Vater, den wollen wir loben

Zeichen
237,5 so merket nun das Zeichen recht: die Krippe
259,3 Gottes Stern, leite uns, Zeichen der Verheißung
270,1-3 Kreuz, auf das ich schaue, steht als Zeichen da
294,6 du bist das Siegszeichen
452,6 dir Zeichen geben, dass du dankbar weißt
484,5 eins lass uns sein wie Beeren einer Traube, dass sie Welt glaube
491,1 ich bin getauft und Gott geweiht durch Christi Kraft und Zeichen
493,5 lasst uns dieses große Zeichen tiefgebeugt nun beten an
497,1-7 Gottheit tief verborgen...unter diesen Zeichen bist du wahrhaft hier
522,2 o Zeichen groß: ihr Kleid die Sonn
551,1 Gerechtigleit ist aufgericht' als Zeichen seiner Huld uns Treue

Zeit
96,6 wir wissen weder Tag noch Stunde, wann du uns heimführst
101,5 es kommen Stund und Zeiten [...] zur Ruh ein Bettlein in der Erd
223,1 wir sagen euch an eine heilige Zeit
250,3 der Engel Dankeslieder künden uns die Gnadenzeit
254,1 du Kind, zu dieser heilgen Zeit gedenken wir auch an dein Leid
257,1-6 der du die Zeit in Händen hast [6] Fluge unsrer Zeiten
258,1-3 lobpreiset all zu dieser Zeit, wo Sonn und Jahr sich wendet
259,2.3 Gottes Sohn ein Menschenkind: Eine neue Zeit beginnt [3] der uns durch die Zeiten lenkt
259,3 Gottes Geist ist uns geschenkt, der uns durch die Zeiten lenkt
269,2 du schenkst uns diese Gnadenzeit
270,2 statt der Angst und Mühe ist nun Hoffnungszeit

281,2.4 aus dem Weinstock Reben treibet, Früchte bringt zur rechten Zeit [4] eines Glaubens seid im Leben, einer Hoffnung in der Zeit
325,1 bleib bei uns, Herr, du Wandrer durch die Zeit
326,1 wir wollen alle fröhlich sein in dieser österlichen Zeit
331,3 gleichwie so viele tausend Jahr die Sonne leuchtet eben klar
344,3.10 höchster Tröster in der Zeit [10] lass es [Volk] in der Zeit bestehn
347,4 da schreitet Christus durch die Zeit in seiner Kirche Pilgerkleid
349,5 lenk uns in der Erdenzeit
355,1 aus Gott geboren vor der Zeit
368,6 du unser Glück in dieser Zeit
370,4 Herrscher der Herren, König aller Zeiten
371,3 lass uns den Hass, das bittre Leid, fortlieben aus der dunklen Zeit
375,3 was da birgt der Zeiten Schoß, du lenkst es aller Enden
380,1.9.10 wie du warst vor aller Zeit [9] führe es [Volk] durch diese Zeit [10] alle Tage wollen wir dich und deinen Namen preisen
381,1 der weiße Tag, die schwarze Nacht, wann sie abwechseln
385,1 wird uns tragen durch die Zeit
396,4 einst kommt die Zeit, wo wir auf tausend Weisen
409,3 hat er nicht zu aller Zeit uns bisher getragen
416,3 es kommt die Zeit, da öffentlich erscheinet, wie treulich er es meinet
421,3.4 du wirst zur rechten Zeit den Hirtenstab erheben [4] durch des Lebens Zeit mich immer treu begleiten [...] zu ewiglichen Zeiten
428,1 das Gestern, Heut und Morgen wird hell in deinem Glanz
429,2 zählt dir Tag und Jahr
430,1will ich diese Tage mit euch leben und mit euch gehen in ein neues Jahr
434,3.4 der du die Zeit in Händen hältst, sei gnädig [4] gib Weisheit, unsre Zeit in Lob und Klage zu bestehn
435,2.3.4 wirst mein Herz in deinem Licht durch die Zeit hin lenken [3] lehr mich in der Erdenzeit als ein Fremdling leben [4] am End der Zeiten
452,4 Werkzeug sein für Gott in dieser Zeit
453,2 sei nahe in schweren Zeiten
455,4 nach den Leiden dieser Zeit
464,4 im Zenit der Zeiten kam sein Sohn zur Welt
465,1-4 das Jahr steht auf der Höhe [...] zwischen Blühn und Reifen [3] zur halben Zeit [4] unsre Zeit nimmt ab
466,1 Herr, dich loben die Geschöpfe, dich, Gott, loben Raum und Zeit
468,1 Gott hat uns diese Erde gegeben, dass wir auf ihr die Zeit bestehn
469,2 Nahrung geb zur rechten Zeit
472,1 feiern wir mitten im Tag [...] Stunden werden eingeschmolzen
475 verleih uns Frieden gnädiglich, Herr Gott, zu unsern Zeiten
477,3 hilf, Gott, dass einig werde dein Volk in dieser Zeit
478,5 sein wandernd Volk will leiten der Herr in dieser Zeit; er hält am Ziel der Zeiten dort ihm sein Haus bereit
479,1 eine große Stadt ersteht, die vom Himmel niedergeht in die Erdenzeit
481,1.6 Sonne der Gerechtigkeit, gehe auf zu unsrer Zeit [6] lass uns deine Herrlichkeit sehen auch in dieser Zeit
485,5 hier zeitlich und dort ewiglich für solche Gnade preisen dich
498,4 wer die [Liebe] genießt in dieser Zeit, wird leben in all Ewigkeit
506,1 schenk ihm jenseits unsrer Stunden Heilung aller Wunden

510,2 mein Zeit ist nun vollendet, der Tod das Leben endet
528,2 ein Augenblick der Erdenzeit wird Angelpunkt der Zeiten
530,1 hilf der bedrängten Christenheit auf ihrem Wege durch die Zeit
548,1 für alle Heilgen [...] die dich bezeugten in der Erdenzeit
549,3 das Wort von den letzten Tagen aus einer längst vergangnen Zeit
621,2 dies ist der Hoffnung lichte Zeit
638,1 nun ist sie da, die rechte Zeit, die Gottes Huld uns wieder schenkt
656,1 Tod und Vergehen waltet in allem, steht über allem [...] Zeit

KV 45,1 der Herr krönt das Jahr mit seinem Segen
KV 50,1 unsere Tage zu zählen lehre uns
KV 87 und du gibst ihnen Speise zur rechten Zeit

Zelt ↗Haus des Herrn
369,1 o Herz des Königs aller Welt, des Herrschers in dem Himmelszelt
435,3 mein Zelt in der Welt mag ich leicht verlassen
439,2 in deinem Zelt bewahren willst du mich immerdar
464,3 und das heilge Zelt sagen seinem Volke: Gott ist in der Welt
478,4 seht Gottes Zelt auf Erden, verborgen ist er da
534,2 er deckt die weite, weite Welt, ist aller Zuflucht und Gezelt
615,1 der ausgespannt das Sternenzelt
KV 34,1 Herr, wer darf Gast sein in deinem Zelt
KV 47,1 in den Tagen des Herrn [...] Fülle des Friedens

Zeugen
209,4 [Eucharistie] Herr, mach uns darin eins im Glauben und lass uns deine Zeugen sein
362 Zeugen deiner Liebe sind wir
380,4 der Blutzeugen lichte Schar lobt und preist dich immerdar
478,2 wir bekennen dich, denn du hast uns bestellt zu Zeugen in der Welt
484,6 als Zeugen deiner Liebe uns zu senden
489,3 lasst den Blinden uns und Tauben...aus der Liebe Zeugen sein
542,4 ihr Heilgen, die dem höchsten Gut, ihr alles schenktet, selbst das Blut
546,1-4 [2] als deine Zeugen riefst du sie [3] der Botschaft treu zu sein, die sie im Tode uns bezeugt [4] der seine Zeugen uns gesandt
548,1,5 für alle Heilgen in der Herrlichkeit, die dich bezeugten in der Erdenzeit [5] geben dem Volk der Zeugen das Geleit

Zeugnis
146,1 du bist das Opfer für die Welt, bezeugt durch Brot und Wein
451,1(=4) sondern überall uns zu dir bekennen
487,5 dass unsre Liebe immer neu der Einheit Zeugnis sei
489,3 dass wir allen Zeugnis geben, die da sind und doch nicht leben
491,3 erwählt...ihm will ich dienen in der Welt und Zeugnis für ihn geben
493,5 altes Zeugnis möge weichen, da der neue Brauch begann
543,4 lehr mich nach deinem Wort, so will ich Zeugnis geben von dir
552,1.5 Mut, der dich bekennt, dass unser Licht vor allen Menschen brennt

KV 454 geht in alle Welt, halleluja, und seid meine Zeugen

ziehen
149,1 dass die Herzen von der Erden ganz zu dir gezogen werden
339,6 o zieh uns immerdar zu dir
347,3 der Geist des Herrn treibt Gottes Sohn, die Erde zu erlösen
479,3 Dank dem Vater, der uns zieht

Ziel
93,4 wir spinnen Luftgespinste [...] und kommen weiter von dem Ziel
257,1 führ uns dem Ziel entgegen
261,3 Stern über Bethlehem, wir sind am Ziel
274,1 Ursprung, in den ich münde
339,6 hilf uns mit heiliger Begier, nach dem zu trachten, was dort ist
349,3 Beistand, der zum Ziel uns bringt
380,8 nimm uns nach vollbrachtem Lauf zu dir in den Himmel auf
402,8 führte es mit starker Hand durch die Wüste in sein Land
422,2 nimmst du mich auf in dein gelobtes Land
428,5 leit mich auf ewgen Wegen bis an mein selig End
435,1.3 väterlich führst du mich auf des Lebens Wegen, meinem Ziel entgegen [3] nach des Himmels Herrlichkeit herzlich heimzustreben
440,1.5 hilf, Herr, meines Lebens, dass ich nicht vergebens hier auf Erden
449,2 mit uns durchs Leben gehen bis zur lichten Ewigkeit
456,4 auf deinen Wegen führe uns zum Ziel
465,3 das Ziel ins Auge fassen, das du, Herr, selber bist
478,5 er hält am Ziel der Zeiten dort ihm sein Haus bereit
656,3 schenke im Ende auch die Vollendung; nicht in die Leere falle

Zierde
251,3 o Schatz, der siebenfältig ziert
289,1 o Haupt, sonst schön gekrönet mit höchster Ehr und Zier
351,3 o Schatz, der siebenfältig ziert
358,1 ich will dich lieben, meine Zier
361,1.4 mein schönste Zier und Kleinod bist [4] ach schönste Zier
372,2 dein Himmel ist in mir, er begehrt dich, seine Zier
425,3 du schmückst die Blumen auf dem Feld
461,3 wer nicht sein Kreuz nimmt [...] ist mein nicht wert und meiner Zier
521,6 du Freude der Engel, du himmlische Zier
523,1 sei gegrüßt, du höchste Zier: Gott, der Herr, ist selbst mit dir
531,3 die Demut ihre Zier

Zion ↗Jerusalem ↗Stadt, heilige
228,1 Tochter Zion, freue dich
280,2 Tochter Zion, streu ihm Palmen, breite dein Kleider aus
438,4 doch wir können hier nicht singen, fern von Zion, ohne Land; wenn ich, Zion, dein vergäße, soll verdorren meine Hand
478,2 auf Zion hoch gegründet steht Gottes heilge Stadt
512 requiem [...] te decet hymnus, Deus, in Sion
554,2 Zion hört die Wächter singen

Zorn

Züchtigung

Zuflucht

Zukunft

Zunge

Zuversicht ↗Vertrauen

409,3 seine Schar verlässt er nicht, und in dieser Zuversicht darf sie's fröhlich wagen
421,2; ich weiß mit Zuversicht, du Herr, du wirst mich führen
423,1 spricht…voll Zuversicht: Du meine Hoffnung und mein Licht
424,5 denn welcher seine Zuversicht auf Gott setzt, den verlässt er nicht
KV 365 meine Hoffnung und meine Freude […] meine Zuversicht (Taizé)
KV 373 du bist Licht […] Christus, unsere Zuversicht

Zuwendung ↗Hingabe
147,1 Herr Jesu Christ, dich zu uns wend
163,4 (Kyrie) du wendest dich den Sündern zu
246,5 Kind zu mir die Äuglein wandt, mein Herz gab ich in seine Hand
251,1 Gott will so freundlich und nah zu den Verlornen sich kehren
536,6 dein mildes Auge zu uns wend, o Maria

Zwei-Naturen-Lehre ↗hypostatische Union ↗Sohn Gottes
243,3 wahr Mensch und wahrer Gott
357,2 wahr Gottes und Marien Sohn
456,2 Jesus, unser Bruder, du bist unser Herr; ewig wie der Vater, doch auch Mensch wie wir

Zweifel ↗Verzweiflung
84,2 dass der Sünde bittre Haft und des Zweifels Not vergehe
86,4 darauf so sprech ich »Amen« und zweifle nicht daran
272,3 Antwort bist du in verzweifeltem Fragen
277,3 soll doch mein Herz an Gottes Macht verzwifeln nicht noch sorgen
291,5 doch der Himmel fragt uns: warum zweifelst du
322,8 doch voller Zweifel Thomas spricht: wenn ich nicht sehe
422,2 von Zweifeln ist mein Leben übermannt
485,4 mach feste, die im Zweifel stehn

Zwietracht ↗Einssein
442,2 Streit und Zwietracht, böses Sinnen sei uns ferne

Teil 3

Liedvorschläge

für die Sonntage und Hochfeste

WEIHNACHTSFESTKREIS

1. Adventssonntag (Ad te levavi)
ABC: 233,1-4; 554; 231,1.4; 142; 218; 225; 551,3; 357,7; 435,4
↗wachen ↗Advent ↗Wiederkunft des Herrn

Lesejahr A: Jes 2,1-5; Röm 13,11-14a; Mt 24,29-44
zu Jes 2: 549; 500,2; 219 (Kanon); ↗Völker ↗Stadt, heilige ↗Berg
KV 264,2; 34,1 (Ps 122,1-9)

Lesejahr B: Jes 63,16b-17.19b; 64,3-7; 1 Kor 1,3-9; Mk 13,33-37
zu Jes 63: 231,1.4; 554,3; ↗Umkehr ↗Vertrauen
KV 622,1; 634,3; 46,1; 48,1 (Ps 80,2-3.15-19)

Lesejahr C: Jer 33,14-16; 1 Thess 3,12-4,2; Lk 21,25-28.34-36
zu Jer 33: 218,2; 222,4.6; 231,2; 385,3; ↗Heil ↗Gerechtigkeit
KV 234; 634,3; 622,1; 633,5 (Ps 25,4-5.8-10.14)

2. Adventssonntag (Populus Sion)
ABC: 221,1-3; 360,1; 416,2.3; 430,2; 446; 456,4; Täufer: 275,3.4; Bußzeitlieder: 266,1-3; 267,1; 269,1.2
↗Johannes der Täufer ↗Umkehr ↗Bekehrung ↗Heil

Lesejahr A: Jes 11, 1-10; Röm 15,4-9; Mt 3,1-12
zu Jes 11,1-10: 222,4; 243; 357,7; ↗Vollendung
KV 480; 226; 47,1 (Ps 72,1-2.7-8.12-13.17)

Lesejahr B: Jes 40,1-5.9-11; 2 Petr 3,8-14; Mk 1,1-8
zu Jes 40: 231,4; 218,3; ↗Trost ↗Wüste ↗Berg ↗Hirt
KV 622,1; 226; 633,5 (Ps 85,9-14)

Lesejahr C: Bar 5,1-9; Phil 1,4-6.8-11; Lk 3,1-6
zu Bar 5: 385,3; 222,6; ↗Jerusalem ↗Heimkehr
KV 69,1; 226; 622,1; 55,1 (Ps 126,1-6)

3. Adventssonntag (Gaudete)
ABC: 228; 221; 222; 223; 280,1.2; 372; 360; 365; 489,1.3; 551,2.3; 554,2.3
↗Freude ↗Jubel ↗blind ↗lahm

Lesejahr A: Jes 35,1-6a.10; Jak 5,7-10; Mt 11,2-11
zu Jes: 221,4; 360,2
KV 625,2; 654,2 (Ps 146,6-10)
KV mit Hall. 643,3; 624,5

Lesejahr B: Jes 61,1-2a.10-11; 1 Thess 5,16-24; Joh 1,6-8.19-28
zu Jes 61: 395
KV 625,2; 634,3; 650,2; 432; (Lk 1,46-50.53-54); 390 (Kanon); ↗Magnificat

Lesejahr C: Zef 3,14-18a; Phil 4,4-7; Lk 3,10-18
zu Zef 3: 228
KV 654,2 (Jes 12,2-6)
KV mit Hall. 643,3; 624,5

4. Adventssonntag (Rorate)
Lesejahr A: Jes 7,10-14; Röm 1,1-7; Mt 1,18-24
Lesejahr B: 2 Sam,1-5.8b-12.14a.16; Röm 16,25-27; Lk 1,26-38
Lesejahr C: Mi 5,1-4a; Hebr 10,5-10; Lk 1,39-45 Maria zu Elisabeth: 395
ABC: 227,1-5; 234, 2 (+ V-Strophen); 222 (O-Antiphon vom Kalendertag)
218; 220,1.3.5; 230,1.3.4; 236,1-3; 267,1; 384
Verkündigung an Maria: 528; 537; 521,1.2; 530; 527
158 (Kyrie)
KV 234,1; 622,1; 633,3; 255 (Psalm pro Lesejahr); 622,4 (mit Halleluja)
Antwortpsalm A: Ps 24,1-6; B: Ps 89,2-5.27.29; C: Ps 80,2-3.15-16.18-19

Heiliger Abend
ABC Jes 62,1-5; Apg 13,16-17.22-25; Mt 1,1-25
384; 357,1.2; 220,2; 228; 236; 245; 259,1; 280
Kyrie: 159; 279
KV 55,1 (Ps 89,4-5.16-17.27.29) Halleluja: 244
↗Geburt Christi ↗Morgenstern ↗David ↗Heil ↗Heilsgeschichte

Heilige Nacht
ABC Jes 9,1-6; Tit 2,11-14; Lk 2,1-14
241; 372,4; 236; 237; 243; 245; 248; 249; 259,1; 220,2; 228; 261
Kyrie: 159; 279
KV 55,1; 635,3; 635,6 (Ps 96,1-3.11-13a) Halleluja: 244
↗Geburt Christi ↗Krippe

Weihnachtsmorgen (Hirtenmesse)
ABC Jes 62,11-12; Tit 3,4-7; Lk 2,15-20
220,2.3; 237,5.6; 238,3; 241,2.4; 245; 246; 248,2.3; 250; 261
Gabenbereitung: 240,1.3
KV 635,4; 635,7 (Ps 97,1.6.11-12) Halleluja: 244
↗Krippe ↗Stall

Weihnachtstag
ABC Jes 52,7-10; Hebr 1,1-6; Joh 1,1-18
245,2.3; 247; 241,3; 239; 245; 250; 251,4.6; 252,2.4.5
Kyrie: 159; 279; Gabenbereitung: 240,1.3
KV 55,1; 255; 263 (Ps 98,1-6) Halleluja: 244
↗Geburt Christi ↗Inkarnation

26. Dezember – Stephanus
Apg 6,8-10; 7,54-60; Mt 10,17-22
236,1.4-6; 254; 256; 275,4; 362; 380,4; 478,2; 484,6; 542,4; 546,3; 548; 552
251; 252; 253
KV 75,1; 308,1 (Ps 31,3b-4.6.8.16-17)
↗Märtyrer ↗Zeugen ↗Zeugnis

27. Dezember – Apostel Johannes
1 Joh 1,1-4; Joh 20,2-8
275,2.3; 322,4; 491,3; 521,4; 542,4; 546
KV 52,1; 255; 263; 633,3 (Ps 97,1-2.5-6.11-12)
↗Jünger ↗Apostel ↗bleiben

28. Dezember – Unschuldige Kinder
1 Joh 1,5-2,2; Mt 2,13-18
236,1.4-6; 254; 256; 275,4; 380,4; 430; 484,6; 542,4; 546; 548; 552; 553,3
KV 75,1; 431 (Ps 124,2-8)
↗Märtyrer ↗Zeugen ↗Zeugnis ↗Mächtige dieser Welt

Fest der Heiligen Familie
Lesejahr A: Sir 3,2-6.12-14; Kol 3,12-21; Mt 2,13-15.19-23
357,1; 384; 259; 392,2.3; 402,8; 423,2; 435,1.2; 456,3.4; 479,2
KV 71,1; 31,1 (Ps 128,1-5)
↗Führung ↗Schutz ↗Ägypten ↗Exodus ↗Israel

Lesejahr B: Sir 3,2-6.12-14 oder Gen 15, 1-6;21,1-3; Kol 3,12-21 oder Hebr 11,8.11-12.17-19; Lk 2,22-40
374; 500; 384; 228; 259,3; 280,2; 392,5; 467,5; 479,2
nach Sir 3: KV 71,1; 31,1 (Ps 128,1-5)
nach Gen 15: KV 69,1 (Ps 105,1-6.8-9)
↗Verheißung ↗Heilsgeschichte ↗Haus des Herrn ↗Kind

Lesejahr C: Sir 3,2-6.12-14; Hebr 11,8.11-12.17-19 oder 1 Sam 1,20-22.24-28; Kol 3,12-21 oder 1 Joh 3,1-2.21-24; Lk 2,41-52
374,1; 384; 143,1; 144,4; 228; 280,2; 378,2; 387,8; 421,4; 467,5; 479,2
nach Sir 3: KV 71,1; 31,1 (Ps 128,1-5)
nach 1 Sam: KV 653,3; 34,1 (Ps 84,2-3.5-6.9-10)
↗Haus des Herrn ↗Tempel ↗Jerusalem ↗Kind ↗Weisheit
↗Pilgerschaft, irdische

Jahresschluss
257; 258; 237,7; 430,1
KV 45,1
↗Jahr ↗Zeit ↗Segen

1. Januar – Gottesmutter Maria
Num 6,22-27; Gal 4,4-7; Lk 2,16-21
252,1.3.4; 237,2.7; 648; 530; 527,2.3; 228; 243; 526,3; 528,2.3
Neujahr: 237,2.7; 257; 258; 430,1
KV 45,1; 263; 649,7 (Ps 67,2-3.5-6.8)
Halleluja: 244 (weihnachtlich); Schlusszeile von 533 oder 567 (marianisch)
marianische Antiphon: 666,1; 530
↗Segen ↗Friede

2. Sonntag nach Weihnachten
Sir 24,1-2.8-12; Eph 1,3-6.15-18; Joh 1,1-18
241,3; 247,2; 251,4.6; 259; 372,1.3.5; 357; 240; 464,4; 633,8.9
Kyrie: 159; 279
KV 255; 78,1; 635,4; 635,7 (Ps 147,12-15.19-20) Halleluja: 244
↗Inkarnation ↗Geburt Christi ↗Epiphanie ↗Erwählung

6. Januar – Epiphanie
Jes 60,1-6; Eph 3,2-3a.5-6; Mt 2,1-12
259; 261; 262; 238,2; 240,2; 241,3; 372,3.5; 384,3; 386; 228
KV 260; 264,2; 631,2; 635,4; 635,7 (Ps 72,1-2.7-8.10-13)
↗Epiphanie ↗Licht ↗Glanz ↗Herrlichkeit ↗Stern ↗Könige ↗Völker

Taufe des Herrn
357,1; 360,1.5; 372,1.3.5; 384,3; 481,1.4.6.7
149,2.3; 219; 346; 347,1.3.4; 368,6; 477,3; 483,1; 631,2; 633,8.9
Credo 354

Jahr A: Jes 42,5a.1-4.6-7; Apg 10,34-38; Mt 3,13-17
KV 260; 264,2 (Ps 29,1-4.9b-10)

Jahr B: Jes 42,5a.1-4.6-7 oder Jes 55,1-11; Apg 10,34-38 oder 1 Joh 5,1-9; Mk 1,7-11
zu Jes 42 vgl. Lesejahr A; zu Jes 55: 312,6; 312,8 (Canticum Jes 12,1-6)

Jahr C: Jes 42,5a.1-4.6-7 oder Jes 40,1-5.9-11; Apg 10,34-38 oder Tit2,11-14; 3,4-7; Lk 3,15-16.21-22
zu Jes 42 vgl. Lesejahr A; zu Jes 40: 58,1; 312,4; 631,2; 631,3

↗Epiphanie ↗Heiliger Geist ↗Herrlichkeit ↗Glanz ↗Licht
↗Wasser ↗Taufe

2. Februar – Darstellung des Herrn
Mal 3,1-4; Hebr 2,11-18; Lk 2,22-40
zur Kerzenweihe: 95; 660; 97; 98; nunc dimittis 665,2; 500; 264,1
374; 500; 384; 357; 372; 228; 259,3
Fürbittruf: 97; 98
KV 633,3; 264,2; 631,2 (Ps 24,7-10)

OSTERFESTKREIS

Ruf vor dem Evangelium in der österlichen Bußzeit
176,3 Herr Jesus, dir sei Ruhm und Ehre
176,4 Ruhm und Preis und Ehre sei dir, Erlöser und König
176,5 Lob dir, Christus, König und Erlöser
305,2 Christus Erlöser, Christus Befreier, Leben in Ewigkeit
560 (=629,5) Christus Sieger, Christus König, Christus Herr in Ewigkeit
569,1 Christus ist Sieger, Christus ist König, Christus ist Weltenherr
584,9 Lob dir, Christus, König und Erlöser
644,6 Christus gestern, Christus heute, Christus in Ewigkeit

Aschermittwoch
Joel 2, 12-18; 2 Kor 5,20-6,2; Mt 6,1-6.16-18
638,1.2; 266,1-3.6; 268; 269,2; 272; 273; 274; 277; 368,3; 428; 142
KV 639,1; 301; 639,5; 276 (Ps 51,3-6.12-14.17)
↗Umkehr ↗Vergänglichkeit ↗Erbarmen

1. Fastensonntag
266; 423,2; 269,2; 272; 277
211,1.2.7.9; 351,5; 381,4; 389,1; 416,1.4; 421,2.3; 436,1; 453,1
↗Versuchung ↗Wüste
Lesejahr A: Gen 2,7-9; 3,1-7; Röm 5,12-19; Mt 4,1-11
zu Gen 2: 268,2; 359,2; 429,1; 430,2 ↗Sündenfall ↗Erbsünde
KV 639,1; 301; 639,5; 276 (Ps 51,3-6.12-14.17)

Lesejahr B: Gen 9,8-15; 1 Petr 3,18-22; Mk 1,12-15
zu Gen 9: 266,1.2; 384,2; 427,1 ↗Bund ↗Reich Gottes
KV 60,1; 623,2 (Ps 25,4-9)

Lesejahr C: Dtn 26,4-10; Röm 10,8-13; Lk 4,1-13
KV 60,1; 664,5 (Ps 91,1-2.10-15)

2. Fastensonntag
363; 372,3; 455,4; 481,1.6
336,1; 368,6; 387,8; 412 (Kanon); 428,3; 435,3; 442,3; 452,4; 479
↗Verklärung ↗Herrlichkeit ↗Glanz ↗Berg

Lesejahr A: Gen 12,1-4a; 2 Tim 1,8b-10; Mt 17,1-9
zu Gen 12: 272,2; 395,3; 422,1.2 ↗Verheißung ↗Segen
KV 264,2; 43,1 (Ps 33,4-5.18-20.22)

Lesejahr B: Gen 22,1-2.9-13.15-18; Röm 8,31b-34; Mk 9,2-10
zu Gen 22: 543,1.3.4 ↗Gehorsam ↗Bund
KV 629,3 (Ps 116,10-11.15-19)

Lesejahr C: Gen 15,5-12.17-18; Phil 3,17-4,1; Lk 9,28b-26
zu Gen 15: 384,2; 395,3; 422 ↗Verheißung ↗Bund
KV 629,1; 629,3; 38,1; 46,1 (Ps 27,1.7-9.13-14)

3. Fastensonntag
Lesejahr A: Ex 17,3-7; Röm 5,1-2.5-8; Joh 4,5-42
427,2; 221,3; 491,2; 453,1; 211,3.9; 360,4; 377; 397 (Kanon); 422; 489
KV 312,6; 420; 37,1; 312,8 (Ps 95,1-2.6-9)
↗Durst ↗Wasser ↗Quelle ↗Zweifel ↗Glaube

Lesejahr B: Ex 20,1-17; 1 Kor 1,22-25; Joh 2,13-25
543,1-3; 381,3; 273; 143; 144,2.4; 414; 421,4; 449; 452,1.3.5
KV 31,1 (Ps 19,8-12)
↗Gesetz ↗Haus des Herrn

Lesejahr C: Ex 3,1-8a.13-15; 1 Kor 10,1-6.10-12; Lk 13,1-9
140,1-3; 143; 266; 281,2; 382,2; 422; 434,2; 452,4; 463,6; 464,3; 474
KV 33,1; 54,1; 62,1; 79,1 (Ps 103,1-4.6-8.11)
↗Gegenwart Gottes ↗Feuer ↗Name des Herrn ↗Geduld ↗Umkehr

4. Fastensonntag
Lesejahr A: 1 Sam 16,1b.6-7.10-13b; Eph 5,8-14; Joh 9,1-41
489; 221,4; 268,1.4.5; 360,2; 380,11; 414,3; 421,4; 422,2; 427; 485,2.4; 491,2.3
KV 37,1; 447 (Ps 23,1-6)
↗blind ↗sehen ↗Licht ↗Glaube ↗Heilung

Lesejahr B: 2 Chr 36,14-16.19-23; Eph 2,4-10; Joh 3,14-21
438; 140; 267; 274,3; 291,3.4; 359; 366; 377,2; 460,1.5; 464,5; 642,2.4
KV 74,1; 284; 654,2 (Ps 137,1-6)
↗Rettung ↗Erlösung ↗Heil ↗Stellvertretung

Lesejahr C: Jos 5,9a.10-12; 2 Kor 5,17-21; Lk 15,1-3.11-32
145,1.3; 266,7; 271,3.4; 281,2; 416,4; 425,1.4
KV 39,1; 43,1 (Ps 34)
↗Vater, barmherziger

5. Fastensonntag
Lesejahr A: Ez 37,12b-14; Röm 8,8-11; Joh 11,1-45
140; 267,1; 272; 277; 338,2.3; 360,2; 369,1; 377; 383; 384; 385,2; 418,5; 657,6
KV 75,1; 76,1; 229; 307,5; 312,5; 629,1 (Ps 130,1-8)
↗Rettung ↗Erlösung

Lesejahr B: Jer 31,31-34; Hebr 5,7-9; Joh 12,20-33
210; 460; 461; 140,1-3; 267; 275,1.2; 359; 366; 369,1; 464,4; 474,5; 549,3
KV 639,1; 276; 301; 639,7 (Ps 51,3-4.12-15)
↗Weizenkorn ↗Nachfolge ↗Passion

Lesejahr C: Jes 43,16-21; Phil 3,8-14; Joh 8,1-11
142; 267; 268,1.3.5; 271,1.2; 272,3; 273; 274; 277,4; 359,1.2; 434,2; 452,5; 456,3; 457,2; 471,4
KV 69,1; 631,3 (Ps 126,1-6)
↗Vergebung ↗Barmherzigkeit

Palmsonntag
Rufe 302,2; 302,3; 176,4; 633,3; 52,1
280; 299; 360; 370; 385,3.4.; 392; 211; 279 (Kyrie); 218; 228
statio: Mt 21,1-11 (A); Mk 11,1-10 (B); Lk 19,28-40 (C)
Lesungen: Jes 50, 4-7 (ABC); Phil 2,6-11 (ABC);
KV zum Antwortpsalm nach Lesung Jes 50: 293 (Ps 22,8-9.17-20.23-24)
Ruf vor Passion: 657,5 oder ein anderer Ruf vor dem Evangelium
Passion: Mt 26,14-27,66 (A); Mk 14,1-15,47 (B); Lk 22,14-23,56 (C)
ggf. nach Passion 289; 290; 291; 297
↗Königsherrschaft Gottes ↗Jerusalem ↗Passion

Gründonnerstag (missa in cena)
Ex 12,1-8.11-14; 1 Kor 11,23-26; Joh 13,1-15
281; 282; 288; 442; 493,3; 430,3; 209; 211,4;
214; 285; 286; 287; 305,1; 305,3; 305,4; 305,5
KV 60,1; 629,1; 36,1 (Ps 116,12-13.15-18)
↗Abendmahl, letztes ↗eucharistisches Mahl ↗Passion

Karfreitag
Jes 52,13-53,12; Hebr 4,14-16; 5,7-9; Joh 18,1-19,42
299; 289; 290; 291; 292; 297
KV 308,1 (Ps 31,2.6.12-13.15-17.25))
Kreuzverehrung 308,2-5; 287; 293; 294; 300
↗Passion ↗Kreuz ↗Blut ↗Stellvertretung

Osternacht
334; 642; 318; 321 (Kanon); 322; 324; 328; 329; 336; 337; 402,6-10
Lichtfeier 312
nach 1. Lesung Gen 1,1-2,2: KV 312,2 (Ps 104)
nach 2. Lesung Gen 22,1-18: KV 312,3; 67,1 (Ps 16)
nach 3. Lesung Ex 14,15-15,1: KV 312,4 (Canticum Ex 15)
nach 4. Lesung Jes 54,5-14: KV 629,1; 60,1; 312,5; 327; 401 (Ps 30)
nach 5. Lesung: Jes 55,1-11: KV 312,6; 37,1 (Canticum Jes 12)
nach 6. Lesung: Bar 3,9-15.32-4,4: KV 312,7; 31,1 (Ps 19)
nach 7. Lesung Ez 36,16-17a.18-28: KV 42,1; 312,8; 420 (Ps 42)
Epistel Röm 6,3-11
Halleluja 312,9 (statt Vers Ps 118,1-2.16-17.22-23)
Mt 28,1-10 (A); Mk 16,1-7[.8] (B); Lk 24,1-12
Allerheiligenlitanei 556
Erneuerung des Taufversprechens: »Fest soll mein Taufbund«
Wasserbesprengung: 125; 329,3; 491,2
↗Auferstehung Christi ↗Exodus ↗Lied, neues

Ostersonntag
Apg 10,34a.37-43; Kol 3,1-4; Joh 20,1-9[-18]
318; 321 (Kanon); 322,1-6; 324; 328; 329; 336; 337; 402,6-10; 642
KV 335; 333 (Ps 118,1-2.16-17.22-23)
Sequenz 320
Halleluja 66,2 (=643,5)
am Abend: falls Emmaus-Evangelium → Ostermontag
↗Auferstehung Christi ↗Tag des Herrn ↗Lied, neues

spezifische Halleluja-Rufe in der Osterzeit
66,2 (=643,5)
322
ggf. 318 (dreimaliger Halleluja-Ruf zu Beginn der 3. Strophe)
ggf. 326 (Refr. letzte Zeile ebenfalls auf Halleluja)

Ostermontag
Apg 2,14.22-33; 1 Kor 15,1-8.11; Lk 24,13-35 oder Mt 28,8-15
zu Lk 24 (Emmaus): 325; 89 (Kanon); 92 (KV); 103,1.2
321 (Kanon); 324; 328; 329; 336; 337; 338; 402,6-10; 642
KV 333; 335; 558,1; 401 (Ps 89,2-5)

2. Sonntag der Osterzeit
Apg 2,42-47; 1 Petr 1,3-9; Joh 20,19-31
322,7-12; 331,4; 337,3; 497,4
318; 321 (Kanon); 324; 328; 329; 334; 336; 402,6-10; 642
KV 333; 335; 558,1; 401 (Ps 118,2.4.14-15.22-24.28)

3. Sonntag der Osterzeit
Lesejahr A: Apg 2,14.22-33; 1 Petr 1,17-21; Lk 24, 13-35
325; 89 (Kanon); 92 (KV); 103,1.2; 184 (Gabenber); 456,2; 472; 474; 642
KV 333; 312,3; 67,1; 644,3 (Ps 16,1-2.5.7-10)

Lesejahr B: Apg 3,12a.13-15.17-19; 1 Joh 2,1-5a; Lk 24,35-48
322,7-12; 331,4; 337,3; 497,4; 89 (Kanon); 92 (KV); 103; 325; 472; 474; 642
KV 76,1; 644,3 (Ps 4,2.4.7-9)

Lesejahr C: Apg 5,27b-32.40b-41; Offb 5,11-14; Joh 21,1-19
325; 422,2.3; 472; 474,4.5; 642; 331; 336; 338; 184 (Gabenber); 489,3
KV 629,1; 631,1; 644,3 (Ps 30,2.4-6.12a.13b)

4. Sonntag der Osterzeit (Sonntag vom Guten Hirten)
421; 144,3; 281,3; 366; 384,3; 455,3; 477,3; 481,2.3; 485,1.2; 487,4; 618,2

Lesejahr A: Apg 2,14a.36-41; 1 Petr 2,20b-25; Joh 10,1-10
KV 37,1 (Ps 23,1-6)
Lesejahr B: Apg 4,8-12; 1 Joh 3,1-2; Joh 10,11-18
KV 333; 335; 631,1; 644,3 (Ps 118,1.4.8-9.21-23.26.28-29)
Lesejahr C: Apg 13,14.43b-52; Offb 7,9.14b-17; Joh 10,27-30
481,1.4.5 (zu Apg); 551,1.2 (zu Apg/Offb)
KV 454; 55,1; 631,1 (Ps 100,1-5)

5. Sonntag der Osterzeit
Lesejahr A: Apg 6,1-7; 1 Petr 2,4-9; Joh 14,1-12
143; 281,2.3; 326; 338; 421,2; 456; 485,2; 487,5; 489,2; 258,3
KV 631,1; 643,3 (Ps 33,1-2.4-5.18-19)
Lesejahr B: Apg 9,26-31; 1 Joh 3,18-24; Joh 15,1-8
281,2; 325,3; 357,3; 366,2; 387,5.7; 429,5; 442,2; 481,7; 484,5; 491
KV 631,1; 36,1 (Ps 22,26-28.30-32)
Lesejahr C: Apg 14,21b-27; Offb 21,1-5a; Joh 13,31-33a.34-35
146; 148,2; 210,4; 215,3; 216,3; 281,1.2; 338; 348,4; 362; 389,4.5; 442; 445; 474,4.5; 483,4; 484,5.6; 487,3.5; 489,2.3; 305,4
KV 305,5; 444; 76,1 (Ps 145,1-2.8-11.13c-14)

6. Sonntag der Osterzeit
147,1; 281; 325,3; 338; 348,4; 357,3; 366; 389,3; 445; 456; 474,4.5; 479; 483,4; 484,4.5
KV 312,2; 646,2 (+Ps)
Lesejahr A: Apg 8,5-8.14-17 (Ps 66,1-7.16.20); 1 Petr 3,15-18; Joh 14,15-21
Lesejahr B: Apg 10,25-26.34-35.44-48 (Ps 98,1-4); 1 Joh 4,7-10; Joh 15,9-17
Lesejahr C: Apg 15,1-2.22-29(Ps 67); Offb 21,10-14.22-23; Joh 14,23-29

Christi Himmelfahrt
Apg 1,1-11; Eph 1,17-23; Mt 28,16-20 (A); Mk 16,15-20 (B); Lk 24,46-53 (C)
319; 339; 143,3; 324,2-4; 334; 338,4; 347,3; 355,4; 370,4; 629,5 (Canticum)
Abschluss mit 342 (341); 351; 349 (Pfingstnovene)
KV 340; 454 (Ps 47,2-3.6-9)

7. Sonntag der Osterzeit
319; 339; 143; 281; 481,6.7; 482; 346; 349; 351; 372
KV 345,1; 232 (+Ps) oder lesejahresbezogener KV
Abschluss mit 342 (341); 345,2; 351; 349 (Pfingstnovene)
Lesejahr A: Apg 1,12-14; 1 Petr 4,13-16; Joh 17,1-11a
ggf. KV 38,1 (Ps 27,1-4.7-8)
Lesejahr B: Apg 1,15-17.20a.c-26; 1 Joh 4,11-16; Joh 17,6a.11b-19
ggf. KV 57,1 (Ps 103,1-2.11-12.19-20b)
Lesejahr C: Apg 7,55-60; Offb 22,12-14.16-17.20; Joh 17,20-26
ggf. KV 79,1; 40,1; 52,1 (Ps 97,1-2.6-7.9.12)

Pfingsten
Apg 2,1-11; 1 Kor 12,3b-7.12-13; Joh20,19-23
(am Vorabend abweichende Lesungen, aber gleicher KV; ohne Sequenz)
342 (341) / 351; 347; 348; 349; 346; 345,1; 355,2.5; 380,5; 389,3; 453,4; 456,4
KV 312,2; 645,5 (Ps 104,1-2.24-25.29-31.34)
Sequenz 343 lat / 344 dt
↗Heiliger Geist ↗Tröster ↗Feuer

Pfingstmontag
351; 347; 348; 349; 346; 345,1; 355,2.5; 380,5; 389,3; 453,4; 456,4
KV 312,2; 645,5; 454 (+Ps)
Lesejahr A: Apg 10,34-35.42-48a (Ps 117); Eph 4,1b-6; Joh 15,26-16,3.12-15
Wahrheit Zeugnis
Lesejahr B: Apg 8,1b.4.14-17 (Ps 22); Eph 1,3a.4a.13-19a; Lk 10,21-24
Offenbarung Dreifaltigkeit Verkündigung Sendung
Lesejahr C: Apg 19,1b-6a (Ps 145); Röm 8,14-17; Joh 3,16-21
↗Gnade ↗Heil ↗Rettung

Dreifaltigkeitssonntag
352; 353; 393,3; 456,4; 487,1; 491,1; 405,3; 370,5; 412; 481,7; 354; 355
Lesejahr A: Ex 34,4b.5-6.8-9; 2 Kor 13,11-13; Joh 3,16-18
KV 616,3 + 4 (= Cant. Dan 3,52-56) oder KV 401; 558,1
Lsejahr B: Dtn 4,32-34.39-40; Röm 8,14-17; Mt 28,16-20
KV 631,1; 60,1; 33,1 (Ps 33)
Lesejahr C: Spr 8,22-31; Röm 5,1-5; Joh 16,12-15
KV 33,1; 51,1 (Ps 8)

Fronleichnam
493/494; 497; 492; 495; 498; 281,1; 282; 357,2.4; 442; 642,1.4;
209,2; 210; 213; 215,1; 364,5; 378,1.3; 421,3; 422,3; 470,1; 484,2-4; 491,2
↗Gegenwart Gottes ↗eucharistisches Brot ↗eucharistisches Mahl
↗eucharistischer Leib des Herrn
Lesejahr A: Dtn 8,2-3.14b-16a; 1 Kor 10,16-17; Joh 6,51-58
KV 60,1; 78,1; 558,1 (Ps 147,12-15.19-20)
Lesejahr B: Ex 24,3-8; Hebr 9,11-15; Mk 14,12-16.22-26
KV 60,1; 558,1 (Ps 116,12-13.15-18)
Lesejahr C: Gen 14,18-20; 1 Kor 11,23-26; Lk 9,11b-17
KV 59,1 (Ps 110,1-5)

Herz Jesu Fest
369; 371; 359,3.4; 368; 251,5; 289,5; 442
Herz Jesu Liebe
Lesejahr A: Dtn 7,6-11; 1 Joh 4,7-16; Mt 11,25-30
KV 60,1; 558,1 (Ps 103,1-4.6-8.10)
Lesejahr B: Hos 11,1.3-4.8; Eph 3,8-12.14-19; Joh 19,31-37
KV 40,1; 37,1; 312,6 (Canticum Jes 12,2-6)
Lesejahr C: Ez 34,11-16; Röm 5,5b-11; Lk 15,3-7
KV 37,1 (Ps 23,2-6)

ZEIT IM JAHRESKREIS

2. Sonntag im Jahreskreis
Lesejahr A: Jes 49,3.5-6; 1 Kor 1,1-3; Joh 1,29-34
357,1.2.5; 372; 358,1.2.5; 621,1.3; 142; 149,2.3; 216,1;
347,1.3; 359,1; 365; 368,5.6; 384,3; 416,3; 425,4; 435,2.4; 474
KV 264,2; 373 (Ps 40,2.4ab.7-10)
↗Licht

Lesejahr B: 1 Sam 3,3b-10.19; 1 Kor 6,13c-15a.17-20; Joh 1,35-42
275,1.4; 233; 347,4; 360,5; 382,5; 448; 456,1; 461; 474,4; 477; 482; 491,3
KV 56,1; 53,1 (Ps 40,2.4ab.7-10)
↗Berufung ↗Hören ↗Gehorsam ↗Nachfolge ↗Jünger

Lesejahr C: Jes 62,1-5; 1 Kor 12,4-11; Joh 2,1-11
216,2.3; 233,4; 368,6; 372; 382,1.4; 384; 395; 416,1.3; 483,3; 630,2
KV 631,2; 260; 264,2; 35,1 (Ps 96,1-4.6-7.10)
↗Epiphanie ↗himmlisches Hochzeitsmahl ↗Herrlichkeit

3. Sonntag im Jahreskreis
Lesejahr A: Jes 8,23b-9,3; 1 Kor 1,10-13.17; Mt 4,12-23
275,1.4; 233; 381,1.2; 347,4; 360,5; 384,3; 461,2; 464,1.4.5; 474,4; 477,2; 483,3
KV 38,1; 264,2 (Ps 27,1.4.13-14)
↗Licht ↗Reich Gottes ↗Berufung

Lesejahr B: Jona 3,1-5.10; 1 Kor 7,29-31; Mk 1,14-20
275,1.4; 233; 347,4; 448; 452,4; 456,1.4; 464,4; 474,1.4; 477; 481; 483; 491,3
KV 623,5; 53,1; 71,1 (Ps 25,4-9)
zu Jona: ↗Umkehr ↗Glaube
↗Reich Gottes ↗Berufung ↗Jünger ↗Wege des Herrn

Lesejahr C: Neh 8,2-6.8-10; 1 Kor 12,12-31a; Lk 1,1-4; 4,14-21
96,5.6; 336,2; 357,1.2.7; 384; 395; 417; 421,4; 456,2; 489
KV 447; 624,5 (Ps 19,8-10.12.15)
zu 1 Kor: 357,3; 477,2; 483,1; 484,3 ↗Leib ↗Kirche
↗Evangelium ↗Heiliger Geist ↗Salbung ↗Erfüllung ↗Bund Gottes

4. Sonntag im Jahreskreis
Lesejahr A: Zef 2,3; 3,12-12; 1 Kor 1,26-31; Mt 5,1-12a
458; 459; 544,2; 651,8; 395,1; 434;
140,3; 142,2; 143,1.2; 146; 357,2.4; 361,3; 422,3; 449,1.2; 481,2; 543,1.3.4.5
KV 75,1; 312,7; 31,1; 77,1 (Ps 146,5.7-10)
↗Seligpreisung ↗Wort Gottes

Lesejahr B: Dtn 18,15-20; 1 Kor 7,32-35; Mk 1,21-28
140,1-3; 142; 146; 360,2; 377; 380,10.11; 381,5; 383; 384; 385; 422,3; 452,5
KV 48,1; 53,1 (Ps 95,1-2.6-9)
↗Rettung ↗Heil ↗Macht

Lesejahr C: Jer 1,4-5.17-19; 1 Kor 12,31-13,13; Lk 4,21-30
81,5.6; 142; 384; 416,3; 418; 453; 456,4; 477; 483; 489
KV 48,1; 64,1; 431 (Ps 71,1-3.5-6.15.17)
zu 1 Kor: ↗Liebe
↗Erwählung ↗Sendung ↗Wege des Herrn

5. Sonntag im Jahreskreis
Lesejahr A: Jes 58,7-10; 1 Kor 2,1-5; Mt 5,13-16
483,2; 144; 281,1; 348,4; 360,5; 362; 371,2; 440,4; 446; 468,3; 484,6; 491,3
KV 629,1; 264,2; 61,1 (Ps 112,4-9)
↗Salz ↗tätige Liebe ↗Sendung

Lesejahr B: Ijob 7,1-4.6-7; 1 Kor 9,16-19.22-23; Mk 1,29-39
145; 257,2-4; 268,1.4; 323; 358,5; 360,2; 382; 395; 422; 456,3; 485,2.3
KV 62,1; 629,3 (Ps 147,1-6)
↗Vergänglichkeit ↗Pilgerschaft, irdische ↗Heilung

Lesejahr C: Jer 6,1-8; 1 Kor 15,1-11; Lk 5,1-11
275,1.4; 233; 360,5; 452,4; 456; 461; 464,1.4.5; 474,1.4; 477,2
KV 56,1; 79,1; 264,2 (Ps 138,1-5.7c-8)
↗Sendung ↗Berufung ↗Jünger ↗Reich Gottes

6. Sonntag im Jahreskreis
Lesejahr A: Sir 15,15-20; 1 Kor 2,6-10; Mt 5,17-37
543,1-3; 100,2; 146,1.3; 281,3; 381,3; 383,2; 384,2; 385,3; 456,1; 421; 457; 481
KV 31,1; 71,1 (Ps 119,1-2.4-5.17-18.33-34)
↗Gesetz ↗Gebot ↗Gerechtigkeit

Lesejahr B: Lev 13,1-2.43-46; 1 Kor 10,31-11,1; Mk 1,40-45
145,4; 225,2; 233,3; 342,5; 358,5; 360,2.4; 366,2; 384; 395; 421; 435; 551
KV 307,5; 312,5; 517; 629,1 (Ps 32,1-2.5.10-11)
↗Heilung ↗Krankheit ↗Heil ↗Gnade

Lesejahr C: Jer 17,5-8; 1 Kor 15,12.16-20; Lk 6,17.20-26
142,2; 395,1; 422,3; 449; 458; 459; 544,2; 651,8
KV 31,1; 71,1 (Ps 1,1-4.6)
↗Seligpreisung ↗Wege des Herrn ↗Wege der Menschen

7. Sonntag im Jahreskreis
Lesejahr A: Lev 19,1-2.17-18; 1 Kor 3,16-23; Mt 5,38-48
395; 543,1-3; 66,3; 281,3; 384,2; 403,4; 414,5; 437; 440; 487,2
KV 488,2; 57,1 (Ps 103,1-4.9-10.12-13)

Lesejahr B: Jes 43,18-19.21-22.24b-25; 2 Kor 1,18-22; Mk 2,1-12
gelähmt: 81,3; 221,4; 360,2; 378,3; 418,1.5; 437,2
Vergebung: 268,1.3.4; 273; 277,1.4; 334,2; 380,5; 452,5; 456,3; 489,1
KV 517 (Ps 41,2-5.13-14)
↗gelähmt ↗lahm ↗Vergebung ↗Heilung ↗Neuschöpfung

Lesejahr C: 1 Sam 26,2.7-9.12-13.22-23; 1 Kor 15,45-49; Lk 6,27-38
146,3; 273,3; 440; 446; 449; 543,2.3
KV (Ps 103,1-4.8.10.12-13)
↗Gebot ↗Liebe

8. Sonntag im Jahreskreis
Lesejahr A: Jes 49,14-15; 1 Kor 4,1-5; Mt 6,24-34
382,1.4.5; 94,3; 140,4.5; 273,2; 365; 387,3; 403,3; 418,2; 424,2; 471,1; 483,3
KV 312,3; 229; 64,1 (Ps 62,2-3.6-9)
↗Gott allein ↗Sorge

Lesejahr B: Hos 2,16b.17b.21-22; 2 Kor 3,1b-6; Mk 2,18-22
357,1.5.6.7; 358,2; 361,1.3; 369,2; 372,1.2; 387,6-8; 445; 482,1; 531,1.2; 630,2
KV 40,1; 444 (Ps 103,1-4.8.10.12-13)
↗Braut ↗Bräutigam ↗Hochzeit ↗himmlisches Hochzeitsmahl ↗Fasten

Lesejahr C: Sir 27,4-7; 1 Kor 15,54-58; Lk 6,39-45
266,3.6; 268,4; 342,4; 383,2; 455,3; 456; 457; 458; 459; 460
KV 51,1; 444 (Ps 92,2-3.13-16)
↗gut

9. Sonntag im Jahreskreis
Lesejahr A: Dtn 11,18.26-28.32; Röm 3,21-25a.28
142,2; 146,3; 149; 339,5.6; 358,1; 366; 399,4; 424,5; 448; 449; 471,1
KV 53,1 (Ps 31,2-4.17.20.24.25)
↗Gehorsam ↗Wille ↗Wort Gottes

Lesejahr B: Dtn 5,12-15; 2 Kor 4,6-11; Mk 2,23-3,6
268,4; 342,4; 380,11; 382,5; 385,1.4; 402; 418,3; 427; 442,2; 455,3; 468; 329; 103; 269,3; 385,3
KV 335; 49,1 (Ps 81,3-8.10-11)
↗Tag des Herrn ↗gut

Lesejahr C: 1 Kön 8,41-43; Gal 1,1-2.6-10; Lk 7,1-10
140,1-3; 142; 360,2.3; 377; 380,7.10; 383; 384; 393; 411,3; 416,2.4; 422; 551; 272,1.2; 423; 424; 448,4; 484,1.5;
KV 54,1; 55,1 (Ps 117)
↗Rettung ↗Glaube ↗Bitte ↗Völker

10. Sonntag im Jahreskreis
Lesejahr A: Hos 6,3-6; Röm 4,18-25; Mt 9,9-13
275; 357,2-4; 142; 146; 216; 266,4.5.7; 281,1.4; 348,2; 360,1.5; 369,2; 421; 424,3-5; 456,1; 461,2; 477; 484,1; 491,3; 549,3
KV 229; 636,1; 652,2 (Ps 50,7-8.12-13.14-15)
↗Berufung ↗Nachfolge ↗Sünde

Lesejahr B: Gen 3,9-15; 2 Kor 4,13-5,1; Mk 3,20-35
268,2.3; 324,(2-)4; 342,5; 429,1; 430,2; 453,3; 455,3; 471,2; 484,6; 527,3; 552,2.4; 642,5.6
KV 67,1; 33,1; 48,1 (Ps 130,1-8)
↗Kraft Gottes ↗Macht ↗Sündenfall ↗Erbsünde ↗Böse

Lesejahr C: 1 Kön 17,17-24; Gal 1,11-19; Lk 7,11-17
103; 143; 267,1; 336; 342,1.2.6; 360,1.2; 362; 365; 377; 385,2; 411,2; 416,3; 427,2; 552,2.4;
KV 67,1; 629,1; 629,3 (Ps 30,2.4-6b.9.11-13)
↗Leben ↗Tod ↗Rettung ↗Heil

11. Sonntag im Jahreskreis
Lesejahr A: Ex 19,2-6a; Röm 5,6-11; Mt 9,36-10,8
546; 477; 144,1.3; 275; 455,3; 481,1.5; 483,3; 487,4
KV 60,1; 56,1 (Ps 100,1-5)
↗Hirt ↗Apostel ↗Jünger ↗Sendung

Lesejahr B: Ez 17,22-24; 2 Kor 5,6-10; Mk 4,26-34
469; 221,3; 281,2; 424; 425; 452,2; 464,1.2; 481,5; 546,2
KV 51,1; 443 (Ps 92,2-3.13-16)
↗Saat ↗Frucht

Lesejahr C: 2 Sam 12,7-10.13; Gal 2,16.19-21; Lk 7,36-8,3
142; 266; 267; 268,1.3.5; 273,1.4; 328,1.7; 334,2; 351,2; 359,1.2; 421,4; 489
KV 517 (Ps 32,1-2.5.7.11)
↗Vergebung ↗Reue ↗Umkehr

12. Sonntag im Jahreskreis
Lesejahr A: Jer 20,10-13; Röm 5,12-15; Mt 10,26-33
552,1.5; 382,3-5; 429,3; 145,4; 348,4; 365; 403,3; 417,1.3; 421,2; 437,3; 446
KV 622,1; 629,1; 312,3 (Ps 69,8.10.14.33-34)
↗Mut ↗Treue

Lesejahr B: Ijob 38,1.8-11; 2 Kor 5,14-17; Mk 4,35-41
140,1.2; 272,1; 283,3; 360,4; 392,3.4; 395; 409,2; 414; 417; 429,2; 439,2
KV 48,1; 60,1; 307,5 (Ps 107, 23-24.26-31)
↗Gegenwart Gottes ↗Sturm ↗Macht

Lesejahr C: Sach 12,10-11; 13,1; Gal 3,26-29; Lk 9,18-24
213,2; 215,2; 275,1.2; 297; 347,3; 359,1.2; 366; 460; 461
KV 42,1; 420; 616,1; 629,1 (Ps 63,2-6.8-9)
↗Passion ↗Nachfolge

13. Sonntag im Jahreskreis
Lesejahr A: 2 Kön 4,8-11.14-16a; Röm 6,3-4.8-11; Mt 10,37-42
275,1.2; 357,2; 361,1.3; 387,3.7.8; 389,6; 440; 455,1; 461; 474; 479,2
KV 401; 558,1 (Ps 89,2-3.16-19)
↗Lohn ↗Nachfolge

Lesejahr B: Weish 1,13-15; 2,23-24; 2 Kor 8,7.9.13-15; Mk 5,21-43
103; 142,1; 143; 267,1; 336; 342,1.2.6; 360,2; 362; 365; 377; 385,2; 411,2; 416,3; 427,2; 552,2.4;
KV 67,1; 629,1; 629,3 (Ps 30,2.4-6.12.13)
↗Leben ↗Tod ↗Rettung ↗Heil

Lesejahr C: 1 Kön 19,16b.19-21; Gal 5,1.13-18; Lk 9,51-62
275,1.4; 347,4; 360,5; 384,3; 461; 464,1.5; 474,4; 477,2.3; 483,3; 491,2.3
KV 312,3; 649,5 (Ps 16,1-2.5-9.11)
↗Berufung ↗Erwählung ↗Nachfolge

14. Sonntag im Jahreskreis
Lesejahr A: Sach 9,9-10; Röm 8,9.11-13; Mt 11,25-30
216; 361; 369; 377; 382,3-5; 414; 416,3.4; 417,1.2; 430,2; 435,2; 437,4; 452,5
zu Sach: 228
KV 633,3; 263 (Ps 145,1-2.8-11.13c-14)
↗Herz Jesu ↗Geborgenheit ↗Liebe

Lesejahr B: Ez 1,28b-2,5; 2 Kor 12,7-10; Mk 6,1b-6
456,2; 357,2; 368,6; 347,4; 360,1.2; 364,1.2.5; 372,1.3.5; 384; 414; 429,2.3;474
KV 182; 255; 33,1 (Ps 123,1-4)
↗hypostatische Union ↗Epiphanie ↗Gegenwart Gottes

Lesejahr C: Jes 66,10-14c; Gal 6,14-18; Lk 10,1-12.17-20
81,1.6; 146,3; 347,4; 348,4; 360,5; 446; 481,1.4.5; 483,2; 484,6; 489; 491; 553
KV 150; 454; 654,2 (Ps 66,1-7.16.20)
↗Sendung ↗Verkündigung ↗Zeugnis ↗Jerusalem

15. Sonntag im Jahreskreis
Lesejahr A: Jes 55,10-11; Röm 8,18-23; Mt 13,1-23
221,3; 281,2; 337,6; 347,3; 452,2; 469,2.3; 481,5; 546,2
KV 312,7 (Ps 65,10-14)
↗Saat ↗Frucht

Lesejahr B: Am 7,12-15; Eph 1,3-14; Mk 6-7-13
81,1.6; 146,3; 347,4; 348,4; 360,5; 446; 483,2; 484,6; 481,1.4.5; 489; 491
KV 633,5; 454 (Ps 85,9-14)
↗Sendung ↗Verkündigung ↗Zeugnis

Lesejahr C: Dtn 30,10-14; Kol 1,15-20; Lk 10,25-37
148,2; 210,1.3.4; 215,3; 272,2; 273,3.4; 383,2; 442; 446; 448,2; 452,7; 460,4; 470,2.3; 543,1-3
KV 447; 31,1 (Ps 69,14.17.30-31.33-34.36-37)
↗Weisung ↗Gesetz ↗Nächstenliebe ↗tätige Liebe

16. Sonntag im Jahreskreis
Lesejahr A: Weish 12,13.16-19; Röm 8,26-27; Mt 13,24-43
221,3; 281,2; 409,2.3; 424,1.5; 452,2; 469,2.3; 481,5; 546,2;
↗Saat: 380,9; 416,3; 421,3; 427,2; 436,1; 455,3; 481,4;
KV 558,1; 33,1; 48,1; 49,1 (Ps 86,5-6.9-10.15-16)
↗Saat ↗Weizenkorn ↗Ernte ↗Böse

Lesejahr B: Jer 23,1-6; Eph 2,13-18; Mk 6,30-34
421; 384,1-3; 144,3; 281,3; 455,1.3; 657,6
KV 37,1 (Ps 23,1-6)
↗Ruhe ↗Erbarmen ↗Hirt

Lesejahr C: Gen 18,1-10a; Kol 1,24-28; Lk 10,38-42
216; 455; 348,2.3; 349,2; 387,5-8; 424,1.3.5; 429,5; 449; 491; 521,3; 553,1.4
KV 34,1 (Ps 15,2-5)
↗Arbeit ↗Mühe ↗Gegenwart Gottes ↗in-sein

17. Sonntag im Jahreskreis
Lesejahr A: 1 Kön 3,5.7-12; Röm 8,28-30; Mt 13,44-52
357,2.3; 361; 351,3; 368,3;233,1; 347,4; 457,1; 483,2.3
KV 401; 651 (Ps 119,57.72.76-77.127-130)
↗Schatz ↗Suchen ↗Reich Gottes

Lesejahr B: 2 Kön 4,42-44; Eph 4,1-6; Joh 6,1-15
421,1.3.4; 146; 209; 211,1-3; 213,1.4; 215,1; 216,2; 357,2; 389,2; 402,11; 422,3; 452,2; 459,2; 484,2.3.4
KV 37,1; 39,1; 87 (Ps 145,8-9.15-18)
↗Nahrung ↗Speisung ↗Mahleinladung ↗Mahl ↗Brot

Lesejahr C: Gen 18,20-32; Kol 2,12-14; Lk 11,1-13
142; 143,2; 149,3; 245,4; 277,1; 348,3; 349,4; 399; 414,2; 423,3; 439,1.3
KV 76,1; 664,1 (Ps 138,1-3.6-8)
↗Bitte ↗Erhörung ↗Gebet ↗Vater Unser

18. Sonntag im Jahreskreis
Lesejahr A: Jes 55,1-3; Röm 8,15.37-39; Mt 14,13-21
421,1.3.4; 146; 211,1-3; 213,1.4; 215,1; 216,2; 357,2.4; 389,2; 402,11; 422,3; 452,2; 459,2; 484,2.3; 495; 209; 210
KV 37,1; 312,6; 312,8 (Ps 145,8-9.15-18)
↗Nahrung ↗Speisung ↗Mahleinladung ↗Mahl ↗Brot ↗Wasser

Lesejahr B: Ex 16,2-4.12-15; Eph 4,17.20-24; Joh 6,24-35
211,8; 213,1.3.4; 216,2; 281; 357,2; 421,1.3.4; 422,3; 425,4; 452,2; 484,2; 498,3
KV 39,1 (Ps 78,3-4b.23-25.54)
↗Manna ↗eucharistisches Brot ↗eucharistisches Mahl

Lesejahr C: Koh 1,2; 2,21-23; Kol 3,1-5.9-11; Lk 12,13-21
257,2-4; 273,3.4; 357,2; 361; 382,5; 395,2; 424,2.4.5; 440; 465,3;
KV 50,1; 75,1 (Ps 90,3-6.12-14.17)
↗Vergänglichkeit ↗Reichtum ↗Schatz

19. Sonntag im Jahreskreis
Lesejahr A: 1 Kön 19,9a.11-13a; Röm 9,1-5; Mt 14,22-33
417; 140,1.2; 257,3.6; 272,1; 283,3; 360,4; 381,4.5; 382,2.5; 387; 392,3; 409,2; 414; 418; 429; 433,2; 439,2; 456,1.3; 460,3; 463,3.4; 467,3
KV 182; 633,5; 53,1; 433,2 (Ps 85,9-14)
↗Gegenwart Gottes ↗Schweigen ↗Sturm ↗Vertrauen ↗Rettung

Lesejahr B: 1 Kön 19,4-8; Eph 4,30-5,2; Joh 6,41-51
209; 210; 211,4.8; 213; 215; 216,2; 281; 377; 484,2-4; 498; 642; 477,1
KV 39,1; 214 (Ps 34,2-9)
↗eucharistisches Brot ↗eucharistischer Leib des Herrn

Lesejahr C: Weish 18,6-9; Hebr 11,1-2.8-19; Lk 12,32-48
96,2.6; 435,4; 465,3; 481,2; 551,3; 552; 554,1.2; 621,1.4
KV 229; 622,1; 634,3; 643,3 (Ps 33,1.12.18-20.22)
↗wachen ↗Wiederkunft des Herrn ↗Schatz

20. Sonntag im Jahreskreis
Lesejahr A: Jes 56,1.6-7; Röm 11,13-15.29-32; Mt 15,21-28
395; 551; 268,3; 351,5; 384,1.3; 421,3; 453,3; 455,3; 484,6; 500;
KV 54,1; 55,1; 264,2 (Ps 67,2-3.5-6.8)
↗Völker ↗Heil ↗Hirt ↗Böse

Lesejahr B: Spr 9,1-6; Eph 5,15-20; Joh 6,51-58
209; 211,4.8; 213; 215; 281; 377; 484,2-4; 498,2-4; 642
KV 39,1; 214 (Ps 34,2-3.10-15)
↗eucharistisches Brot ↗eucharistischer Leib des Herrn

Lesejahr C: Jer 38,4-6.8-10; Hebr 12,1-4; Lk 12,49-53
325,2; 342,2-4; 346; 347,1.4; 351,2.4; 357,3; 452,4; 464,3; 467.6; 474
KV 64,1; 229; 312,5; 431 (Ps 40,2-4.18)
↗Feuer ↗Reich Gottes ↗Heil

21. Sonntag im Jahreskreis
Lesejahr A: Jes 22,19-23; Röm 11,33-36; Mt 16,13-20
384; 395; 280,2; 357,2; 359,1.2; 366; 370; 377; 422; 448,4; 456,2; 474; 486
KV 182; 312,7 (Ps 138,1-3.6.8)
↗Glaube ↗Messias ↗Petrus

Lesejahr B: Jos 24,1-2a.15-17.18b; Eph 5,21-32; Joh 6,60-69
140,1-3; 142; 143; 272,2; 273,2; 348,1.4; 366; 377; 422; 423; 424; 448,4; 489
KV 312,7; 629,3 (Ps 34,2-3.16-23)
↗Leben ↗Zweifel ↗Glaube ↗Wort Gottes ↗Nachfolge

Lesejahr C: Jes 66,18-21; Hebr 12,5-7.11-13; Lk 13,22-30
549; 360,3; 365; 370; 395; 402,10; 409,2.3; 424,3.5; 430,2.4.7; 551; 553,2
KV 54,1; 55,1 (Ps 117)
↗Rettung ↗Gericht ↗Völker ↗Zuversicht

22. Sonntag im Jahreskreis
Lesejahr A: Jer 20,7-9; Röm 12,1-2; Mt 16,21-27
213,2; 215,2; 275,1.2; 297; 298; 299,3; 347,3; 359,1.2; 366; 422,2;
460; 461; 485,1.4
KV 42,1; 420; 616,1 (Ps 63,2-6.8-9)
↗Passion ↗Nachfolge

Lesejahr B: Dtn 4,1-2.6-8; Jak 1,17-18.21b-22.27; Mk 7,1-8.14-15.21-23
342,4; 384,2; 387,7; 416; 455,3; 458; 459,3; 470; 481,1.6; 543,2;
KV 34,1 (Ps 15,2-5)
↗Gerechtigkeit ↗Gesetz ↗gut

Lesejahr C: Sir 3,17-18.20.28-29; Hebr 12,18-19.22-24a; Lk 14,1.7-14
216,2.3; 233; 251,5; 357,2.4.7; 491,2; 553,2.4.5
KV 141; 444 (Ps 68,4-7.10-11)
↗Demut ↗Hochzeit ↗Mahleinladung

23. Sonntag im Jahreskreis
Lesejahr A: Ez 33,7-9; Röm 13,8-10; Mt 18,15-20
477; 216,3; 281; 348,2.4; 425,4.5; 442,2; 451; 452,6; 457; 483,1.5; 484,3-6
KV 53,1 (Ps 95,1-2.6-9)
↗communio-Gemeinschaft ↗Kirche

Lesejahr B: Jes 35,4-7a; Jak 2,1-5; Mk 7,31-37
81,3; 140,4; 149,3; 221,4; 268,5; 342,3; 348,3; 351,3; 383,2; 485,3; 489,3
KV 48,1; 77,1; 307,5 (Ps 146, 6-10)
↗taub ↗stumm ↗hören ↗Ohr ↗Mund

Lesejahr C: Weish 9,13-19; Phlm 9b-10.12-17; Lk 14,25-33
140,1-3; 233; 257,3.4; 273,4; 275,1.2.4; 382,1.4.5; 416; 418; 424,1.3; 463; 437; 440; 460; 461; 471,1.2; 549,3
KV 441; 75,1 (Ps 90,3-6.12-14.17)
↗Vorsehung ↗Nachfolge ↗Glaube

24. Sonntag im Jahreskreis
Lesejahr A: Sir 27,30-28,7; Röm 14,7-9; Mt 18,21-35
142; 145; 268; 271; 281,2; 347,2; 380,10.11; 382,1; 384,2.3; 385,1; 393,2; 395,2.3; 422; 434,2; 456,3; 657,6
KV 517; 518; 639,3 (Ps 103,1-4.9-10.12-13))
↗Barmherzigkeit ↗Erbarmen ↗Vergebung ↗Geduld

Lesejahr B: Jes 50,5-9a; Jak 2,14-18; Mk 8,27-35
213,2; 215,2; 275,1.2; 297; 298; 347,3; 359,1.2; 366; 460; 461
KV 629,3; 629,1; 48,1 (Ps 116,1-6.8-9)
↗Passion ↗Nachfolge

Lesejahr C: Ex 32,7-11.13-14; 1 Tim 1,12-17: Lk 15,1-32
144,3.6; 266,4; 361,2.3; 366; 384; 414,1.3.5; 421; 427; 481,2.3; 485,1.2; 487,4
KV 37,1; 517 (Ps 51,3-4.12-13.17.19)
↗Hirt ↗Treue ↗Heil ↗Gnade ↗verlorener Sohn

25. Sonntag im Jahreskreis
Lesejahr A: Jes 55,6-9; Phil 1,20-24.27a; Mt 20,1-16a
81,4.5; 144,6; 216,1.2; 358,7; 368,4; 382,1.2.5; 385,1.4; 421,4; 427,1
KV 40,1; 77,1; 79,1; 558,1 (Ps 145,2-3.8-9.17-18)
↗Lohn ↗Güte ↗Gnade

Lesejahr B: Weish 2,1a.12.17-20; Jak 3,16-4,3; Mk 9,30-37
210,2; 381,4; 382,4.5; 395,2; 424,4; 434,3; 440; 448,2; 491,3; 629,6 (Cant)
KV 64,1; 77,1; 307,5; 431 (Ps 54,3-6.8-9)
↗Stolz ↗Dienst ↗Niedrigkeit

Lesejahr C: Am 8,4-7; 1 Tim 2,1-8; Lk 16,1-13
266,7; 272; 395,2; 418; 422; 424; 427; 428; 429,4; 435; 477,2; 554;1.2; 621,1.4
KV 41,1; 47,1 (Ps 113,1-2.4-9)
↗Klugheit ↗Gott allein ↗Reichtum

26. Sonntag im Jahreskreis
Lesejahr A: Ez 18,25-28; Phil 2,1-11; Mt 21,28-32
81,6; 140,4.5; 358,3.4.6; 366,3; 417,3; 430,2.4; 446,3; 456,3; 471,1.4; 543,1-3
KV 71,1; 657,3 (Ps 25,4-9)
↗Gehorsam ↗Neubeginn ↗Umkehr

Lesejahr B: Num 11,25-29; Jak 5,1-6; Mk 9,38-43.45.47-48
347; 348,2.4; 355,2.5; 389,3; 477,3;
90,3; 336,3; 421,3; 423,2
KV 645,5 (Ps 19,8.10.12-14)
Heiliger Geist ↗Versuchung

Lesejahr C: Am 6,1a.4-7; 1 Tim 6,11-16; Lk 16,19-31
273,3.4; 436; 437; 440; 446; 448; 456,2.3; 458; 459; 460
KV 284; 301; 623,5; 639,5 (Ps 146,6-10)
↗Barmherzigkeit ↗Vergänglichkeit

27. Sonntag im Jahreskreis
Lesejahr A: Jes 5,1-7; Phil 4,6-9; Mt 21,33-44
281,2; 290,4; 370; 416,1; 429,4; 452,7; 543,2; 551,1.3; 621,1.3.4
KV 48,1; 229; 307,5 (Ps 80,9.12-16.19-20)
↗Gerechtigkeit ↗Gericht ↗Sünde ↗Weinstock

Lesejahr B: Gen 2,18-24; Hebr 2,9-11; Mk 10,2-16
499,1-3; 215,3; 216,3; 442,2; 456,4; 457
KV 31,1; 51,1 (Ps 128,1-6)
↗Liebe ↗Treue ↗Einssein

Lesejahr C: Hab 1,2-3; 2,2-4; 2 Tim 1,6-8.13-14; Lk 17,5-10
147,2; 348,1; 377,2; 380,7; 414,3; 418; 422,1; 423; 446,1.4; 448,2.4; 457; 474,3.4; 484,1.5; 487,4.5; 489,2.3
KV 312,7; 629,1; 629,3 (Ps 95,1-2.6-9)
↗Glaube ↗Gehorsam ↗Hingabe ↗Vertrauen

28. Sonntag im Jahreskreis
Lesejahr A: Jes 25,6-10a; Phil 4,12-14.19-20; Mt 22,1-14
553; 146,1.2.4; 216,3; 233,4; 360,3; 479; 491,2; 554,2; 549; 630,2; 642
KV 654,2; 212 (Ps 23,1-6)
↗himmlisches Hochzeitsmahl ↗Mahleinladung ↗Hochzeit
↗Stadt, heilige

Lesejahr B: Weish 7,7-11; Hebr 4,12-13; Mk 10,17-30
140; 395,2; 403,3.4; 418,1.2; 458; 477,2; 651,8
KV 312,3; 616,1 (Ps 90,12-17)
zu Weish 7: ↗Weisheit ↗Schatz ↗Perle
↗Seligpreisung ↗Glück ↗Reichtum ↗Nachfolge

Lesejahr C: 2 Kön,5,14-17; 2 Tim 2,8-13; Lk 17,11-19
143,2; 268,1.3.5; 272,1; 323; 358,5; 360,2; 382,1.2.4; 385; 389,1.6; 395; 403,1.2; 405; 409; 423,3; 427,2; 453; 491,2
KV 67,1; 312,6; 404 (Ps 98,1-4)
↗Dank ↗Erhörung ↗Heilung ↗Wasser

29. Sonntag im Jahreskreis
Lesejahr A: Jes 45,1.4-6; 1 Thess 1,1-5b; Mt 22,15-21
477,2; 143,2; 481,4; 370,3.4; 381,4; 395,2; 421,3; 436,1; 438; 481,4; 483,3
KV 33,1; 52,1; 312,3 (Ps 96,1.3-5.7-10)
↗List ↗Mächtige dieser Welt ↗Reichtum

Lesejahr B: Jes 53,10-11; Hebr 4,14-16; Mk 10,35-45
210,2.4; 370,1.3.4; 381,4; 395,2; 434,3; 435; 440; 460; 483,3
KV 60,1; 77,1; 431 (Ps 33,4-5.18-20.22)
↗Mächtige dieser Welt ↗Nachfolge ↗Hingabe

Lesejahr C: Ex 17,8-13; 2 Tim 3,14-4,2; Lk 18,1-8
142; 143,2; 414,2; 423,3; 424,1.5; 439; 453
KV 75,1; 664,1 (Ps 121,1-8)
↗Bitte ↗Hilfe

30. Sonntag im Jahreskreis
Lesejahr A: Ex 22,20-26; 1 Thess 1,5c-10; Mt 22,34-40
148,2; 146,3; 210,4; 215,3; 273,3.4; 342,4; 357; 358; 368,4; 399; 487,3.5; 489,2.3; 491,2; 543,1-3
KV 305,4; 447,1; 480 (Ps 18,2-4.47.50-51)
↗Gebot ↗Gottesliebe ↗Nächstenliebe ↗Liebe

Lesejahr B: Jer 31,7-9; Hebr 5,1-6; Mk 10,46-52
221,4; 360,2; 414,3; 427,2; 485,2.4; 489,3; 551,1
KV 69,1; 312,4; 432 (Ps 126,1-6)
↗blind ↗Auge ↗sehen

Lesejahr C: Sir 35,15b-17.20-22a; 2 Tim 4,6-8.16-18; Lk 18,9-14
143; 380,8; 387,2; 395,2; 422,3; 423,3; 424,5; 439,1
KV 77,1; 76,1 (Ps 34,2-3.17-19.23)
↗Gebet ↗Bitte ↗Gerechtigkeit ↗Niedrigkeit

31. Sonntag im Jahreskreis
Lesejahr A: Mal 1,14b-2b.8-10; 1 Thess 2,7b-9.13; Mt 23,1-12
93,4.5; 143,3; 144,1; 381,4; 384,2; 395,2; 424,4; 448,2; 491,3; 543,3; 452,5
KV 33,1; 34,1; 71,1 (Ps 131,1-3)
↗Dienst ↗Niedrigkeit ↗Last

Lesejahr B: Dtn 6,2-6; Hebr 7,23-28; Mk 12,28b-34
148,2; 215,3; 273,3.4; 342,4; 357; 358; 387,3; 399,2; 455; 487,3.5; 489,2.3; 543,1-3
KV 305,4; 312,3; 447,1 (Ps 18,2-4.47.50.51)
↗Gebot ↗Gott allein ↗Gottesliebe ↗Nächstenliebe

Lesejahr C: Weish 11,22-12,2; 2 Thess 1,11-2,2; Lk 19,1-10
140,1-3; 268; 275,1.2; 380,3.6; 387,3.8; 422; 435; 460; 481,2; 485
KV 33,1; 67,1; 629,1 (Ps 145,1-2.8-11.13c-14)
↗Berufung ↗Erwählung ↗Umkehr

32. Sonntag im Jahreskreis
Lesejahr A: Weish 6,12-16; 1 Thess 4,13-18; Mt 25,1-13
554,1.2; 547; 233,2; 357,1.5.6.7; 385,3.4; 435,4; 464,7; 465,3; 481,2; 621
KV 307,5; 622,4 (Ps 63,2-8)
↗wachen ↗Bräutigam ↗Wiederkunft des Herrn

Lesejahr B: 1 Kön 17,10-16; Hebr 9,24-28; Mk 12,38-44
143,1; 268,6; 382,5; 387,2; 389,6; 421; 428,1; 434; 435; 437; 455; 497,1
KV 55,1; 651 (Ps 146,6-10)
↗Hingabe ↗Opfer ↗Glaube

Lesejahr C: 2 Makk 7,1-2.7a.9-14; 2 Thess 2,16-3,5; Lk 20,27-38
94,1.3; 103; 211,8.9; 294,4.8; 322,11; 325,3; 329,2.3; 336; 337,5-7; 342,1.2.6; 357,5; 362; 377; 385,2; 427,2; 552,2
KV 501; 629,1; 629,3 (Ps 17,1.3.5-6.8.15)
↗Auferstehung Christi ↗Leben

33. Sonntag im Jahreskreis
Lesejahr A: Spr 31,10-13.19-20.30-31; 1 Thess 5,1-6; Mt 25,14-30
272,2; 281,2; 365; 418,2; 424; 481,5; 483,3; 549; 615
KV 71,1 (Ps 128,1-5)
↗Frucht ↗Wiederkunft des Herrn ↗Tag des Herrn ↗Zuversicht

Lesejahr B: Dan 12,1-3; Hebr 10,11-14.18; Mk 13,24-32
84,4; 96,6; 280,4; 324,2-4; 339,7; 357,7; 370; 380,7; 429,1.2.4; 435,4; 551,3
KV 48,1; 85; 629,1 (Ps 16,2.5.8-11)
↗Apokalypse ↗Gericht ↗Alpha und Omega ↗Rettung

Lesejahr C: Mal 3,19-20b; 2 Thess 3,7-12; Lk 21,5-19
84,4; 90,3; 96,6; 365; 370; 380,7; 409,3; 423; 424,1.5; 429, 4; 435,4; 551,3
KV 622,4; 622,1; 629,1 (Ps 98,5-9)
↗Apokalypse ↗Gericht ↗Bedrängnis ↗Ziel ↗Zuversicht

Christkönigssonntag
375; 370; 324,2-4; 336,2; 338,4; 339,4-7; 357,1.2.6; 360,1; 385,3.4; 392,1.2; 429,1; 551,3; 633,9 (Canticum); 279 (Kyrie)
↗Königsherrschaft Gottes ↗Wiederkunft Christi ↗Ziel ↗Vollendung

Lesejahr A: Ez 34,11-12.15-17; 1 Kor 15,20-26.28; Mt 25,31-46
KV 37,1; 622,4 (Ps 23,1-6)
Hirt 421 Gericht 375,4; 339,7; 551,3; 621,1.4
Lesejahr B: Dan 7,2a.13b-14; Offb 1,5b-8; Joh 18,33b-37
KV 52,1 (Ps 93,1-5)
zu Dan/Offb: 339,7; 551,3 – zu Joh 18: 299,1.3.4; 360,1.3; 369,1
Lesejahr C: 2 Sam 5,1-3; Kol 1,12-20; Lk 23,35-43
KV 52,1 (Ps 122,1-5)
zu Sam: 280,1.2; 357,1 – zu Lk: 299,1.3.4; 360,1.3; 369,1

FESTE DES HERRN UND DER HEILIGEN

2. Februar – Darstellung des Herrn
Mal 3,1-4; Hebr 2,11-18; Lk 2,22-40
zur Kerzenweihe: 95; 660; 97; 98; nunc dimittis 665,2; 500; 264,1
374; 500; 384; 357; 372; 228; 259,3
Fürbittruf: 97; 98
KV 633,3; 264,2 (Ps 24,7-10)

19 März – Joseph
2 Sam 7,4-5a.12-14a.16; Röm 4,13.16-18.22; Mt 1,16.18-21.24a oder Lk 2,41-51a
91,3 (Abendlied nennt Joseph); 384; 357,1.2; 543,1; 548; 552
Kyrie: 279
KV 43,1; 55,1 (Ps 89,2-5.27.29)
↗Heilige ↗David ↗Schutz

25. März – Verkündigung des Herrn
Jes 7,10-14; Hebr 10,4-10; Lk 1,26-38
Inkarnation: 215; 227,1-3; 236,1.3; 247; 251,3.4.6; 252,4-6; 267,1; 357,2; 364,1; 380,6; 400,2; 456,2; 464,4
Verkündigung durch den Engel an Maria: 528; 537; 521,1.2; 527; 530
158 (Kyrie)
KV 255; 622,1; 633,3 (Ps 40,7-11); Halleluja: 244
↗Inkarnation

24. Juni – Geburt Johannes des Täufers
275; 347,2; 357,1; 384; 395; 552; 553,3
am Vorabend: Jer 1,4-10; 1 Petr 1,8-12; Lk 1,5-17
KV 56,1 (Ps 71,5-8.15.17)
am Tag: Jes 49,1-6; Apg 13,16.22-26; Lk 1,57-66.80
KV 55,1; 226; 629,1 (Ps 139,1-3.13-16)
↗Israel ↗Prophet ↗Zeuge ↗Umkehr

29. Juni – Petrus und Paulus
275; 380,4; 486; 542,4; 546; 548; 552
am Vorabend: Apg 3,1-10; Gal 1,11-20; Joh 21,1.15-19
KV 401; 558,1 (Ps 19,2-5b)
am Tag: Apg 12,1-11; 2 Tim 4,6-8.17-18; Mt 16,13-19
KV 60,1; 629,1 (Ps 34,2-9)
↗Apostel ↗Jünger ↗Heilige

6. August – Verklärung des Herrn
Dan 7,9-10.13-14; 2 Petr 1,16-19;
Lesejahr A: Mt 17,1-9; B: Mk 9,2-10; C: Lk 9,28b-26
363; 372,3; 455,4; 481,1.6; 324,2-4; 331,1.2.6; 334,3; 336,1; 368,6; 387,8; 412 (Kanon); 428,3; 435,3; 442,3; 452,4; 479
KV 52,1 (Ps 97,1-2.5-68-9)
↗Verklärung ↗Herrlichkeit ↗Glanz ↗Berg

15. August – Aufnahme Mariens in den Himmel
395; 522; 525; 526; 533; 536; 648; 666,3 ; 390 (Kanon)
am Vorabend: 1 Chr 15,3-4.15-16;16,1-2; 1 Kor 15,54-57; Lk 11,27-28
KV 60,1; 182 (Ps 132,6-7.9-10.13-14)
am Tag: Offb 11,19a;12,1-6a.10ab; 1 Kor 15,20-27a; Lk 1,39-56
KV 69,1; 404; 650,2 (Ps 45,11-12.16.18)
↗Maria Assumpta ↗Magnificat

14. September – Kreuzerhöhung
Num 21,4-9; Phil 2,6-11; Joh 3,13-17
299; 270; 291; 294; 297,3.4; 347,3; 366; 461; 629,6 (Canticum)
KV 517; 623,6 (Ps 78,1-2.34-39)
↗Kreuz ↗Erlösung ↗Sieg

1.November Allerheiligen
Offb 7,2-4.9-14; 1 Joh 3,1-3; Mt 5,1-12a
548; 413,1; 458; 482; 542; 543; 549; 552; 651,8
KV 54,1; 55,1; 622,4 (Ps 24,1-6)
↗Heilige ↗Seligpreisung

2. November – Allerseelen
512; 370; 434,3.4; 435,3.4; 460; 500; 503; 505; 552,2-5; 656
513 (Kyrie)
alternative Schriftlesungen:
I: 2 Makk 12,41-45; 1 Thess 4,13-18; Joh 11,17-27
KV 36,1; 517 (Ps 130,1-8)
II: Ijob 19,1.23-27; Röm 8,14-23; Joh 14,1-6
KV 312,8; 420; 501 (Ps 42,2-3.6; Ps 43,3-4)
III: Jes 25,6-9; Phil 3,20-21; Lk 7,11-17
KV 37,1; 69,1 (Ps 23,1-6)
↗Tod ↗Vollendung

8. Dezember – Maria immaculata concepta
Gen 3,9-15.20; Eph 1,3-6.11-12; Lk 1,26-38
243,2; 521,6; 526,1; 527; 530; 531; 649,8
zu Lk 1,26-38: 528; 537; 521,1.2; 527; 530
KV 55,1; 649,7 (Ps 98,1-4)
↗Maria Immaculata ↗Sündenfall ↗Erbsünde ↗Eva

Thomas Schumacher

Ehe als Sakrament verstehen

218 Seiten
ISBN 978-3-9420130314
In der heutigen Kontroverse um ein rechtes Verständnis der Ehe hat sich innerhalb eines Jahrhunderts zu Recht ein grundlegender Wechsel vollzogen, der anstelle von traditioneller Sexualzentrierung oder eines rechtlichen Vertrags den Fokus auf das Mit-Sein der Eheleute und ihre in Freiheit zu gestaltende Lebens-gemeinschaft legt.

Ehe als Sakrament ist zutiefst Realsymbol der inneren Beziehung in Gott: Zeichen und Werkzeug der innigsten Gemeinschaft mit Gott sowie miteinander.

Das Buch präsentiert die Bedeutung der Ehe als Sakrament, zeigt im Detail die geschichtlichen Querverbindungen und unterschiedlichen Denkansätze und bietet ein neuartiges Modell für ein heutiges, theologisch in die Tiefe reichendes Verständnis der Ehe.

Thomas Schumacher

Bischof - Presbyter - Diakon

Geschichte und Theologie
des Amtes im Überblick

224 Seiten
ISBN 978-3-942013017

Ein detailreicher Überblick über die geschichtlichen Entwicklungslinien vom 1. Jhd. bis zur Gegenwart sowie eine theologische Erschließung, was das sakramentale Amt bedeutet.